Das Südamerikanische Integrationsrecht und seine Teilregime: Prinzipienstruktur und Entwicklungspotentiale

Europäische Hochschulschriften

European University Studies

Publications Universitaires Européennes

Reihe II **Rechtswissenschaft**

Series II Law

Série II Droit

Band/Volume **5866**

Mario Andrés Arroyave Quintero

Das Südamerikanische Integrationsrecht und seine Teilregime: Prinzipienstruktur und Entwicklungspotentiale

Zugleich ein Vergleich mit dem Integrationsmodell der Europäischen Union

PL ACADEMIC RESEARCH

Bibliografische Information der Deutschen Nationalbibliothek
Die Deutsche Nationalbibliothek verzeichnet diese Publikation in der Deutschen Nationalbibliografie; detaillierte bibliografische Daten sind im Internet über http://dnb.d-nb.de abrufbar.

Zugl.: Hamburg, Univ., Diss., 2015

D 18
ISSN 0531-7312
ISBN 978-3-631-67420-8 (Print)
E-ISBN 978-3-653-06782-8 (E-PDF)
E-ISBN 978-3-631-69245-5 (EPUB)
E-ISBN 978-3-631-69246-2 (MOBI)
DOI 10.3726/978-3-653-06782-8

PL Academic Research ist ein Imprint der Peter Lang GmbH.
Peter Lang – Frankfurt am Main · Bern · Bruxelles · New York · Oxford · Warszawa · Wien

Diese Publikation wurde begutachtet.

www.peterlang.com

Für Janina Bär

Inhaltsverzeichnis

Abkürzungsverzeichnis 11

1. Vorwort zur Dissertationsschrift 13

2. Einleitung 17

3. Methoden: Rechtsdogmatik im Kontext und die Rechtsvergleichung 25

4. Zum Kontext des südamerikanischen Integrationsrechts 35

4.1 Der historische Kontext 35

4.1.1 Die hispanoamerikanischen Kongresse 35

4.1.2 Die Spannungen zwischen dem Panamerikanismus und dem Lateinamerikanismus 42

4.2 Die Souveränität und die südamerikanische Integration 49

4.2.1 Veränderungen des Nationalstaates und der nationalen Souveränität 49

4.2.2 Die geteilte Souveränität: Das Beispiel der EU 56

4.2.3 Klassische und geteilte Souveränität bei der Konstruktion der südamerikanischen Integrationsprozesse 61

4.2.4 Supranationalität und Intergouvernementalismus in der südamerikanischen Integration 67

4.2.4.1 Die begrenzte Supranationalität in der AGN 70

4.2.4.2 Der reine Intergouvernementalismus des Mercosur 75

4.3 Die politischen Ansichten der südamerikanischen Länder zur Integration 80

4.3.1 Sozialismus des XXI. Jahrhunderts und die ALBA 80

4.3.2 Brasilien als Regionalmacht – Südamerikanismus und Unasur 83

4.3.3 Die Alianza del Pacífico und der Offene Regionalismus 90

5. Die Grundprinzipien der Teilregime des südamerikanischen Integrationsrechts ... 97

5.1 Das Beispiel von Europa: Die Konstitutionalisierung ... 97

5.1.1 Die Europa-Artikel in den mitgliedstaatlichen Verfassungstexten, das Beispiel des Grundgesetzes ... 102

5.1.2 Die Verfassungsprinzipien in der EU ... 105

5.2 Südamerikanischer Verfassungskontext und Südamerikanische-Artikel in nationalen Verfassungstexten ... 108

5.2.1 Die nationalen konstitutionellen Integrationsartikel in der AGN ... 110

5.2.2 Die nationalen konstitutionellen Integrationsartikel im Mercosur ... 114

5.3 Die Grundprinzipien des südamerikanischen Integrationsrechts ... 118

5.4 Eigenständigkeit in der EU ... 119

5.4.1 Eigenständigkeit in der AGN ... 122

5.4.2 Eigenständigkeit im Mercosur ... 123

5.5 Unmittelbare Wirkung und Anwendbarkeit in der EU ... 125

5.5.1 Unmittelbare Wirkung und Anwendbarkeit in der AGN ... 126

5.5.2 Umsetzungsbedarf im Mercosur ... 128

5.6 Der Anwendungsvorrang in der EU ... 131

5.6.1 Anwendungsvorrang in der AGN ... 133

5.6.2 Der Anwendungsvorrang im Mercosur ab der Umsetzung der Rechtsakte ... 135

5.7 Das Prinzip der loyalen Zusammenarbeit in der EU ... 135

5.7.1 Das Prinzip der loyalen Zusammenarbeit in der AGN ... 137

5.7.2 Das Prinzip der loyalen Zusammenarbeit im Mercosur ... 139

5.8 Das Prinzip der begrenzten Einzelermächtigung in der EU ... 140

5.8.1 Das Prinzip der begrenzten Einzelermächtigung in der AGN ... 142

5.8.2 Das Prinzip der begrenzten Einzelermächtigung im Mercosur ... 144

5.9 Das demokratische Prinzip in der EU ... 144

5.9.1 Das demokratische Prinzip in der AGN ... 148
5.9.2 Das demokratische Prinzip im Mercosur ... 150

6. Die Weiterentwicklung der Teilregime des südamerikanischen Integrationsrechts ... 155

6.1 Das Ziel eines lateinamerikanischen Gemeinsamen Markts ... 155
6.1.1 Das Beispiel des Europäischen Binnenmarkts ... 155
6.1.2 Der Gemeinsame Markt in der AGN ... 161
6.1.2.1 Behinderung der rechtlichen Entwicklung der Zollunion und des Zolltarifs in der AGN ... 163
6.1.2.2 Die Zerschlagung der AGN durch die Freihandelszoneabkommen ... 166
6.1.3 Der Gemeinsame Markt im Mercosur ... 170
6.1.3.1 Supranationalität und Weiterentwicklung des Mercosurrechts ... 173
6.2 Die Perspektive der Vereinigung AGN-Mercosur ... 175
6.2.1 ALADI: die ursprüngliche Verbindung AGN-Mercosur ... 176
6.2.2 Die Freihandelszone AGN-Mercosur ... 179
6.2.3 Die Erweiterung des Mercosur ... 181
6.2.4 Die Förderung der Vereinigung AGN-Mercosur durch die Unasur ... 182
6.3 Die Weiterentwicklung der südamerikanischen Gerichtsbarkeit durch die Kooperation zwischen den nationalen und den gemeinsamen Gerichten ... 183
6.3.1 Das Beispiel des EuGH: der Motor der Integration ... 183
6.3.1.1 Das Kooperationsverhältnis zwischen den nationalen Gerichtshöfen und dem Europäischen Gerichtshof ... 185
6.3.2 Der Andengerichtshof: Antrieb der Integration ... 186
6.3.2.1 Die Kooperation zwischen den nationalen Gerichten und dem Andengerichtshof durch das Vorabentscheidungsverfahren ... 189
6.3.3 Das Ständige Revisionsgericht des Mercosur und seine Weiterentwicklung ... 192

6.3.3.1 Die Kooperation zwischen den nationalen Gerichten und dem Ständigen Revisionsgericht durch die Gutachten 195

7. Schlussfolgerungen 199

8. Zusammenfassung 211

9. Literaturverzeichnis 217

Abkürzungsverzeichnis

AC	Abkommen von Cartagena
AEUV	Vertrag über die Arbeitsweise der Europäischen Union
AGN	Andengemeinschaft der Nationen
AGH	Gerichtshof der Andengemeinschaft
AGM	Anden Gemeinsamer Markt
AGR	Andengemeinschaftsrecht
AGS	Generalsekretariat der Andengemeinschaft
AIS	Anden Integrationssystem
ALADI	Asociación Latinoamericana de Integración Lateinamerikanische Integrationsvereinigung
ALALC	Asociación Latinoamericana de Libre Comercio Lateinamerikanische Freihandelsassoziation
ALBA	Alternativa Bolivariana de las Américas
ALCA	Area de Libre Comercio de las Américas Gesamtamerikanische Freihandelszone
AdP	Alianza del Pacífico
AP	Anden Parlament
AVR	Archiv des Völkerrechts
BverfG	Bundesverfassungsgericht
CEPAL	Comisión Económica para América Latina y el Caribe
CCM	Comisión de Comercio del Mercosur Handelskommission des Mercosur
CMC	Consejo del Mercado Común Rat des Gemeinsamen Marktes
CSN	Comunidad Suramericana de Naciones Südamerikanische Gemeinschaft der Nationen
EEA	Einheitliche Europäische Akte
EGKS	Europäische Gemeinschaft für Kohle und Stahl
EGMR	Europäischer Gerichtshof für Menschenrechte
EK	Europäische Kommission
EU	Europäische Union
EuGH	Europäischer Gerichtshof
EUV	Vertrag über die Europäische Union
EWG	Europäische Wirtschaftsgemeinschaft
FHZ	Freihandelszone
FHZA	Freihandelszone Abkommen

GASP	Gemeinsame Außen- und Sicherheitspolitik
GATT	General Agreement on Tarifs and Trade
GM	Gemeinsamer Markt
GMC	Grupo Mercado Común del Mercosur Gruppe des Gemeinsamen Marktes
IIRSA	Integración de la Infraestructura Regional en Suramérica
ISI	Industrialisierung durch Importsubstitution
MCCA	Mercado Común Centroamericano Zentralamerikanischer Gemeinsamer Markt
Mercosur	Mercado Común del Sur
MG	Multilevel Governance
MR	Mercosurrecht
NAFTA	North American Free Trade Agreement
OAS	Organisation Amerikanischer Staaten
PARLASUR	Parlament des Mercosur
PJZS	Polizeiliche und Justizielle Zusammenarbeit in Strafsachen
PO	Protokoll von Olivos
POP	Protokoll von Ouro Preto
PU	Protokoll von Ushaia
SAGH	Satzung des Gerichtshofs der Andengemeinschaft
SGH	Südamerikanischer Gerichtshof
SFHZ	Südamerikanische Freihandelszone
SIR	Südamerikanisches Integrationsrecht
SRG	Ständiges Revisionsgericht
TLCUP	Tratado de Liga, Confederación y Unión Perpetua
Unasur	Unión de Naciones Suramericanas Union Südamerikanischer Nationen
UR	Europäisches Unionsrecht
VA	Vertrag von Asunción
VB	Vertrag von Brasilien
VGAGH	Vertrag über die Gründung des Gerichtshofs der Andengemeinschaft
VM	Vertrag von Montevideo
VN	Vereinte Nationen
WVK	Wiener Vertragsrechtskonvention
WTO	World Trade Organization
ZaöRV	Zeitschrift für ausländisches und öffentliches Recht und Völkerrecht
ZU	Zollunion

1. Vorwort zur Dissertationsschrift

Es mag die Leserinnen und Leser überraschen, wenn der Erstbetreuer eines Dissertationsprojekts der Publikation der erfolgreich abgeschlossenen Arbeit ein eigenes Vorwort voranstellt. Dies entspricht gewiss nicht der deutschen, wohl aber der ibero- und lateinamerikanischen Wissenschaftstradition. Da vorliegende Schrift von einem jungen kolumbianischen Wissenschaftler, Herrn Mario André Arroyave Quintero, während eines mehrjährigen Forschungsaufenthaltes an den Universitäten Leipzig und Hamburg erarbeitet wurde und ganz aus dem Geiste eines komparativen, auch wissenschaftskulturell in zwei Welten gleichermaßen beheimateten Zugriffs lebt, leiste ich der Bitte ihres Verfassers um einige einstimmende Gedanken nur allzu gerne Folge.

Die Arbeit folgt einer innovativen Leitidee respektive legt ein anleitendes Integrationsmodell zugrunde: das südamerikanische *Integrationsrecht* als eine primär *rechtlich* zu gestaltenden Integrationsordnung im Werden, in ihrer Finalität gewiss noch sehr viel offener als die europäische Integration. Und doch ist schon mit dem Begriff des „Integrationsrechts" der sehr bewusste, keineswegs nur semantisch-terminologisch gemeinte Bezug zum europäischen Integrationsprozess hergestellt. Es geht um Integration durch Recht und damit immer auch um die Möglichkeiten bzw. Grenzen seiner Steuerungskraft. Für das südamerikanische soll das europäische Integrationsmodell den Reflexionsrahmen, allerdings kein schlichte Blaupause bilden. Nicht kulturblinde Rezeption, nicht bloße Aneignung, sondern – ganz im Sinne des von Peter Häberle entwickelten Rezeptionsmodells (Theorieelemente eines allgemeinen juristischen Rezeptionsmodells, in: JZ 1992, S. 1033 ff.; Verfassungslehre als Kulturwissenschaft, 2. Aufl. 1998, S. 464 ff.) – eigenständige, produktive und kultursensible Fortschreibung des Rezipierten ist das Anliegen. Die wissenschaftskulturellen Implikationen dieses Untersuchungsansatzes dürfen dabei nicht außer Acht bleiben. Traditionell besteht, vermittelt über Spanien und Portugal, ein großes Interesse der iberoamerikanischen Wissenschaftlergemeinschaft am deutschen respektive europäischen Verfassungsdenken, das seinerseits für die Konzeptualisierung des Integrationsprozesses seit Begründung der politischen Union durch den Vertrag von Maastricht eine immer größere Rolle spielt (nur einige ausgewählte Stichworte: Konstitutionalisierung der Europäischen Union, europäischer Verfassungsverbund, so *I. Pernice*, System interdependenter Teilverfassungen, so *P. Häberle*, verfassungsqualitative Strukturen des Unionsprimärrechts, so *D. Th. Tsatos*).

Umgekehrt arbeiten deutsche und europäische Rechtsgelehrte als Brückenbauer hin nach Iberoamerika, man denke von deutscher Seite etwa an *Robert Alexys* (Prinzipientheorie) oder *Peter Häberle* (Rechtsvergleichung, kulturwissenschaftlicher Ansatz), von spanischer Seite etwa a F. Balaguer Callejón oder aus Portugal G. Canotilho. So hat *Häberle* etwa in Anlehnung an die Idee des „gemeineuropäischen" den Ansatz eines „gemein-amerikanischen Verfassungsrechts" vorgeschlagen (México y los contornos de un derecho constitucional común americano: un *ius commune americanum*, in: P. Häberle/M. Kotzur, De La soberania al derecho constitucional común: para un diálogo europeo-latinoamericano, Mexiko 2003, S. 1 ff.), an dem heute etwa auch *A. von Bogdandy* arbeitet (Ius Constitutionale Commune en América Latina: Beobachtungen zu einem transformatorischen Ansatz demokratischer Verfassungsstaatlichkeit, Zeitschrift für ausländisches öffentliches Recht und Völkerrecht (ZaöRV) 75 (2015), S. 354 ff.). Ein „Iberoamerikanischen Kolloquium" am Heidelberger Max-Planck-Institut für ausländisches öffentliches Recht und Völkerrecht setzt sich seit langem interdisziplinär und komparativ mit juristischen, politischen und sozialen Entwicklungen in Latein- respektive Ibero- und Südamerika auseinander. Der Verfasser selbst ist – wie bereits angedeutet – nach langjährigen, durch den DAAD geförderten Forschungsaufenthalten in Deutschland – zunächst in Leipzig, dann in Hamburg – mit diesen wissenschaftskulturellen Kontexten bestens vertraut und hat aus ihnen sein eigenes rezeptions- und kooperationstheoretisches Verständnis entwickelt, auf dessen Grundlage er wiederum den Untersuchungsansatz für vorliegende Dissertationsschrift schrittweise erarbeitet.

In Hamburg hat der Verfasser intensiv die Möglichkeiten des GIGA (German Institute of Global and Area Studies) genutzt und so gerade für die politikwissenschaftlich inspirierten Aspekte seiner interdisziplinär und vergleichend angelegten Untersuchung wichtige Ressourcen erschlossen. Die Arbeit reflektiert somit in ihrer Genese genau jenes wechselseitige „Lernen und Verstehen", das ihr als rezeptionstheoretischer Ansatz zugrunde liegt. Sie ist spezifisch *auch* an ein südamerikanisches Publikum adressiert, was in Sachen Unionsrecht manch deskriptiv-erklärende Passage unentbehrlich macht. „Law in context" ist ihr übergreifender, avancierter Diskurszusammenhang. Was die Arbeit in ihrem Kern erschließt, sind denkbare – und im positiven Recht ebenso wie in der gelebten Rechtspraxis greifbare – Grundprinzipien des südamerikanischen Integrationsrechts. Die Prinzipienstruktur respektive Integrationsdynamik des europäischen Integrationsrechts sind dafür Inspirationsquelle (S. 77 ff.). Die großen Konstitutionalisierungsdebatten werden ebenso aufgegriffen wie konkrete Fragen etwa nach den einschlägigen Integrationsartikel in den mitgliedstaatlichen Verfassungen, nach der Eigenständigkeit der jeweiligen Regime, nach der unmittelbaren Anwendbarkeit und nach dem Vorrang des Integrationsrechts, nach der loyalen Zusammenarbeit, nach der begrenzten Einzelermächtigung und, übergreifend, nach der demokratischen Legitimation. Für die Fortentwicklung des südamerikanischen Integrationsrechts in seinen Teilregimen geht es dabei vor allem um die Ziele eines lateinamerikanischen gemeinsamen Marktes, um die Perspektiven einer Vereinigung des gemeinsamen Marktes der Andengemeinschaft mit dem Mercosur sowie um die Kooperation von nationalen und Gemeinschaftsgerichten zur effektiven Sicherung der Integrationsleistungen einer Rechtsgemeinschaft. Die Arbeit macht „Integration durch Recht" zu einem gemeinsamen Anliegen für die „Alte" wie für die „Neue Welt". Solchem interkulturellen Brückenbau in Sachen kooperativ-offener Verfassungsstaatlichkeit ist nur großer Erfolg, vorliegender Schrift eine ebenso reiche wie neugierige Leserschaft zu wünschen. Auf spannende Wanderungen zwischen zwei Welten!

Hamburg, im April 2016

Prof. Dr. Markus Kotzur, LL.M. (Duke Univ.)

2. Einleitung

Die vorliegende Dissertation arbeitet mit der Idee bzw. dem Modell eines Südamerikanischen Integrationsrechts (SIR). Sie stellt seine rechtlichen Grundprinzipien, seine bisherige Entwicklung und seine künftigen Entwicklungspotentiale dar. Es handelt sich um eine Analyse, die den historischen, politischen und konstitutionellen Kontext der verschiedenen Grundprinzipien sowie die rechtliche Weiterentwicklung des SIR erfasst. Darüber hinaus wird das SIR anhand einer Rechtsvergleichung mit dem Europäischen Unionsrecht (UR) erklärt und analysiert. Das Unionsrecht gilt dabei als kritisch zu reflektierendes Integrationsmodell, nicht etwa als schlichte Blaupause. Das SIR gliedert sich in zwei Teilordnungen bzw. Teilregime, welche die wirtschaftliche Integration zwischen den südamerikanischen Staaten normieren. Das Andengemeinschaftsrecht (AGR) und das Mercosurrecht (MR) sind eben diese Teilordnungen, welche in dieser Dissertation als SIR bezeichnet werden. Der Begriff „Teilordnung" wird als regionale Form intensivierter Kooperation sowie aufgrund der konstitutionellen Qualität dieser Kooperation als Teilverfassung definiert.[1] Die südamerikanischen Teilordnungen sind ungleichmäßig und unabhängig, weil beide ihre eigene Geltung und Rechtsnatur, sowie ihre eigenen Quellen und Verfahren besitzen.

Das SIR legt die Gestaltung, die Arbeitsweise und die Ziele der südamerikanischen Integration normativ fest. Der Begriff „Integration" (von lat. integrare) bedeutet: „Wiederstellung eines Ganzen"; „(Wieder)herstellung einer Einheit"; „Einbeziehung, Eingliederung in ein größeres Ganzes".[2] Dementsprechend kann die südamerikanische Integration als ein politischer, wirtschaftlicher, kultureller, sozialer und rechtlicher Prozess für die Herstellung einer Einheit zwischen den südamerikanischen Staaten bezeichnet werden. Der südamerikanische bzw. lateinamerikanische Integrationsprozess hat eine lange Tradition. Bereits Anfang des XIX. Jahrhunderts, nämlich in der Epoche der Unabhängigkeit, existierten

---

1 Der Begriff Teilverfassungen „gilt besonders für die Europäische Gemeinschaft, deren Verfassung die Verträge von Paris und Rom, zuletzt Lissabon sind". „Weiter als auf universeller Völkerrechtsebene ist die Konstitutionalisierung der Völkerrechtsgemeinschaft (via Teilverfassungen) auf regionaler Ebene fortgeschritten" Häberle, P. (2013). Der kooperative Verfassungsstaat – aus Kultur und als Kultur. Vorstudien zu einer universalen Verfassungslehre. Duncker & Humblot. Berlin. S. 101.

2 Duden, Schülerduden, Fremdwörterbuch. (2002). 4., völlig neu bearbeitete und erweiterte Auflage, Mannheim.

Bestrebungen, die entstandenen Republiken zu vereinigen.[3] Trotzdem begann die wirtschaftliche Integration im engeren Sinne erst in den sechziger Jahren und sie wird aktuell durch die Andengemeinschaft der Nationen (AGN)[4] und durch den Gemeinsamen Markt des Südens (Mercosur)[5] weitergeführt. Beide südamerikanische Integrationsprozesse (AGN und Mercosur) stellen eine wichtige Strategie für die Zusammenarbeit der südamerikanischen Staaten untereinander sowie für die Entwicklung der Region dar.

Die Integrationsprozesse bedienen sich des Rechts als Integrationsinstrument, um ihre Ausgestaltung und Arbeitsweise zu regulieren.[6] In diesem Kontext entwickelt sich das *Integrationsrecht* als ein neuer Zweig der Rechtswissenschaft, dessen Ziel die Regulierung der Vereinigung der Länder im Bereich des Rechts, der Ökonomie, der Kultur und der Politik ist.[7] Die südamerikanischen Teilregime unterscheiden sich dadurch, dass das AGR eine supranationale Rechtsordnung bzw. ein

---

3 Dazu: Grote, R, (2009). Los esfuerzos integradores en el contexto histórico suramericano. En Bogdandy, Landa, Morales (Eds.) ¿Integración suramericana a través del derecho? un análisis interdisciplinario y multifocal. Max Planck Institut für Ausländisches öffentliches Recht und Völkerrecht; De la Reza, G. (2006). El Congreso de Panamá de 1826 y otros ensayos de integración latinoamericana en el siglo XIX. Universidad Autonoma Metropolitana, México; Liévano, I. (1968). El Congreso de Panamá: Bolivarismo y Monroísmo. In: Desarrollo Económico Vol 8, N° 30/31, América Latina; Dazu noch: Cova, J. (1963). Bolívar y el Congreso de Panama. In: Revista de Estudios Políticos N° 127. España; G. Kahle (1981). Problemas fundamentales de la integración en América Latina desde la Independencia (1810–1948). In: Mols (ed) Integración y Cooperación en América Latina. Hase & Koehler Verlag. Mainz.

4 Die AGN wurde durch den Abkommen von Cartagena (Acuerdo de Cartagena) 1969 gegründet. Sind Mitglieder der AGN: Bolivien, Ecuador, Kolumbien und Peru. Dazu: Decisión 563 de la Comisión de la Comunidad Andina. Codificación del Acuerdo Subregional Andino (Acuerdo de Cartagena). Gaceta Oficial N° 940 del 1 de julio de 2003.

5 Der Mercosur wurde durch den Vertrag von Asunción (1991) gegründet. Sind Mitglieder des Mercosur: Argentinien, Brasilien, Paraguay, Uruguay und Venezuela. Dazu: Tratado de Asunción o Tratado para la Constitución de un Mercado Común entre la República de Argentina, la República Federativa del Brasil, la República del Paraguay y la República Oriental del Uruguay. 26 de marzo de 1991. Asunción, Paraguay.

6 Fernández, J. (2006). El Ordenamiento Jurídico del Mercosur. In: Revista de Derecho. Universidad de Montevideo. Año 5 N° 9. S. 27f.

7 Arnau, L. (2002). Ordenamiento jurídico básico para la constitución de la zona de libre comercio de Sudamérica, Obra suministrada por la Universidad Simón Bolívar de Bolivia. Facultad de Integración y Comercio Internacional, Biblioteca Digital Andina. S. 22.

„echtes" Gemeinschaftsrecht formt, wohingegen das MR ein reines intergouvernementales Integrationsrecht bleibt. An dieser Stelle ist es wichtig hervorzuheben, dass die Rechtswissenschaft zwischen dem Gemeinschaftsrecht und dem intergouvernementalen Integrationsrecht differenzieren muss, da beide verschiedene Modelle der Integration gestufter Intensität widerspiegeln,[8] nämlich einerseits eine supranationale und andererseits eine intergouvernementale Integration.

Die europäische Integration prägte den Begriff „Gemeinschaftsrecht" (heute Unionsrecht).[9] Das Gemeinschaftsrecht bezeichnete ursprünglich das Recht der drei Europäischen Gemeinschaften.[10] Bereits in den siebziger Jahren wurde die Europäische Gemeinschaft als eine Schöpfung des Rechts, als eine Rechtsquelle und als Rechtsordnung bezeichnet.[11] Die Gemeinschaft ist eine *Rechtsgemeinschaft* und solange die Gemeinschaft noch nicht fest im Bewusstsein der Bürger verankert und die Haltung der Mitgliedstaaten ambivalent ist, wird sie in erster Linie durch die Autorität des Rechts zusammengehalten.[12] Darüber hinaus muss das Gemeinschaftsrecht nicht in die nationalen Rechtsordnungen der EU-Mitglieder inkorporiert werden, weil es -soweit es sich des Verordnungsinstruments bedient- unmittelbar anwendbares Recht ist.[13] Andererseits wird das intergouvernementale Integrationsrecht als eine normpluralistische Vielfalt von Normen des öffentlichen und privaten internationalen/transnationalen Rechts und des öffentlichen und privaten nationalen Rechts der Mitglieder des jeweils relevanten Integrationsabkommens definiert, welches sich sowohl des internationalen Gewohnheitsrechts als auch der multilateralen Normen der WTO bedient.[14] Das

---

8 Fernández, J. (2006). S. 28.

9 Streinz deutet darauf hin, dass der Begriff Gemeinschaftsrecht durch den Vertrag von Lissabon zu Gunsten des Begriffs Unionsrecht aufgelöst wurde. Streinz, R. (2008). Europarecht, 8 Aufl., Verlag C.F. Müller Verlag. Heidelberg. S. 2.

10 Die Europäische Gemeinschaft für Kohle und Stahl 1951. Die Europäische Wirtschaftsgemeinschaft 1957 und die Europäischen Atomgemeinschaft 1957. Dazu: Ipsen, H.P. (1972a) Europäisches Gemeinschaftsrecht. J.C.B. Mohr. Tübingen. S. 6.

11 Hallstein, W. (1973). Die Europäische Gemeinschaft. Econ Verlag, 1 Aufl. Düsseldorf. S. 33

12 Everling, U. (2000). Richterliche Rechtsfortbildung in der Europäischen Gemeinschaft. JZ 5/2000. S. 217.

13 Di Biase, H. (1995). Introducción al Derecho de la integración con especial referencia al Mercosur. In: Revista uruguaya de Derecho Constitucional y Político. Seminario: El Mercosur después de Ouro Preto aspectos jurídicos, Uruguay, Agosto de 1995. S. 12. Dazu noch: Arnau, L. (2002). S. 37.

14 Dazu: Di Biase, H. (1995). Introducción al Derecho de la integración con especial referencia al Mercosur. In: Revista uruguaya de Derecho Constitucional y Político.

Integrationsrecht hat keine unmittelbare Anwendung, weshalb es nach den nationalen rechtlichen Voraussetzungen in die nationalen Rechtsordnungen inkorporiert werden muss.

Sowohl das AGR als auch das MR haben ihre eigenen rechtlichen Grundprinzipien entwickelt. Diese sind im Verhältnis zwischen den Integrationsprozessen (Mercosur und AGN) und den Mitgliedstaaten zu finden. Die Grundprinzipien fördern die Befestigung und Ausbreitung der Integration, weil sie eine feste und klare Basis für die rechtliche Zusammenarbeit festlegen. Die Prinzipien des SIR erleichtern das Verständnis der Integration, sie geben ihre Konturen vor und bilden die Grundlage für die künftige Entwicklung des SIR. Die rechtlichen Grundprinzipien finden sich positiv-rechtlich zunächst in den Gründungsverträgen der südamerikanischen Integrationsprozesse, aber sie sind durch die südamerikanische Gerichtsbarkeit, die Doktrin und die Rechtsvergleichung mit dem europäischen UR entwickelt worden.

Die südamerikanischen Teilregime beabsichtigen die schrittweise Schaffung eines Gemeinsamen Markts. Dieses Ziel ist bisher jedoch nur begrenzt umsetzbar, da die Voraussetzungen zur Errichtung des Gemeinsamen Markts wie z.B. eine Zollunion und ein gemeinsamer Zolltarif bislang nicht geschaffen werden konnten. Dadurch ist die Weiterentwicklung des SIR eingeschränkt. Die Finalität bleibt mehr als offen. Es ist unklar, ob es eine Fortentwicklung des SIR geben wird, weil die tatsächliche Konstruktion eines Gemeinsamen Markts sowohl im Mercosur als auch in der AGN immer noch in Frage steht und von komplexen Gelingensbedingungen abhängt. Die Mitgliedstaaten der südamerikanischen Integrationsprozesse haben keine gemeinsame wirtschaftliche Außenpolitik und vermeiden die Annahme von Verpflichtungen, die ihre Autonomie behindern, ihre Souveränität relativieren könnten. Die Fortentwicklung der südamerikanischen Teilregime benötigt zum einen die Verstärkung der südamerikanischen Gerichtsbarkeit, nämlich des Andengerichtshofes (AGH) und des Ständigen Revisionsgerichts (SRG) des Mercosur, und zum anderen die Zusammenarbeit zwischen den mitgliedstaatlichen nationalen Gerichten und dem AGH sowie dem SRG. Der im Kontext der europäischen Integration viel diskutierte „Rechtsprechungsverbund“ mag ein Vorbild sei.[15]

Seminario: El Mercosur después de Ouro Preto aspectos jurídicos, Uruguay. S. 11. Dazu noch: Fernández, J. (2006).

15 Voßkuhle, A. (2014). Zum Verhältnis von BVerfG, EGMR und EuGH: „Pyramide oder Mobile? – Menschenrechtsschutz durch die europäischen Verfassungsgerichte, in: EuGRZ 2014, 41. Jg. Heft 6–8. 30. April 2014. Voßkuhle spricht von einem „Verfassungsgerichtsverbund“.

Diese Arbeit besteht aus der Einleitung, methodischen Überlegungen, drei Hauptkapiteln und den Schlussfolgerungen. Zu Beginn der Arbeit werden die für diese Untersuchung relevanten Methoden, nämlich die *Rechtsdogmatik im Kontext* sowie die *Rechtsvergleichung*, erläutert. Hier wird auf die Bedeutung der Rechtsdogmatik, der Rechtsdogmatik im Kontext und auf die Bedeutung des Kontexts als solchen eingegangen. Darüber hinaus wird auf die Methode der Rechtsvergleichung zwischen dem SIR und dem UR eingegangen. Diese Rechtsvergleichung trägt zum Verständnis und zur Eingliederung sowohl des MR als auch des AGR bei, ohne jedoch Strukturanalogien anzunehmen wo strukturelle Divergenzen vorherrschen. Die Rechtsdogmatik des UR erleichtert die Konstruktion von Begriffen und Typologien des SIR. Sie dient der Systembildung.

Das erste Kapitel skizziert und erklärt den historischen und politischen Kontext des SIR. Die südamerikanischen Integrationsprozesse kennen ganz eigene Kontexte, durch die das SIR entsteht und sich entwickelt. Der historische und politische Kontext erleichtert das Verständnis der Grenzen, der Reichweite und der Probleme des SIR. Das Kapitel beginnt mit der Darstellung des historischen Kontexts der südamerikanischen Integration. Hierzu werden zum einen die hispanoamerikanischen Kongresse des XIX. Jahrhunderts und zum anderen die Spannungen zwischen dem Panamerikanismus und dem Lateinamerikanismus vorgestellt. Danach wird auf die Beziehung zwischen der Souveränität und den südamerikanischen Integrationsprozessen eingegangen. An dieser Stelle werden zuerst die wechselvollen Dynamiken der Nationalstaatlichkeit und der nationalen Souveränität analysiert. Zweitens wird das Beispiel der *geteilten Souveränität* innerhalb der EU dargestellt. Drittens werden die klassische und die geteilte Souveränität bei der Konstruktion der südamerikanischen Integrationsprozesse sowie die Entwicklung der begrenzten Supranationalität in der AGN und der reine Intergouvernementalismus im Mercosur analysiert. Anschließend wird der politische Kontext des SIR dargestellt. Hierbei wird auf die verschiedenen politischen Standpunkte der südamerikanischen Staaten im Hinblick auf die Integration, insbesondere auf den Sozialismus des XXI. Jahrhunderts und die ALBA, auf den von Brasilien geförderten Südamerikanismus und die Alianza del Pacífico und auf den offenen Regionalismus eingegangen.

Im zweiten Kapitel werden die rechtlichen Grundprinzipien des MR und des AGR identifiziert, sodann genauer bezeichnet, definiert, systematisiert und strukturiert. An erster Stelle werden die Konstitutionalisierung und die Entwicklung von Verfassungsprinzipien in der EU sowie das Beispiel der Europa-Artikel in nationalen Verfassungen dargestellt. Danach werden der südamerikanische Verfassungskontext und die Entstehung eines

„südamerikanischen Integrationsartikels" analysiert. Hierfür werden die nationalen konstitutionellen Integrationsartikel der Mitgliedstaaten sowohl der AGN als auch des Mercosur analysiert und dargestellt. Anschließend werden die einzelnen Grundprinzipien der südamerikanischen Teilregime vorgestellt. Als solche gelten die Eigenständigkeit, die unmittelbare Anwendbarkeit, die unmittelbare Wirkung, der Anwendungsvorrang, das Prinzip der begrenzten Einzelermächtigung, das Prinzip der loyalen Zusammenarbeit und das demokratische Prinzip. Hier ist darauf hinzuweisen, dass die Prinzipien der unmittelbaren Anwendbarkeit, der unmittelbaren Wirkung und des Anwendungsvorrangs innerhalb des Mercosur nicht existieren. In der Absenz dieser Prinzipien gelten im Mercosur die Prinzipien des Umsetzungsbedarfs und des Anwendungsvorrangs nach der Rechtsumsetzung in die nationalen Rechtsordnungen. Die integrativen Verflechtungen sind weniger intensiv.

Im dritten Kapitel wird die Weiterentwicklung der Teilregime des SIR analysiert. Hier wird an erster Stelle das Ziel der Gründung eines lateinamerikanischen Gemeinsamen Markts dargestellt. Zuerst wird auf das Beispiel des europäischen Binnenmarkts eingegangen, um die Bedeutung eines Gemeinsamen Markts besser zu verstehen. Zweitens wird die rechtliche Entwicklung des Gemeinsamen Markts in der AGN sowie die Behinderung der rechtlichen Entwicklung der Zollunion und des Zolltarifs und die Zerschlagung der AGN durch die Annahme von Freihandelszonenabkommen dargestellt. Letztere können, wo ein Gemeinsamer Markt längst noch nicht vollendet ist, desintegrierende Kräfte entfalten. Drittens wird die rechtliche Entwicklung des Gemeinsamen Markts im Mercosur analysiert und die Einführung der Supranationalität im Mercosur diskutiert, damit das MR sich fortentwickeln kann. Die Supranationalität könnte zur effektiven Implementation des MR sowie zur Erreichung der Zielsetzungen des Mercosur beitragen. Anschließend werden die Perspektiven der Vereinigung von AGN und Mercosur dargestellt und in ihrer Integrationsdynamik analysiert und dargestellt. In diesem Zusammenhang wird zuerst die Lateinamerikanische Integrationsvereinigung (ALADI) als die ursprüngliche Verbindung zwischen der AGN und dem Mercosur vorgestellt. Als Zweites werden die Bestrebungen für die Gründung einer Freihandelszone zwischen der AGN und dem Mercosur analysiert. Drittens wird die Erweiterung des Mercosur dargestellt und schließlich auf die Förderung der Vereinigung von Mercosur und AGN durch die Unasur eingegangen.

Darüber hinaus wird die Weiterentwicklung der südamerikanischen Teilregime durch die Kooperation zwischen den nationalen und den gemeinsamen Gerichten analysiert. Hierfür wird zunächst auf das Beispiel des EuGH als Motor der Integration (wenn nicht sogar der Konstitutionalisierung), sowie auf das Kooperationsverhältnis zwischen den nationalen und den europäischen Gerichten für die Durchsetzung des Unionsrechts eingegangen. Zweitens wird der Andengerichtshof als treibende Kraft für die Integration in der AGN analysiert sowie die Kooperation zwischen den nationalen Gerichten und dem Andengerichtshof durch das Vorabentscheidungsverfahren näher betrachtet. Drittens wird das Ständige Revisionsgericht des Mercosur und der Bedarf der Gründung eines kompetentiell umfassenden ausgestaltenden Gerichthofes vorgestellt. Schließlich wird die Kooperation zwischen den nationalen Gerichten und dem Ständigen Revisionsgericht durch die Gutachten dargestellt. Abschließend werden die Schlussfolgerungen dieser Dissertation zu einem Gesamtergebnis gebündelt.

3. Methoden: Rechtsdogmatik im Kontext und die Rechtsvergleichung

Der Begriff „Dogma“ (altgr. όγμα, *dógma*,) bedeutet: Meinung, Lehrsatz, Beschluss oder Verordnung.[16] Die Rechtsdogmatik ist in ihrem Systematisierungsanspruch zunächst einmal als die Wissenschaft des geltenden Rechts bezeichnet worden.[17] Man könnte sagen, dass die Rechtsdogmatik die systembindende Strukturierung des geltenden Rechts ist und seiner Auslegung Maßstäbe vorgeben will. Ewald führt aus, dass in den dogmatischen Fächern wie beispielsweise der Theologie und der Rechtswissenschaft ein Denken vorherrscht, das sich zum Ziel setzt, eine mit Autorität ausgestattete Lehrmeinung zu formulieren.[18] Dieses „Ausdenken“ einer autoritativen Lehrmeinung beschränkt sich darauf, deren Sinngehalt aus sich heraus auszuschöpfen. Gerade diese Beschränkung ist das konstitutive Prinzip einer Dogmatik.[19] Insofern ist am Begriff der Dogmatik für das gewohnte Verständnis das wichtigste Kennzeichnen ein Negationsverbot: die Nichtnegierbarkeit der Ausgangspunkte von Argumentationsketten. Sie bleiben der Kritik entzogen.[20] Es ist denn verboten, den gedanklichen Gehalt der verbindlichen Lehrmeinung zu überschreiten. Schließlich sollen aus den Dogmen verbindliche Verhaltensregeln folgen.[21]

Hier wird davon ausgegangen, dass es um eine wichtige Funktion der Rechtsdogmatik geht, die geltende Rechtsordnung zu ordnen, aufzugliedern und abzugrenzen. Oberstes wissenschaftliches Ziel rechtsdogmatischer Konstruktionen (oder Systembildungen) ist, das öffentliche Recht wie das Privatrecht als

16 Wilhelm, P. (1914) Handwörterbuch der griechischen Sprache. Braunschweig, Band 1, S. 651.

17 Díaz, Elías. (1984). Sociología y Filosofía del Derecho, Madrid Editorial Tauros. Dazu noch: Acedo, O. (1990). La Ciencia Jurídica y su Objeto, in Revista de la Facultad de Derecho de México Número 172-173-174, Instituto de Investigaciones Jurídicas de la UNAM, (S. 11–22).

18 Ewald, J, Thul. (1960) Die Denkform der Rechtsdogmatik, in: Archiv für Recht und Sozialphilosophie, Band XLVI. S. 242.

19 Ewald, J. Thul. (1960), S. 241.

20 Luhmann, N. (1982) Rechtssystem und Rechtsdogmatik. Verlag W. Kohlhammer. Stuttgart. S. 15.

21 Ewald, J. Thul. (1960), S. 241.

Komplex systematisch koordinierter Leitbegriffe zu erarbeiten.[22] Die Funktion von Dogmatiken besteht darin, den so in Begriffsform gebrachten Rechtsstoff zu systematisieren, nach Prinzipien zu ordnen und ihn gleichsam in Gärung zu versetzen, ihn nämlich in ein dynamisches Maß zu verwandeln.[23] Die Dogmatisierung des Rechtsstoffs bedeutet seine begrifflich klassifikatorische Durcharbeitung.[24] Ebenso führt Häberle aus, dass der Rechtsdogmatik eine Ordnungsrolle zukommt. [25] Sander betont, dass die herrschende Wissenschaft der Rechtsdogmatik durch eine ethisch-politische Einstellung gekennzeichnet ist. Die Grundvoraussetzung der Rechtsdogmatik besteht darin, dass „Recht" ein Inbegriff von Normen, Imperativen, Befehlen, Anordnungen, kurz ein Inbegriff von Sollensätzen sei, welche ihre Forderungen an die Subjektivität irgendwie unterworfener Menschen richten.[26] Nach Ansicht der Rechtsdogmatik ist alles Recht bereits im Gesetz vorhanden und der „Prozess" hat lediglich die Aufgabe der Feststellung, Erläuterung und Verwirklichung des Rechts.[27] Die Dogmatik qualifiziert insoweit als eine Art „Erkundungsprozess" der „Entdeckungsverfahren".

Die Rechtsdogmatik ist von der Rechtswissenschaft zu differenzieren. Aufgabe der Dogmatik ist also „die Analyse des dogmatischen Geflechts, das aus einer Vielzahl von miteinander verbundenen Ordnungsbegriffen, Typologien, Strukturen, Gedanken und einer Gemengelage diffus-offener Überzeugungen und Anschauungen gebildet wird". Demgegenüber ist die Aufgabe der Rechtswissenschaft vielmehr die Analyse und Weiterentwicklung des dogmatischen Geflechts von Ordnungsbegriffen, Lehrsätzen, Typologien, Figuren, Leit- und Strukturgedanken, welche nicht zuletzt durch die Praxis geschaffen wird.[28] Die

---

22 Von Bogdandy, A. (2009). Grundprinzipien. In: Von Bogdandy und Bast (Hrsg.). Europäisches Verfassungsrecht – Theoretische und dogmatische Grundzüge. 2. Aufl. Springer. Berlin. S. 18.

23 Luhmann, N. (1982). S. 13.

24 Luhmann, N. (1982). S. 18.

25 Häberle, P. (2003b). México y los Contornos de un Derecho Constitucional Común Americano: Un ius commune americanum, in: Fix-Fierro, H. (Traductor). De la Soberanía al Derecho Constitucional Común: Palabras clave para un diálogo Europeo Latinoamericano, Universidad Autónoma de México. S. 9.

26 Sander, F. (1921). Rechtsdogmatik oder Theorie der Rechtserfahrung? Kritische Studie zur Rechtslehre Hans Kelsens. Verlag Franz Deuticke. S. 7.

27 Sander, F. (1921). S. 10.

28 Haltern, U. (2007a) Europarecht – Dogmatik im Kontext, 2. Aufl. Verlag Mohr Siebeck. Tübingen. S. 4 und 7.

entsprechende Rolle der Rechtswissenschaft kann als rechtsdogmatischer Konstruktivismus bezeichnet werden.[29]

Die Unterscheidung zwischen Rechtsdogmatik und Rechtswissenschaft kann wie folgt getroffen werden, nämlich dass der Rechtsforscher (Rechtswissenschaftler) nicht an die Ergebnisse der Dogmatisierung gebunden, die Rechtsdogmatik vielmehr der Gegenstand seiner Untersuchung ist, während der Rechtsdogmatiker an seine Dogmen gebunden bleibt.[30] Die Rechtsforschung ist frei wie jede Forschung, daher kann sie Dogmen hinterfragen, Überkommenes bezweifeln, für sie ist kein Rechtsdogma verbindlich.[31] Die Dogmatik i.e.S. bedarf keinerlei interdisziplinären Wissens, sondern es reicht die Beherrschung dogmatischer Strukturen und juristischer Methoden, mithin das Handwerkliche des Rechts.[32] Ebenso betont Radbruch, dass „die Dogmatik Wissenschaft vom Geltenden ist, nicht vom richtigen Recht, das ist, nicht vom Recht, das sein sollte. Die Rechtsdogmatik unterscheidet sich somit von denjenigen Rechtswissenschaften, die das seinsollende Recht zu ihrem Gegenstand haben, und auch von der Rechtsphilosophie, der Wissenschaft vom Rechtszweck, und der Rechtspolitik, der Wissenschaft von den Mitteln zu diesem Zwecke".[33]

Beispielsweise befasst sich die Rechtssoziologie nicht mit dem geltenden Recht, sondern mit der Aufdeckung der Wirkungszusammenhänge zwischen Recht und Gesellschaft.[34] Der Forschungsgegenstand der Rechtssoziologie sind die Probleme der Implementierung und der Wirksamkeit des Rechts. Soriano erklärt, dass die Probleme der Wirksamkeit sich im Allgemeinen aus soziologischen Gründen ergeben.[35] Nach der vorherrschenden Auffassung „befasst sich die Rechtssoziologie nicht mit den Rechtsnormen als solchen, sondern mit der Gesellschaftlichkeit des Rechts sowie mit der gegenseitigen Abhängigkeit zwischen dem Recht und dem Sozialleben. Speziell befasst sich die Rechtssoziologie mit den sozialen Ursachen der Rechtsnormen und ihren sozialen Auswirkungen (Anwendung, Befolgung, Handhabung, Gebrauch)".[36]

---

29 Von Bogdandy, A. (2009). S. 18.

30 Ewald, J. Thul. (1960). S. 256.

31 Ewald, J. Thul. (1960). S. 259.

32 Haltern, U. (2007a). S. 7.

33 Ewald, J. Thul. (1960), S. 258.

34 Wieser. B, (2005). Vergleichendes Verfassungsrecht. Springer Kurzlehrerbücher der Rechtswissenschaft. Wien. S. 46.

35 Soriano R. (1997). La Sociología del Derecho. Ariel. Barcelona.

36 Terz, P. (2006) Die Völkerrechtssoziologie, Versuch einer Grundlegung in den Hauptzügen. Defensio Scientiae Iuris Inter Gentes, In Papel Político Vol. 11, No. 1. S. 265.

Bezüglich des Völkerrechts differenziert man zwischen Völkerrechtsdogmatik und Völkerrechtswissenschaft. Die Normen und Prinzipien des Völkerrechts sind der Hauptgegenstand der völkerrechtsdogmatischen Untersuchung, während die Völkerrechtswissenschaft auch philosophische (Werte, Moral), soziologische (Bedürfnisse, Interessen), politische und weitere Fragestellungen erfasst.[37] Die Völkerrechtswissenschaft wird als die Summe und das System von Kenntnissen, Erkenntnissen und Methoden über völkerrechtlich wichtige Materien, vor allem über die Normenbildungs- und Normendurchsetzungsprozesse in den internationalen Beziehungen definiert. Die Hauptaufgabe der Völkerrechtswissenschaft ist das Beschreiben, das Erkennen und das Erklären des Völkerrechts.[38] Sie hat die internationale Rechtsordnung komplex, polydimensional und transdisziplinär zu erforschen.[39] Sie muss Kontextsensibel arbeiten.

Die vorliegende Arbeit sollte also nicht nur eine rechtsdogmatische Analyse, sondern auch eine rechtswissenschaftliche Analyse des südamerikanischen Integrationsrechts darstellen, genauer gesagt geht es in der vorliegenden Arbeit nicht um eine reine rechtsdogmatische Analyse, sondern es werden gewisse historische und politische Aspekte des SIR in Betracht gezogen. Die rechtswissenschaftliche Arbeit darf sich nicht allein auf die dogmatische Arbeit i.e.S. beschränken, denn man benötigt ein Verständnis des das Recht umgebenden Kontexts.[40] Diese Dissertation übernimmt die Definition von „Kontext" aus der von Häberle eingeführten Verfassungslehre.[41] Der Kontextbegriff ist ein viele Wissenschaften

---

37 Terz, P. (2010). Völkerrechtstheorie, Völkerrechtsphilosophie und Völkerrechtsmethodologie, Unterscheide – Demonstratio et Defensio Scientiae latae Iuris inter Gentes, in: Archiv für Rechts- und Sozialphilosophie, Vol. 96. Heft 3. Verlag Franz Steiner. S. 323.

38 Terz, P. (2010). S. 323.

39 Terz führt sogar noch aus, dass die Völkerrechtsdogmatik eine eigene Methodologie besitzt. Die Gründsätze dieser Methodologie sind die folgenden: Reflexivität, Normativität, Funktionalität, Rechtsanalyse und Komparativität. Mittlerweile hat die Völkerrechtswissenschaft ebenso ihren eigenen Methoden etwa die Komplexität, Systemhaftigkeit, Globalität, Historismus, Differenzierung und Realitätsbezogenheit S. Terz P. (2010). S. 323 und 336.

40 Haltern, U. (2007a). S. 8.

41 Häberle begreift die Verfassung als Kultur. „Das Verständnis der Verfassung als Kultur ist ein Programm, das seit 1982 Stück für Stück entfaltet wurde"...... „Vielmehr soll Verfassung allgemein „als Kultur" verstanden werden". Häberle, P. (2008). Europäische Verfassungslehre. 5 aktualisierte und erweitere Aufgabe. Nomos Verlag. S. 11. Dazu noch: Häberle, P. (1998). Verfassungslehre als Kulturwissenschaft. Zweite stark erweiterte Auflage. Duncker & Humblot. Berlin. Dazu noch: Häberle, P. (2003b) La

verbindendes, wenn auch bislang disparates Instrument des Vestehens.[42] „Der *Kontext* ist der zentrale Brückenbegriff des Denkens über Verfassung zu den anderen für die Verfassungslehre unentbehrlichen Kulturwissenschaften[43] etwa zur Verfassungssoziologie oder zur Verfassungsgeschichte[44] sowie zur Religion und Philosophie; Ethik und Pädagogik; Politikwissenschaften und Psychologie und Ökonomie und Ökologie".[45]

Häberle erklärt den Kontext als *Verständnis durch Hinzudenken*.[46] Die im Raum und Zeit vergleichende, als juristische „Text und Kulturwissenschaft" arbeitende Verfassungslehre kann dank der Kontextthese den Anschluss an Methoden und Sachgegenstände anderer Kulturwissenschaften suchen und finden.[47] In der Kulturwissenschaft wird die Entstehung der Normen als kultureller Prozess verstanden und durch die Texte und Kontexte erklärt. Demzufolge reichen die reinen juristischen Darstellungen, Texte, Institutionen und Verfahren nicht aus, um das Recht als Kontextgebundene Ordnung zu verstehen.[48]

Darüber hinaus scheint die von Haltern für das Studium des Europarechts eingeführte *„Dogmatik im Kontext"*[49] geeignet und überzeugend, um eine Analyse des SIR durchzuführen. Das Modell der *Dogmatik im Kontext* stellt das Recht der Europäischen Gemeinschaft als ein in Raum und Zeit entwicklungsoffener Rechtskörper dar. Dementsprechend sollte man die Entwicklung der Rechtsregeln in ihrem historischen, politischen, wirtschaftlichen, sozialen und kulturellen Kontext nachzeichnen und verstehen.[50] Man kann der Meinung Halterns folgen, dass „Ordnungsbegriffe und Strukturprinzipien sowie ihre Typologien nur dann richtig entfaltet werden können, wenn der institutionelle, politische, wirtschaftliche, soziale, kulturelle und historische Kontext mitbedacht wird".[51] Bei der Betrachtung des relevanten Kontexts handelt sich um ein (freilich beschränkt) interdisziplinäres Unternehmen, da auch Einsichten aus den Sozial-, Wirtschafts- und

---

Constitución en el Contexto, in: Anuario Iberoamericano de Justicia Constitucional Nr. 7. S. 225. Dazu noch: Häberle, P (2003a). S. 5.

42 Häberle, P. (2008) S. 14. Dazu noch: Häberle, P. (2003b). S. 228.

43 Häberle, P. (2003a). S. 7.

44 Häberle, P. (2003a). S. 7.

45 Häberle, P. (2008). S. 11. Dazu noch: Häberle, P. (2003b). S. 230.

46 Häberle, P. (2008). S. 4. Dazu noch: Häberle, P. (2003b). S. 224.

47 Häberle, P. (2008). S. 16.

48 Häberle, P. (2003a). S. 5f.

49 Haltern, U. (2007a).

50 Haltern, U. (2007a). S. 6 und 8.

51 Haltern, U. (2007a). S. 11.

Politikwissenschaften „fruchtbar“ zu machen sind.[52] Daher verlangt das Verständnis des Kontexts *eine interdisziplinäre Neugier.*[53]

Haltern betont, dass es für das Studium der rechtlichen Dimension der europäischen Integration sowohl eine solide Kenntnis des geltenden Rechts als auch ein Verständnis des das Recht umgebenden Kontexts bedarf. Erst diese Kombination macht ein sinnvolles vertieftes Studium des Europarechts möglich, und zwar sowohl in praktischer als auch in theoretischer Hinsicht.[54] Es geht also nicht nur um *Law in the Books*, sondern auch um *Law in Action.*[55] Ebenso ist die Dogmatik i.e.S. mit dem Kontext eng verbunden, sodass eine Trennung unmöglich ist: *wer dogmatisch denkt, muss in Kontexten denken.*[56]

Diese Dissertation geht davon aus, dass das SIR seinen eigenen Kontext besitzt, weil Südamerika eine Region mit eigenen Charakteristika und Bedürfnissen darstellt. Daher sollte das SIR auch einen eigenen Kontext innehaben, der die Fortschritte und Rückschritte des Integrationsrechts erklären könnte. Diese Arbeit untersucht und erklärt den historischen, politischen, wirtschaftlichen und verfassungsrechtlichen Kontext des SIR. Die Situierung des SIR in seinem historischen, politischen, wirtschaftlichen und verfassungsmäßigen Kontext erleichtert das Verständnis der Entwicklung und der Hindernisse sowohl des AGR als auch des MR. Auch das SIR ist nur durch hinzudenken zu verstehen.

Darüber hinaus stellt diese Doktorarbeit eine Rechtsvergleichung zwischen dem UR mit dem AGR und dem MR dar. Um den Begriff der Rechtsvergleichung definieren zu können, wird auf die Bedeutung der Rechtsvergleichung innerhalb des Verfassungsrechts eingegangen. Zunächst einmal meint Rechtsvergleichung, jedenfalls im traditionellen, engeren Sinn (der auch hier zugrunde gelegt wird) eine Gegenüberstellung verschiedener nationaler Rechtsordnungen. Die Rechtsvergleichung bezieht ihr Forschungsobjekt aus verschiedenen nationalen Rechtsordnungen, sie ist überstaatlich und dergestalt systemgrenzenüberschreitend.[57] Rechtsvergleichung ist nicht nur Methode, sondern auch autonome Wissenschaft, weil sie einen Gegenstand und einen eigenen Anwendungsbereich aufweist, die

52 Haltern, U. (2007a). S. 8.
53 Haltern, U. (2007a). S. 16.
54 Haltern, U. (2007a). S. 8.
55 Haltern, U. (2007a). S. 11.
56 Haltern, U. (2007a). S. 11.
57 In einem weiteren Sinne könnte man unter Rechtsvergleichung auch die vergliedene Untersuchung verschiedener Institutionen oder Regel innerhalb ein und derselben nationalen Rechtsordnungen verstehen. Wieser. B, (2005). S. 17.

nicht Gegenstand und Anwendungsbereich irgendeiner anderen Disziplin sind.[58] Rechtsvergleichung befasst sich grundsätzlich nur mit der Vergleichung mehrerer nationaler, im Regelfall für ihren Anwendungsraum ausschließlich geltender Rechtsordnungen.[59] Aber Rechtsvergleichung ist eine übernationale Wissenschaft, nicht eine Ausprägung einer nationalen Rechtswissenschaft.[60] Schließlich kann die Rechtsvergleichung ohne Bezugnahme auf den politischen, historischen und soziologischen Hintergrund einer bestimmten rechtlichen Regelung nicht auskommen bzw. ohne Kenntnis dieser faktischen Umstände nur an der Oberfläche eines realen Problems verharren,[61] ohne in seine Tiefen schichten vorzudringen.

Die juristische Vergleichung ist unentbehrlich für die Ergründung und Konturierung des europäischen Integrationsprozesses.[62] Die (in Raum und Zeit) ausgreifende Methode der Rechtsvergleichung ist innerhalb der Verfassungslehre neben den vier klassischen Auslegungsmethoden[63] eine neue zusätzliche fünfte Methode zur Auslegung des geltenden Rechts. Häberle betont, dass der Gegenstand dieser Vergleichungsmethode eine Trias ist, und zwar aus Texten,[64] Theorien und Verfassungsgerichtsentscheidungen.[65] An dieser Stelle ist zu erwähnen, dass diese Dissertation keine klassische Rechtsvergleichung zwischen zwei verschiedenen nationalen Rechtsordnungen, sondern von drei übernationalen Rechtsordnungen (namentlich das UR, das AGR und das MR) zum Gegenstand hat.

---

58 . Wieser. B. (2005). S. 20.
59 Wieser. B. (2005). S. 18.
60 Wieser, B. (2005). S. 22.
61 Wieser, B. (2005). S. 20.
62 Häberle (2003a). S. 14.
63 Die Auslegungsmethoden sind: grammatische Auslegung; Das logische Element; das historische Element; das systematische Element. Die Methodenlehre sind von Savigny insbesondere in: Juristische Methodenlehre (1802/03); Vom Beruf unserer Zeit für Gesetzgebung und Rechtswissenschaft (1814); System des heutigen Römischen Recht eingeführt worden. Dazu: Isfen, O. (2004). Die „klassischen" Methodenlehren bei Savigny, in: Ankara Üniversitesi Hukuk Fakültesi Dergisi. Yıl 2004 Cilt 53 Sayı 1.
64 Hier „gelten die Klassikertexten als Verfassungstexten im weiteren Sinne, die die positiven Verfassungstexte im engeren Sinne anreichern, provozieren, schützen, vollziehen, entwickeln und irgendwie erfassen". Häberle, P. (2003b). S. 243. Dazu noch: Häberle, P. (2008). S. 11.
65 Darüber hinaus muss eine juristische Vergleichung danach fragen, welche Prinzipien, Texten un Paradigma den philosophischen Sinnen der Rechtsnormen vorangehen. Bei der Verfassungslehre sind die Verfassungstexte zu untersuchen. Häberle (2003a). S. 11ff.

Die EU ist für die südamerikanische Integration ein vergleichbarer Prozess. Insoweit kann man der Meinung Häberles folgen, dass Europa der Welt die höchste Textualstufe im Integrationssachsgebiet anbietet. Diese Texte (nationale und supranationale) könnten als Muster in anderen Regionen der Welt für die Entwicklung etwa eines *ius commune* in Asien, Afrika und Amerika fungieren.[66] In diesem Zusammenhang hat die Gründung der EWG das Interesse für die Integration in den Entwicklungsländern, u.a. in Lateinamerika erweckt. Seit den sechziger Jahren ist das Vorbild der europäischen Integration oft für die verschiedenen Initiativen zur Integration benutzt worden.[67]

Die Arbeit orientiert sich am hochentwickelten UR, das als Vorbild für das SIR dient, vor allem in Bezug auf die Begriffsbildung, die Eingliederung und die Implementation der Normen der südamerikanischen Integration. Entsprechend sollte die Rechtsvergleichung dazu dienen, die Reichweite und Einzigartigkeit der südamerikanischen Integration und des SIR besser zu verstehen. Der Vergleich will also nicht nur Gemeinsames entdecken, sondern Verschiedenheit aufdecken. Ebenso erweist sich diese Vergleichung als hilfreich, um die südamerikanische Integration und ihr Recht zu systematisieren und zu begreifen. Das tiefere Verständnis des Unionsrechts ermöglicht es, perspektivisch einen ähnlichen Prozess in Südamerika, unter Beachtung der dort gegebenen Besonderheiten, in Gang zu bringen. Erst der Vergleich zwischen dem europäischen und den südamerikanischen Integrationsmodell(en) macht Möglichkeiten und Grenzen der Übernahme des europäischen Modells evidenter. In diesem Sinne wird durch eine solche Rechtsvergleichung vermieden, dass das europäische Integrationsmodell ohne die notwendigen spezifischen Modifikationen für die südamerikanische Integration angewandt wird. Man darf nicht vergessen, dass die politische und institutionelle Geschichte Lateinamerikas als eine Geschichte der fruchtlosen Rezeption ausländischer Institutionen zusammengefasst werden kann. Wenn die in anderen Ländern erfolgreichen Institutionen in Lateinamerika eingeführt wurden, funktionierten diese nicht wie in den ursprünglichen Staaten und produzierten andere Folgen als die, die erwartet wurden.[68] Kulturblinde Rezeption bleibt zum Scheitern verurteilt.

---

66 Häberle, P. (2003a). S. 81. Häberle, P. (2013). S. 102.

67 Rueda, F. (2009). ¿Qué se puede aprender del proceso de integración europeo? La Integración Económica de Europa y América Latina en perspectiva comparada, in: Nueva Sociedad 219. S. 66.

68 García, M. (2011). Ineficacia del derecho y cultura del incumplimiento de las reglas en América Latina, in: El Derecho en América Latina; un mapa para el pensamiento

Die Rechtsvergleichung zieht sich durch die gesamte Dissertation. Bereits im politischen und historischen Kontext des SIR wird die Entwicklung der klassischen und geteilten Souveränität innerhalb der EU und in der südamerikanischen Integration verglichen. Darüber hinaus werden die Begriffe Supranationalität und Intergouvernementalismus von der UR übernommen, damit die Entwicklung dieser Begriffe im AGR und MR identifiziert und erklärt werden kann. Die Analyse der Konstitutionalisierung, der Entwicklung eines Mehrebenen-Konstitutionalismus und des nationalen Europaverfassungsrechts innerhalb der EU ermöglicht die Betrachtung der konstitutionellen Entwicklung des SIR. Darüber hinaus wird die rechtsdogmatische Entwicklung der europäischen rechtlichen Grundprinzipien bzw. Verfassungsprinzipien mit den Grundprinzipien des SIR verglichen, um die südamerikanischen rechtlichen Prinzipien erfassen und erklären zu können. Der Rechtsvergleich ist ebenso für das Verständnis der Fortentwicklung des SIR von Bedeutung. An dieser Stelle repräsentiert der europäische Binnenmarkt ein wichtiges Modell für die Etablierung eines südamerikanischen Gemeinsamen Markts. Schließlich ist die europäische Gerichtsbarkeit ein besonderes Vorbild für die Verstärkung der südamerikanischen Gerichtsbarkeit und in diesem Sinne der südamerikanischen Integration.

Um eine Rechtsvergleichung zwischen der EU und der SIR durchzuführen, werden in erster Linie die Verträge und das Sekundärrecht analysiert. Darüber hinaus stehen die Richterperspektive, nämlich die entsprechende Jurisprudenz der Gerichte (EuGH, BVerfG, AGH, SRG, etc.) sowie Dokumente und Erklärungen, die für die Integrationsprozesse relevant sind, zur Verfügung. Die Dissertation greift maßgeblich auf die in wissenschaftlichen Beiträgen formulierten Auffassungen von Experten aus verschiedenen Regionen und Staaten zurück. In Bezug auf die Europäische Union ist insbesondere die Fachliteratur in deutscher Sprache ausgewertet worden. Hinsichtlich der südamerikanischen Integration sind hauptsächlich Auffassungen von Wissenschaftlern aus verschiedenen Staaten Lateinamerikas berücksichtigt worden.

---

jurídico del siglo XXI. Rodríguez Cesar (coordinador). Grupo Editorial siglo veintiuno. Argentina. S. 180.

4. Zum Kontext des südamerikanischen Integrationsrechts

4.1 Der historische Kontext

4.1.1 Die hispanoamerikanischen Kongresse

Der historische Kontext der südamerikanischen Integration und des SIR geht zurück bis in die Zeit der Unabhängigkeit der südamerikanischen Staaten einschließlich der Kolonialzeit.[69] Bereits 1809 entstand erstmals die Idee, einen Staatenverband (Konföderation) zwischen den entstandenen hispanoamerikanischen Ländern aufzubauen. Zu den ersten Befürwortern eines Staatenverbandes zählen u.a. Juan Egaña, Juan Martínez de Rosas sowie Bernardo Monteagudo und Cecilio del Valle.[70] Alle diese Leute dachten, dass die Einheit der neu entstandenen Staaten deren Unabhängigkeit absichern könnte, weshalb sie dem Prinzip der *l´union fait la force* folgten.[71]

Die aus den ehemaligen hispanischen Kolonien entstandenen Republiken haben unter der Führung von Bolívar versucht, eine hispanoamerikanische Konföderation zu gründen. Gewiss gilt Bolívar nicht als erster Denker eines Staatenverbandes, jedoch hat er dieses Konzept im Kongress von Panama 1826 konkretisiert und in die Praxis umgesetzt.[72] Deswegen wird zu Recht gesagt, dass Bolívars Denken ein gemeinsames Erbe der lateinamerikanischen Region ist,[73] das immer noch großen Einfluss auf die Integration hat.[74]

---

69 Kahle, G. (1981) Problemas fundamentales de la integración en América Latina desde la Independencia (1810–1948), in: Mols (ed). Integración y Cooperación en América Latina. Mainz.Hase & Koehler Verlag. S. 26.

70 Stoetzer, zitiert in: Grote, R. (2009). Los esfuerzos integradores en el contexto histórico suramericano. In: Bogdandy, Landa, Morales (Eds.) ¿Integración suramericana a través del derecho? un análisis interdisciplinario y multifocal. Max Planck Institut für Ausländisches öffentliches Recht und Völkerrecht. S. 6. Dazu noch: Aramburu, E. (2000). Perspectiva histórica de la evolución del Mercosur en una integración sudamericana. Zugriff am 22.02.2013. Verfügbar: (http://www.oocities.org/enriquearamburu/DIA/mia7.html.

71 Aramburu, E. (2000).

72 Grote, R. (2009). S. 7.

73 Hakanson, C. (2007). El ejemplo Institucional de la Unión Europea, los retos políticos institucionales en los procesos de integración. Revista Oasis N° 012. S. 231.

74 Cova, J. (1963). Bolívar y el Congreso de Panamá, in: Revista de Estudios Políticos N° 127. España. S. 180.

Bolívar betonte in der Carta de Jamaica 1815,[75] *dass es eine großartige Idee ist, aus den befreiten Staaten eine gemeinsame nationale Regierung zu schaffen, weil es viele Gemeinsamkeiten etwa den Ursprung, die Sprache, die Bräuche und die Religion gibt, deswegen sollte die Region nur eine gemeinsame Regierung haben.* Die Carta de Jamaica weist darauf hin, dass für Bolívar die wichtigen und günstigen objektiven Bedingungen für die Integration in der Region bestanden, wie etwa die gemeinsame erlittene Geschichte, die Tradition, die gleichen Werte, die Kultur, eine gewisse Identität der Völker, die Religion und die Sprache. Aufbauend auf diese Gedanken ist es Bolívar gelungen, die Republik Großkolumbien durch das Grundgesetz der Einheit von den kolumbianischen Völkern 1821 und die Verfassung von Cúcuta 1821 zu gründen.[76]

Das Territorium der Republik Großkolumbien umfasste das Vizekönigreich von Neugranada und das Generalkapitaniat von Venezuela.[77] Diese Verbindung zerbrach jedoch, als Venezuela sich im Jahr 1829 von Großkolumbien abgrenzte und als Quito und Guayaquil 1830 die Republik Ecuador gründeten.[78] Infolge dieser Ereignisse entstanden unabhängige Staaten, etwa die Republik Venezuela, die Republik Kolumbien und die Republik Ecuador. Mit der Auflösung Großkolumbiens war es den regionalen Mächten gelungen, anstelle eines Staatenbunds Nationalstaaten zu etablieren. Darüber hinaus haben die Intrigen und Rivalitäten zwischen den kreolischen Führungsgruppen zu einem „*Balkanisierungsprozess*“ geführt, der nicht nur Großkolumbien spaltete, sondern auch die Tendenz der regionalen Autonomie verstärkt hat.[79]

75 La "Carta de Jamaica", escrita por Bolívar -Un Americano Meridional- en Kingston el 6 de septiembre de 1815, in: Simón Bolívar – Doctrina del Libertador, (2009). Fundacion Biblioteca Ayacucho. 3 Aufl. Venezuela.

76 Constitución de Cúcuta 1821. In: Legislación Computarizada Venezolana. Verfügbar: www.lex-comp.com.

77 Art. 1 und Art. 5. de la Ley Fundamental de la Unión de los Pueblos Colombianos 1821. und Art. 6. Constitución de Cúcuta 1821. Legislación Computarizada Venezolana. Verfügbar: www.lex-comp.com.

78 Frambes, A. (1989). Der Andenpakt, Wandlungen eines Integrationsprozesses. Verlag Arbeiterbewegung und Gesellschaftswissenschaft. Marburg, S. 26. Dazu noch: Kahle, G. (1981). S. 36. Arnau, L. (2002). S. 55.

79 Kahle, G. (1981). S. 36.

Die Republik Großkolumbien unterzeichnete mit Peru 1822,[80] Chile 1823,[81] Mexico 1823[82] und Zentralamerika 1825[83] die bilateralen *Tratados de Union Liga y Confederación Perpetua.*[84] Diese Verträge dienten der Vorbereitung zum Aufruf eines hispanoamerikanischen Kongresses.[85] In diesem Sinne rief Bolívar am 07.11.1824 durch ein Rundschreiben[86] die Republiken Kolumbien, Mexiko, Zentralamerika, die Vereinigten Provinzen von Buenos Aires und Chile zur Etablierung eines bevollmächtigten Kongresses auf, um die gemeinsamen Interessen und Beziehungen der Region zu analysieren und damit die beabsichtigte regionale Einheit zu erreichen.[87]

Bolívar erklärte in dem Rundschreiben, dass es Zeit sei, den gemeinsamen Interessen und Beziehungen zwischen den amerikanischen Republiken eine auch formelle Grundlage zu geben, um die ewige Existenz dieser Regierungen abzusichern. Das Ziel Bolívars war es, die Basis für eine hispanoamerikanische Konföderation zu schaffen und eine Vereinbarung über den gegenseitigen Schutz und die gegenseitige Verteidigung der Völker zu erreichen.[88] Bolívar wollte eine von den

80 Tratado de Unión, Liga y Confederación Perpetua entre la República de Colombia y el Estado de Perú. Lima 06 de Julio 1822.

81 Tratado de Unión, Liga y Confederación Perpetua entre la República de Colombia y Chile. Santiago 21 de Octubre 1822.

82 Tratado de Unión, Liga y Confederación Perpetua entre la República de Colombia y México. Bogotá 03 de Octubre 1823.

83 Tratado de Unión, Liga y Confederación Perpetua entre la República Federal de Centro América y Colombia. 15 de Marzo 1825. Documento digitalizado por: Enrique Bolaños Fundación.

84 De la Reza, G. (2006). El Congreso de Panamá de 1826 y otros ensayos de integración latinoamericana en el siglo XIX. Universidad Autonoma Metropolitana, México. S. 17. Dazu noch: Liévano, I. (1968). El Congreso de Panamá: Bolivarismo y Monroísmo, in: Desarrollo Económico Vol 8, N° 30/31.

85 Lievano, I. (1968). S. 193.

86 Näher: Circular de Invitación Dirigida por Simón Bolívar. Libertador de Colombiay Encargado del Mando Supremo del Perú a los Gobiernos de Colombia, México, La América Central, Las Provincias Unidas de Buenos Aires, Chile y el Brasil. Lima, diciembre 7 de 1824. Dazu: Rodas, A. (1996). El Tratado de Unión, Liga y Confederación Perpetua, in: Revista AFASE N° 27 (1996). S. 124ff.

87 Rodas, A. (1996). S. 120.

88 Quispe, F. (2010). Problemas y perspectivas de los procesos de integración en América Latina, in: Revista Colombiana de Derecho Internacional, International Law N° 16. Bogotá S. 264.

Republiken bevollmächtigte Versammlung und eine Konföderation gründen.[89] Der Wunsch nach einer hispanoamerikanischen Konföderation erklärte sich zu diesem Zeitpunkt durch die Angst vor der Rückkehr der europäischen Mächte[90] und durch das Bewusstsein eines gemeinsamen Schicksals.[91] Insofern strebte der Kongress von Panama sowohl die Verteidigung Hispanoamerikas gegen einen ausländischen Angriff als auch gegen die innere Anarchie an.[92]

Der Kongress von Panama fand im Jahr 1826 unter Mitwirkung von Neugranada und Venezuela als Teile Großkolumbiens sowie von Mexiko, Peru, und der Union der zentralamerikanischen Provinzen statt. Chile und Buenos Aires nahmen aufgrund ihrer innenpolitischen Situation[93] sowie der Unzufriedenheit über den Protagonismus Großkolumbiens nicht am Kongress teil.[94] Die Vertreter Boliviens kamen zu spät und konnten nicht am Kongress teilnehmen.[95] Großbritannien und Holland schickten Beobachter.[96] Brasilien[97] ernannte keine Vertreter für diesen Gipfel[98] und nahm schließlich nicht am Kongress teil. Ebenso nahmen auch die USA[99] nicht am Kongress teil, da einer ihrer beiden Vertreter auf dem

89 Näher: Circular de Invitación Dirigida por Simón Bolívar. Libertador de Colombiay Encargado del Mando Supremo del Perú a los Gobiernos de Colombia, México, La América Central, Las Provincias Unidas de Buenos Aires, Chile y el Brasil. Lima, diciembre 7 de 1824. Dazu: Rodas, A. (1996). S. 124ff.

90 Cova, J. (1963). S. 180.

91 Sberro, S. und Bacaria, J. (2002). La Integración de América Latina. Entre la referencia europea y el modelo estadounidense, In Foreign Affairs en español.

92 Kahle, G. (1981). S. 40.

93 Ausführlich: Liévano, I. (1968). S. 217ff.

94 De la Reza, G. (2010). La diálectica del fracaso: El Congreso americano de Lima 81847–1848) y su desenlace, in: Cuadernos Americanos 134. México. S. 12.

95 Liévano, I. (1968). S. 225. Dazu noch Quispe, F. (2010). S. 264.

96 Quispe, F. (2010). S. 264. Dazu noch: Rodas, A. (1996). S. 122.

97 Der kolumbianische Präsident Francisco de Paula Santander hat einseitig ohne die Zustimmung Bolívars die Einladung an Brasilien weitergeleitet. Dazu ausführlich: Liévano. 1968. S. 217 und Ardao, A. (1986). Panamericanismo y Latinoamericanismo, in: Leopoldo Zea (Ed) América Latina y sus ideas. México: Siglo Veintiuno. S. 164.

98 Grote, R. (2009). S. 10.

99 Der kolumbianische Präsident Francisco de Paula Santander hat einseitig ohne die Zustimmung Bolívars die Einladung an die USA weitergeleitet. Außerdem wegen der Spannung zwischen Nordamerika und Großbritannien war auch notwendig Großbritannien und Holland einzuladen. Dazu: Kahle, G. (1981). S. 40. Cova, J. (1963). S. 179. Ardao, A (1986). S. 164.

Weg nach Panama verstarb und der andere immer noch in Washington war, als der Kongress bereits beendet war.[100]

Beim Kongress von Panama wurde der *Tratado de la Liga, Confederación y Unión Perpetua* (TLCUP) zwischen Kolumbien, Peru, Zentralamerika und Mexiko erlassen.[101] In Art. 1 heißt es, dass die Republiken sich in Frieden und in Krieg vereinigen. Damit nahmen sie einen ewigen, engen und unantastbaren Freundschaftspakt an. Das Ziel des „ewigen" Pakts war gemäß Art. 2 die gemeinsame Erhaltung der Souveränität und Unabhängigkeit der Bundesgenossen. Im TLCUP wurde die Gestaltung einer eigenen konföderale Armee beschlossen.[102] Insofern verpflichtete der Art. 3 die Vertragsparteien, sich gemeinsam durch See- und Bodenstreitkräfte gegen die Feinde der Unabhängigkeit zu verteidigen.

Der Vertrag TLCUP hatte -ein wichtiger Schritt der Institutionalisierung- eine Versammlung geschaffen. Diese sollte sich in Friedenszeiten alle zwei Jahre und in Kriegszeiten jedes Jahr zusammensetzen (Art. 11 TLCUP). Die wichtigsten Funktionen der Versammlung bestanden darin, untereinander Verträge auszuhandeln und Vertragsentwürfe vorzulegen sowie bei Konflikten zwischen den Bundesgenossen zu vermitteln und die Verträge zu interpretieren (Art. 13 TLCUP). Die Versammlung sollte ihren Sitz in der mexikanischen Stadt Tacubaya haben. Nach zwei Jahren jedoch konnte sie nicht eingerichtet werden, da außer Großkolumbien kein anderes Land den TLCUP ratifiziert hatte.[103] Der Versuch institutioneller Absicherung war insoweit gescheitert.

Bolívar betrachtete die Konföderation nicht nur als einen militärischen Verband, sondern auch als eine „ewige Assoziation" zur wesentlichen Verbindung der „Bruderschaft" der hispanoamerikanischen Gesellschaften.[104] Demnach sollte die von Bolívar vorgestellte Konföderation eine gemeinsame Außenpolitik, ein gemeinsames Parlament und ein gemeinsames Verteidigungssystem etablieren.[105] Dies konnte in der Praxis jedoch nicht durchgesetzt werden, da die verschiedenen hispanoamerikanischen Republiken andere Vorstellungen von einer Konföderation hatten und lediglich eine Vereinbarung bezüglich der

---

100 Liévano, I. (1968). S. 239. Cova, J. (1963). S. 178. Dazu noch: De la Reza, G. (2010). S. 12.

101 Tratado de Union, Liga, y Confederación perpetua entre las Repúblicas de Colombia, Central América, Perú y los Estados Mexicanos.15 de Julio de 1826 (Congreso de Panamá 1826).

102 De la Reza, G. (2010). S. 12. Liévano, I. (1968). S. 208.

103 De la Reza, G. (2010). S. 13.

104 Liévano, I. (1968). S. 204.

105 Frambes, A. (1989). S. 25.

militärischen Kräfte zur gemeinsamen Verteidigung der entstandenen Republiken akzeptieren wollten.[106] Daher war der TLCUP insbesondere ein militärisches Abkommen, das jedoch nie in Kraft trat.[107] Weitergehenden Ambitionen blieb der Erfolg versagt.

Der von Bolívar entworfene Staatenverband sollte sich nur aus hispanoamerikanischen Staaten zusammensetzen und dem politischen Ausgleich Südamerikas gegenüber Nordamerika dienen.[108] Aus dieser Zusammensetzung des Verbandes folgte, dass Brasilien vom Vorschlag Bolívars ausgeschlossen war.[109] An dieser Stelle ist es auch wichtig daran zu erinnern, dass die politische Integration der südamerikanischen Staaten schon in der Kolonialzeit von der Rivalität zwischen den portugiesischen und den spanischen Mächten geprägt somit durch eine schwere Hypothek für die Folgezeit belastet wurde. Dieser Zustand konnte auch in der Zeit der Unabhängigkeit nicht überwunden werden.[110]

Schließlich sollte betont werden, dass Brasilien nach der Unabhängigkeit einen ganz eigenen Weg gegangen ist. Brasilien gelang die Gründung einer Monarchie, welche bis zum Ende des XIX. Jahrhunderts (15.11.1889) regierte. Der Wunsch, eine Monarchie zu gründen, bestand auch bei den hispanoamerikanischen Republiken. Bereits 1816 wurde von Manuel Belgrano auf dem Kongress von Tucumán[111] die Etablierung einer Monarchie unter der Herrschaft eines Inca-Nachkommen vorgeschlagen. Diese Idee wurde von José de San Martín und von Vertretern Perus gefördert. Dennoch wurde die Gründung dieser Monarchie von den Abgeordneten in Buenos Aires abgelehnt und damit die Idee verworfen. Danach versuchte San Martín ohne Erfolg, Chile unter die Herrschaft einer neutralen europäischen Macht zu setzen. Schließlich schlug San Martín die Errichtung einer Konföderation auf monarchischen Grundlagen zwischen Buenos Aires, Chile und Peru

---

106 Ausführlich: Kahle, G. (1981) und Liévano, I. (1968). S. 227.

107 Quispe, F. (2010). S. 264. Kahle, G. (1981). S. 40.

108 Liévano, I. (1986). S. 203.

109 Sorj, B. und Fausto, S. (2011). El papel de Brasil en América del Sur: estrategias y percepciones mutuas. En B. Sorj & S. Fausto (Coords.), Brasil y América del Sur: miradas cruzadas. Buenos Aires: Plataforma Democrática. S. 34. Hier wird ausgeführt, dass der Projekt einen großen Vaterland (Patria Grande) einer Mythos ist, der Brasilien ausschließt und der die verschieden nationalen Geschichten der alte hispanische Amerika nicht betrachtete.

110 Grote, R. (2009). S. 4. Dazu noch: Ferreira, A. (2011). Integração: sonho e realidade na América do Sul. Fundação Alexandre de Gusmão. Brasilia. S. 22.

111 Durch den in San Miguel de Tucumán stattgefundenen Kongress von Tucumán wurde die Unabhängigkeit Argentiniens erklärt und die Provinzen des Buenos Aires gegründet.

vor.[112] Die Zweckmäßigkeit und Notwendigkeit einer Monarchie wurde dadurch gerechtfertigt, dass sie das stärkste Mittel gegen die politische Anarchie darstellte und sie das einzige Mittel war, das die gefährliche Auflösung der hispanischen Kolonien verhindern könnte.[113]

Da Brasilien eine Monarchie errichtet hatte, wurde mit seiner Einbindung in einen hispanischen Staatenverbund nicht gerechnet. Man hatte den Verdacht, dass das brasilianische Reich ein naturwüchsiger Alliierter der Heiligen Allianz sein könnte.[114] So meinte Monteagudo, dass die monarchisch gestaltete brasilianische Regierung die Mitwirkung Brasiliens am Staatenverband behinderte. In ähnlicher Weise führte Cecilio del Valle aus, dass nur das sog. hispanische Amerika an der künftigen Konföderation bzw. Föderation teilnehmen könnte.[115] Der Verband sollte nur von unabhängigen hispanischen Kolonien ausgemacht werden.[116]

Der Kongress von Panama und die Etablierung einer Konföderation zwischen den hispanoamerikanischen Ländern konnte indes nicht durchgesetzt werden, weil der TLCUP nicht in Kraft trat. Trotzdem blieb die Idee von der Gründung eines Staatenverbandes in der Region bestehen und behielt ihre Gültigkeit und ihre Rechtfertigung. Daher wurden im Jahr 1847 durch ein Rundschreiben des peruanischen Außenministers[117] die hispanoamerikanischen Republiken Bolivien, Chile, Ecuador, Neugranada, Venezuela, Argentinien, Zentralamerika, Mexiko, sowie die USA und Brasilien zu einem neuen Kongress gerufen, nämlich dem sogenannten *Congreso Americano de Lima* (1847–1848). Dies stellte signifikante Bemühungen zur Wiederaufnahme des Kongresses von Panama dar.[118]

Diese Einladung des peruanischen Ministers wies deutlich darauf hin, dass das Bedürfnis existierte, eine Allianz zu gründen, um die erneuten Bestrebungen Spaniens, die hispanoamerikanischen Republiken zurück zu erobern, zu verhindern. Darüber hinaus sollte der Kongress eine feste Basis schaffen, um Ruhe und Sicherheit der südamerikanischen Völker in Zukunft zu sichern.[119] Nur Bolivien, Chile, Ecuador, Neugranada und Peru nahmen am Kongress von Lima teil. Die wichtigste rechtliche Akte des Kongresses war der *Tratado de Confederación ent-*

---

112 Kahle, G. (1981). S. 29.
113 Kahle, G. (1981). S. 29.
114 Grote, R. (2009). S. 8.
115 Grote, R. (2009), S. 6.
116 Aramburu. E, (2000).
117 Nota circular de invitación, Lima 9 de nov de 1946. Dazu: De la Reza, G. (2010). S. 13.
118 De la Reza, G. (2010). S. 11.
119 Nota circular de invitación, Lima 9 de nov de 1946. Dazu: De la Reza, G. (2010). S. 18.

re las Republicas de Perú, Bolivia, Chile, Ecuador und Nueva Granada,[120] der aus einer Präambel und 24 Artikeln bestand. Durch den Vertrag wurde eine Konföderation ins Leben gerufen. Der Vertrag wurde ähnlich wie beim Kongress von Panama nur von einem Teilnehmer, in diesem Fall von Neugranada, ratifiziert und konnte daher nicht in Kraft treten.[121] Auch diesmal blieb weitergehender institutioneller Verdichtung der Erfolg versagt.

Daraufhin versuchten die hispanoamerikanischen Republiken erneut, einen Kongress einzuberufen. So erfolgte der zweite *Congreso de Lima* von 1864 bis 1865 unter Mitwirkung von Peru, Bolivien, Chile, Kolumbien, Ecuador, El Salvador, Guatemala, Venezuela und Argentinien.[122] Auf diesem Kongress wurde der *Tratado de Union y Alianza Defensiva*[123] mit dem Ziel erlassen, internationale Einmischungen abzuwehren.[124] Dieser dritte Vertrag wurde von keinem der Staaten ratifiziert.[125] Hier ist darauf hinzuweisen, dass die ständige Bedrohung durch die mögliche Rückkehr der europäischen Mächte, insbesondere Spaniens, die drei hispanoamerikanischen Kongresse verursacht hatte. Im XIX. Jahrhundert boten die ausländischen Bedrohungen den Anlass zur inneren Einheit.[126] Als diese Bedrohung jedoch verschwunden war, verschwanden damit auch die Bestrebungen, eine hispanoamerikanische Konföderation zu gründen.[127] Es waren schlicht noch nicht genügend innere Bindungskräfte erwachsen.

4.1.2 Die Spannungen zwischen dem Panamerikanismus und dem Lateinamerikanismus

Während die hispanoamerikanischen Republiken sich bemühten, eine Konföderation zu errichten, breiteten die USA ihre hegemoniale Politik auf die Region aus. Daher wurde die Entwicklung und Gestaltung der lateinamerikanischen Integration nachhaltig durch die USA beeinflusst. Kahle betont, dass die politische und ökonomische Dependenz der lateinamerikanischen Länder von den USA und den europäischen Mächten die Integration, nämlich die po-

120 Tratado de Confederación entre las Repúblicas de Perú, Bolivia, Chile, Ecuador und Nueva Granada. Lima 08 de Febrero de 1848.

121 De la Reza, G. (2010). S. 22. Dazu noch: Kahle,G. (1981). S. 45.

122 Kahle, G. (1981). S. 46.

123 Tratado de Unión y Alianza Defensiva entre los Estados signatarios de América. 23 de Enero de 1865.

124 De la Reza, G. (2010). S. 24.

125 De la Reza, G. (2010). S. 24. Dazu noch: Kahle, G. (1981). S. 46.

126 Kahle, G. (1981). S. 52.

127 Kahle, G. (1981). S. 46.

litische und ökonomische Verbindung aller oder einiger lateinamerikanischer Länder verhindert, weil jede mögliche Vereinigung der Duldung und der übereinstimmenden Zustimmung der großen Mächte bedarf.[128] Es ist wichtig hervorzuheben, dass die Vereinigten Staaten die internationalen Beziehungen des zwanzigsten Jahrhunderts (auch des neunzehnten Jahrhunderts in Lateinamerika) so entscheidend und gleichzeitig ambivalent beeinflusst haben. Außerdem haben sie sich in die innenpolitischen Angelegenheiten anderer Staaten sogar unzulässig eingemischt.[129]

Die hispanoamerikanische Integration war demzufolge nicht unabhängig von den USA, im Gegenteil: bereits 1823 hatten die USA durch eine Rede[130] des amerikanischen Präsidenten James Monroe klargestellt: „Amerika den Amerikanern". Diese Worte gingen als „Monroe-Doktrin" in die Geschichte ein.[131] In der Rede hieß es, dass eine Einmischung Europas in Lateinamerika als unfreundlicher Akt betrachtet würde.[132] Präsident James Monroe sagte weiterhin, dass die USA mit alleinigem Vertretungsanspruch als Beschützer der Region agieren werden. Die Doktrin erteilte Nordamerika die Kompetenz, sich dem Einfluss der europäischen Mächte in Lateinamerika entgegenzustellen.[133]

Die Rede Monroes diente als eine Art Präambel des Panamerikanismus. Der Begriff „Panamerikanismus" erschien im Jahr 1889 mit der von den USA einberufenen *Conferencia Internacional Americana,* die in Washington von Oktober 1889 bis April 1890 abgehalten wurde. Jene Konferenz wurde schnell als *Pan Amerika* bezeichnet und gilt als der Anfang des Panamerikanismus.[134] Die erste offizielle Verwendung des Begriffes „Panamerikanismus" erfolgte während der IV. *Conferencia Internacional Americana* in Buenos Aires (1910), als das in der ersten Konferenz gestaltete Büro in Washington „Union Panamericana" genannt

---

128 Kahle, G. (1981). S. 25.

129 Kissinger, H. (1994). Die Vernunft der Nationen – Über das Wesen der Außenpolitik. Siedler: Berlin. S. 12.

130 Näher: Seventh annual message of President James Monroe's to Congress, December 2, 1823.

131 Frambes, A. (1989). S. 38f.

132 Kahle, G. (1981). S. 39.

133 Dazu: Speaks John Kerry, US Secretary of State at the Organization of American States. Washington, DC November 18, 2013. Verfügbar: www.state.gov/secretary/remarks/2013/11/217680.htm.

134 Ardao, A. (1986). S. 158.

wurde.[135] Die *Conferencia Internacional Americana* wurde jedoch von den lateinamerikanischen Staaten, insbesondere von Chile, kritisiert.[136]

Die eigentliche Motivation des Panamerikanismus ergab sich Ardaos Auffassung nach daraus, die dringlichen Handelsbedürfnisse der USA zu lösen, da es für sie immer wichtiger wurde, Auslandsmärkte für ihre wachsende, junge Industrie zu sichern.[137] Deswegen diente der Panamerikanismus vor allem dazu, den emanzipatorischen Impetus der lateinamerikanischen Integration zu konterkarieren und deren Märkte wieder verstärkt für US-amerikanische Produkte zu öffnen.[138] Der Panamerikanismus wurde mit dem Vertrag über gegenseitige Hilfeleistung (TIAR) von 1947 und mit der Etablierung der Organisation der Amerikanischen Staaten (OAS) von 1948 verfestigt und organisiert.[139] Die Gründung der OAS hatte jedoch zur Folge, dass der Begriff „Panamerikanismus" durch den Begriff „Interamerikanismus" ersetzt wurde, da die OAS auch als „interamerikanisches System" bezeichnet wurde.[140] Hier jedenfalls hatte ein Prozess schrittweiser institutionelle Verdichtung zum Erfolg geführt.

Nach 1890 entstanden zwei gegensätzliche und unversöhnliche Positionen hinsichtlich der möglichen Staatenintegration in der Region. Die eine bestand auf der Notwendigkeit und Dringlichkeit der Einigung Lateinamerikas mit eigenständigem Gewicht. Die andere redete unter der Schirmherrschaft der USA dem Panamerikanismus das Wort.[141] Seitdem haben diese beiden politischen Richtungen, nämlich der Panamerikanismus und der Lateinamerikanismus, ihre eigene Entwicklung (obwohl nicht unabhängig voneinander) durchlaufen.[142]

Der Lateinamerikanismus unterscheidet sich vom in der Zeit der Unabhängigkeit entstandenen Amerikanismus oder Hispanoamerikanismus, da damals der Begriff „Lateinamerika" noch nicht eingeführt worden war. Im Jahr 1836 führte der Franzose Michel Chevalier aus, dass sowohl lateinische als auch germanische Zweige in der neuen Welt reproduziert worden sind. Südamerika ist wie das südliche Europa, katholisch und lateinisch, während Nordamerika eine

---

135 Ardao. A, (1986). S. 158.

136 Aramburu. E, (2000).

137 Ardao, A. (1986). S. 159.

138 Hummer, W. (2005). Integration in Lateinamerika und in der Karibik – Aktueller Stand und zukünftige Entwicklungen, in: Verfassung und Recht in Übersee (VRÜ) 38. S. 34.

139 Frambes, A. (1989). S. 3.

140 Ardao, A. (1986) .S. 167.

141 Frambes, A. (1989). S. 38f.

142 Ardao, A. (1986). S. 166.

protestantische und angelsächsische Bevölkerung zukommt. Mit der Zeit setzte sich diese Beschreibung durch und schließlich wurde der Begriff „Lateinamerika“ eingeführt, woraus sich die Nomen „Lateinamerikaner“ und „Lateinamerikanismus“ sowie das Adjektiv „lateinamerikanisch“ ergaben.[143] Im Jahr 1861 erschien der Begriff „Lateinamerika“ zum ersten Mal in der *„Revue des races latines“*.[144] Die historische Einführung des Begriffes „Lateinamerika“ bedeutete zum einen einen (Perspektiven-) Wechsel in den Beziehungen der Region mit Europa und Nordamerika und zum anderen den Untergang des überkommenen Dualismus zwischen Europa und Amerika.[145]

Nun hat der „Lateinamerikanismus“ als politischer Begriff seine Herkunft dem Kolumbianer José María Torres Caicedo zu verdanken, der im Jahr 1865 das Buch: *Unión Latinoamericana* publizierte.[146] Nach Torres Auffassung war es notwendig, zwischen zwei Amerikas zu differenzieren: zum einen die von den USA geführten Staaten, zum anderen die übrigen Staaten der Region. Im Sinne von Torres versuchte der Lateinamerikanismus, die in der Hemisphäre wachsende Hegemonie der USA sowie die Ansprüche Europas in der Region aufzuhalten.[147] Er ist Ausdruck von Eigenständigkeit und eigenständigem Integrationswillen.

Die 1951 von den VN gegründete *Comisión Económica para América Latina y el Caribe* (CEPAL) führte zum ersten Mal die Bezeichnung „Lateinamerika“ in der Benennung eines Organs einer internationalen Organisation ein.[148] Damit begann der Begriff seinen Institutionalisierungsprozess.[149] Übrigens sollte hier erwähnt werden, dass die Gründung der CEPAL nicht von allen amerikanischen Beamten positiv aufgenommen wurde. Einige standen der lateinamerikanischen Integration misstrauisch gegenüber. Schließlich erhob die amerikanische Regierung Einwände gegenüber der CEPAL, da diese Organisation die ökonomischen Interessen Amerikas beeinträchtigen könne und da sie ferner angeblich gegen die OAS gerichtet sei.[150] Im Allgemeinen wurden die Ideen der CEPAL von den USA mit großer Skepsis aufgenommen, da die CEPAL dem Standpunkt

143 Ardao, A. (1986). S. 161.
144 Kahle, G.. (1981). S. 47.
145 Ardao, A. (1986). S. 161.
146 Ardao, A. (1986). S. 162.
147 Ardao, A. (1986). S. 162.
148 Ardao, A. (1986). S. 166.
149 Ardao, A. (1986). S. 169.
150 Vieira, E. (2008). Formación de Espacios Regionales en la Integración de América Latina, Universidad Pontificia Javeriana Bogotá – Convenio Andrés Bello. Bogotá. S. 97. Dazu noch: Arnau, L. (2002). S. 55.

Washingtons zur Etablierung einer liberalen ökonomischen Ordnung durch das freie Handeln von Waren und Kapital widersprochen hatte. Protektionismus, staatlicher Interventionismus und Industrialisierung passten nicht zu den ökonomischen Konzepten der USA.[151]

Mit der Gründung der CEPAL begann die lateinamerikanische wirtschaftliche Integration im engeren Sinne. Bereits zwischen 1951 und 1957 wurden die ersten konkreten Beiträge zur Integration von einem erfahrenen Arbeitsteam der CEPAL im Zusammenwirken mit einer Gruppe der zentralamerikanischen Staaten geleistet.[152] Als Früchte dieser Arbeit entstanden Anfang der sechziger Jahre des XX. Jahrhunderts die ersten beiden lateinamerikanischen Integrationszonen, nämlich 1960 die Lateinamerikanische Freihandelsassoziation (Asociación Latinoamericana de Libre Comercio ALALC)[153] und ebenfalls 1960 der Zentralamerikanische Gemeinsamen Markt (Mercado Común Centroamericano MCCA). Diese Integrationszonen sollten tentativ Freihandelszonen ausbilden[154] und waren auf dynamischer Fortentwicklung angelegt.

Die ALALC versuchte, anders als die Europäische Wirtschaftsgemeinschaft (EWG), die eine Teilbereichsintegration zwischen sechs (relativ homogenen) Mitgliedstaaten konzipierte, eine Allbereichsintegration zwischen elf (sehr inhomogenen) Mitgliedstaaten auf der Basis einer Freihandelszone zu gestalten.[155] Die wachsende Anzahl an Mitgliedern im Rahmen der ALALC (Anstieg von sieben auf elf Staaten) erschwerte ohnehin die Beschleunigung des Integrationsprozesses. In diesem Sinne hatte die EWG den Vorteil, dass sie zu Beginn nur aus wenigen Ländern gebildet wurde, was möglicherweise dazu führte, dass es mehr Übereinstimmungen zwischen den Staaten gab, und dies wiederum dabei

---

151 Fischer, T. (2009) Las iniciativas de integración en la segunda mitad del siglo XX, in: von Bogdandy, Landa, Morales (Eds.) ¿Integración suramericana a través del derecho? un análisis interdisciplinario y multifocal. Max Planck Institut für Ausländisches öffentliches Recht und Völkerrecht. S. 28.

152 Vieira, E. (2004). La Integración de América Latina: del Congreso Anfictiónico de Panamá 1826 a una Comunidad Latinoamericana o Sudamericana de Naciones en el Año 2010, Editorial Pontificia Universidad Javeriana, Bogotá. S. 97.

153 Die ALALC wurde von Argentinien, Brasilien, Chile, Mexico, Paraguay, Peru und Uruguay unterzeichnet und danach sind auch Kolumbien (30.09.1961), Ecuador (3.11.1961), Venezuela (31.08.1966) und Bolivien (8.02.1967) dem Vertrag beigetreten.

154 Hummer, W. (2005). S. 8.

155 Hummer, W. (2005). S. 8.

half, die Beschränkungen der Integration zu überwinden.[156] Der ALALC gelang es nicht, ihre Zielsetzungen zu erreichen, weil es zum einen keine Instanz gab, die den Streit zwischen den Mitgliedern koordinieren konnte, und zum anderen, weil die Bereitschaft der Länder, die für den Prozess notwendigen Kompromisse einzugehen, fehlte.[157]

Die USA schlugen 1994 die Etablierung einer Gesamtamerikanischen Freihandelszone (Área de Libre Comercio de las Américas ALCA) vor, die den panamerikanischen Ansatz wieder reaktivieren sollte und damit neuerdings starken Einfluss auf das Integrationsgeschehen in Lateinamerika und der Karibik nehmen sollte.[158] Die ALCA strebte lediglich die Etablierung einer Freihandelszone an, nicht aber die Entwicklung eines regionalen und institutionellen Integrationsprozesses. Außerdem hatte die ALCA die Einrichtung solidarischer Fonds nicht vorgesehen, um die Ungleichheit zwischen den amerikanischen Ländern verringern zu können.[159] Die ALCA schien ein Trend der nordamerikanischen Politik zu sein,[160] nämlich die Annahme des Regionalismus als ein ergänzender Prozess des Multilateralismus.[161]

Die ALCA sollte eine Garantie für eine langfristige Verpflichtung Lateinamerikas zugunsten von freier Marktwirtschaft und Demokratie sein und außerdem einer engen politischen Anbindung des Kontinents an die USA einschließlich einer gemeinsamen Politik im Kampf gegen unkontrollierte Migration, Drogen und Terrorismus dienen.[162] Laut zahlreicher Experten auf dem

---

156 Informe del Intal (1968). La Integración ecónomica de América Latina. Realizaciones, Problemas y Perpectivas. Instituto para la Integración de América Latina. Buenos Aires. S. 16.

157 Quispe, F. (2010). S. 266. Arnau, L. (2002). S. 56.

158 Hummer, W. (2005). S. 10.

159 Van Klaveran, A. (1997). Regionalismo y Multilateralismo: una convergencia necesaria, in Lopez, Sergio (Coord). El futuro del libre comercio en el continente americano, Universidad Autónoma de México. S. 60.

160 Granados, J. (1999). El ALCA y la OMC: Especulaciones en torno a su interacción. Buenos Aires: Instituto para la Integración de América Latina y el Caribe INTAL. S. 10.

161 Der Multilateralismus könnte als „free oder freer trade for all“ definiert werden. Der Multilateralismus entwickelt sich innerhalb des GATT und handelt sich um einen Liberalisierungs- und einen Nichtdiskriminierungsprozess, in den alle Mitglieder des GATT einbezogen sind. Näher: Bhagwati, Jagdish. (1993). Regionalism and Multilateralism: an overview, in: de Melo, Jaime and Panagariya, Arvind (ed.) New Dimensions in Regional Integration. Centre for Economic Research, NewYork.

162 Hummer, W. (2005). S. 30.

Gebiet der südamerikanischen Integration bestand das vorrangige Interesse der USA für die Errichtung der ALCA darin, ihre ökonomische Hegemonie und ihre Politik auf Südamerika festzulegen, bevor Europa oder Asien sich den Markt aneigneten.[163] Darüber hinaus behauptet Phillips, dass die USA mittels der ALCA die Verstärkung und Absicherung der neoliberalen Regeln in ganz Amerika beabsichtigten.[164] Die USA wollten sich den politischen und wirtschaftlichen Einfluss in ihrem lateinamerikanischen „Hinterhof" sichern.[165]

Der Beginn der Verhandlungen der ALCA verursachte verschiedene Reaktionen in den südamerikanischen Ländern. So weisen Flemes und Radseck darauf hin, dass der regionale Integrationsaufbau in erster Linie US-amerikanischen Machtinteressen diente. Während Brasilien sich gegen die Etablierung der ALCA gestellt hat, haben andere Staaten etwa Kolumbien, Chile oder Peru ihr Interesse an der Etablierung einer kontinentalen Freihandelszone geäußert.[166] Im Übrigen ist die Gründung der ALCA fehlgeschlagen, da insbesondere Brasilien und teilweise auch Argentinien kein Interesse an diesem Abkommen hatten. Die Einwände gegen die ALCA bestanden darin, dass die ALCA keine wirtschaftliche Integration darstellte, da sie den freien Verkehr von Kapital, aber nicht den freien Personenverkehr erlauben sollte. Darüber hinaus beachtete die ALCA die schwierigen vorliegenden Asymmetrien zwischen den Ländern nicht.[167] Übrigens hat der Misserfolg der ALCA Brasilien als eine „*Verhinderungsmacht*" bestätigt.[168] Brasilien wurde der wichtigste Gegenpol in den Verhandlungen mit Washington, wodurch die Stellung Brasiliens in der Region gestärkt und insbesondere seine regionalpolitische Steuerungsmacht verfertigt wurde.[169]

Letztendlich kann sowohl durch das Wachstum Brasiliens als auch durch die zunehmenden Beziehungen Lateinamerikas mit Asien und durch das wachsende europäische Interesse an Lateinamerika festgestellt werden, dass

---

163 Arnau, L. (2002). S. 10.

164 Phillips, N. (2003). Hemispheric Integration and Subregionalism in the Americas, in: International Affairs 79.2. S. 330.

165 Hummer, W. (2005). S. 30.

166 Flemes, D. und Radseck, M. (2012). Gobernanza Multinivel de Seguridad en Suramérica, in: Papel Político Vol. 17, N° 1.. S. 217.

167 Garcia, M. (2004). Nueva Política y Dimensión Sudamericana. En: Alternativas para la Comunidad Andina frente al ALCA y al Mercosur. Bogotá: Observatorio Andino de la Pontificia Universidad Javeriana. S. 27.

168 Flemes, D. (2007). Brasilien – Regionalmacht mit globalen Ambitionen. GIGA Focus N° 6. S. 2.

169 Spektor, M. (2011). El regionalismo de Brasil, in: Sorj & Fausto (Coords.), Brasil y América del Sur: miradas cruzadas. Buenos Aires: Plataforma Democrática. S. 164.

die Monroe-Doktrin bzw. der Einfluss Nordamerikas in der Region schrittweise an Gewicht verliert. Insoweit erklärte der amerikanische Außenminister John Kerry in seiner Rede vor der OAS, dass die Monroe-Doktrin Geschichte ist und dass die Beziehung zwischen Lateinamerika und den USA nicht unter einer Doktrin entwickelt werden sollten, sondern auf Grundlage der Gleichheit der Staaten, der gemeinsamen wahrgenommenen Verantwortung und der Sicherheitskooperation.[170]

4.2 Die Souveränität und die südamerikanische Integration

4.2.1 Veränderungen des Nationalstaates und der nationalen Souveränität

Der traditionell geschlossene, mehr oder weniger autarke Nationalstaat wird immer ineffektiver bei der Kontrolle der internationalen Wirtschaft.[171] Darüber hinaus existiert kein effektiver internationaler Mechanismus, der den Zahlungsverkehr, das Ungleichgewicht bei der Herstellung der Grundprodukte oder Maßnahme gegen die Arbeitslosigkeit steuern kann. Die Staaten verlieren allmählich die effektive Kontrolle über die Ressourcen und sogar über die eigenen Entscheidungen.[172] Der Nationalstaat ist unfähig, bestimmte wichtige Funktionen wie z.B. die Wahrung des Friedens, die innere und die äußere Sicherheit, die Gewährleistung der Freiheit und die Sicherung des Wohlstandes der Bürger allein auf sich gestellt zu erfüllen.[173] Kokott deutet an, dass „für öffentliche und herkömmlicherweise staatliche Aufgaben von höchster Priorität, wie Frieden Freiheit und Sicherheit,

---

170 Speaks John Kerry, US Secretary of State at the Organization of American States. Washington, DC November 18, 2013. Verfügbar: www.state.gov/secretary/remarks/2013/11/217680.htm.

171 Bell, D. (1987). The World and the United States in 2013, in: Daedalus, Vol. 116, No. 3. S. 14. Dazu noch: Beck, U. (1997). Was ist Globalisierung? Irrtümer des Globalismus – Antworten auf Globalisierung. Suhrkamp Verlag. Frankfurt. S. 34.

172 D. Bell. (1987). S. 14. Der Autor ist der Meinung, dass der Nationalstaat zu klein für die großen Probleme des Lebens und zu groß für die kleinen Probleme des Lebens geworden ist.

173 Beneyto, J. (2002). ¿Qué es una Constitución europea? La Declaración sobre el futuro de la Unión y la creación de un orden constitucional común, in: Oreja, M. (Dir.). El futuro de la Unión Europea. Unión política y coordinación económica. Editorial Dykinson. Madrid. S. 24.

Umwelt und Menschenrechtsschutz sowie gerechte Handelsbedingungen der Einfluss der einzelnen Staaten schwindet".[174]

Aktuell steigen die Wechselwirkungen und die Interdependenzen zwischen den Staaten. Die Interdependenz wird definiert als gegenseitige Abhängigkeit[175] und bezeichnet den wechselseitigen Einfluss zwischen Staaten oder zwischen Staaten und Akteuren in unterschiedlichen Staaten,[176] auch nichtstaatlichen Akteuren. Diese Wechselwirkungen ergeben sich grundsätzlich aus dem Wachstum der internationalen Transaktionen von Kapital, Waren, Gütern, Personen und Nachrichten, die die nationalen Grenzen überschreiten. Im Übrigen betrifft die Interdependenz die Weltpolitik und das Verhalten der Staaten, jedoch beeinflussen auch die Handlungen der Regierungen die Form der Interdependenz.[177] Darüber hinaus kann in der heutigen Zeit nicht mehr über die Idee eines gänzlich autarken Volkes innerhalb der Grenzen der Nationalstaaten gesprochen werden, weil die mächtigsten Staaten Entscheidungen treffen, die andere Völker betreffen können.[178]

Der Territorialstaat, der im Verlaufe der Jahrhunderte seit der Beendigung des Feudalismus die beherrschende Macht in der Weltpolitik war, wurde durch das Tätigwerden nichtterritorialer Akteure wie z.B. multinationaler Unternehmen, grenzüberscheitender sozialer Bewegungen und internationaler Organisationen, überformt.[179] Alle diese nichtterritorialen Akteure sind in der Lage, die Entscheidungsfreiheit des Staates in erheblichem Maße zu beeinträchtigen. Die Souveränität der Staaten ist durch die nichtterritorialen Akteure jedenfalls ein Stück weit erodiert worden.[180] Darüber hinaus überwinden die transnationalen Kräfte die Grenzen der

---

174 Kokott, J. (2004). Die Staatsrechtslehre und die Veränderung ihres Gegenstandes: Konsequenzen von Europäisierung und Internationalisierung, in: Veröffentlichungen der Vereinigung der Deutschen Staatsrechtslehrer Band 63. Verlag: De Gruyter Recht. Berlin. S. 9.

175 Die Dependenz wurde definiert: dependence means a state of being determined or significantly affected by external forces. Dazu: Keohane, R. und Nye, J. (1989). Power and Interdependence. Second Edition. Harper Collins Publishers. S. 8.

176 Keohane, R. und Nye, J. (1989). S. 8.

177 Keohane, R. und Nye, J. (1989). S. 5.

178 Held, D. (2002). La Globalizacion tras el 11 de septiembre, in: Diario El País de España. 14, julio.

179 Keohane, R. und Nye, J. (1989). S. 3.

180 Dallanegra, L. (2000). Tendencias del Orden Mundial: El futuro del Estado Nación. Trabajo presentado en el Congreso Internacional de Administración Pública y Desarrollo Local en el Contexto de Sociedades Supranacionales, Medellín, Colombia, 19–22 de Septiembre de 2000.

nationalen Kommunikation.[181] Die Globalisierung[182] betrifft die autarken Fähigkeiten der Einzelstaaten, weshalb enge Kooperationsvereinbarungen zwischen den Staaten getroffen werden müssen, um die aktuellen Herausforderungen ökonomischer, politischer, und sozialer Art zu bewältigen. Diese neuen internationalen Konstellationen führen dazu, dass die traditionellen Strukturen und Akteure bei der politischen Willensbildung, der Entscheidungsfindung und der Politikimplementation neu gruppiert und mit neuartigen Institutionen und Akteuren kombiniert werden. Hierdurch entsteht eine *neue Architektur* der internationalen politischen Herrschaftsausübung.[183] An dem Begriff der „Governance" sei bewusst erinnert.

Trotz der Probleme des Nationalstaates ist an diesem Punkt darauf hinzuweisen, dass der Nationalstaat nach wie vor der unentbehrliche Mittelpunkt der internationalen Prozesse ist.[184] Der endgültige Untergang des Nationalstaates liegt immer noch in der fernen Zukunft -wenn er dem überhaupt je gewollt ist-, weil die Staaten weiterhin die Hauptakteure in den internationalen Beziehungen sind. Obwohl die sich die Befugnisse und die Handlungsmacht verändert haben, sind die Nationalstaaten dennoch die wichtigsten Akteure des internationalen Systems und gleichzeitig die Hauptsubjekte des Völkerrechts.[185] Obwohl der Nationalstaat in vielen Fällen wegen der unkontrollierbaren Kräfte im Rahmen des Globalisierungsprozesses zumindest teilweise an Wirksamkeit und Fähigkeit verloren hat, existiert noch keine andere reale politische Einheit, die den Staat ersetzen könnte.[186] Ohne das Fortbestehen aktiver Staaten können internationale

181 Held, D. (2002) La Globalizacion tras el 11 de Septiembre. In: Diario El País de España. 14, julio.

182 Der Begriff Globalisierung bezeichnet die Prozesse, in deren Folge die Nationalstaaten und ihre Souveränität durch transnationale Akteure, ihre Machtchancen, Orientierungen, Identitäten und Netzwerke unterlaufen und querverbinden. Näher: Beck, U. (1997). S. 28. Der Begriff „Globalisierung" bezieht sich auf „die Beschreibung eines Prozesses, nicht eines End-zustandes. Er kennzeichnet den zunehmenden Umfang und die Intensivierung von Verkehrs-, Kommunikations- und Austauschbeziehungen über nationale Grenzen hinweg". Dazu: Habermas, J. (1998). Die postnationale Konstellation: Politische Essays. Edition Suhrkamp.

183 Beck, U. und Grande, E. (2007). Das kosmopolitische Europa, Suhrkamp Verlag, Frankfurt. S. 56.

184 Pastrana, E. (2005). Extinción o reinvención del Estado-Nación frente a los desafíos globales, in: Revista Desafios N° 12, Universidad del Rosario, Bogotá. S. 270.

185 Pastrana, E. (2005). S. 270.

186 Terz, P und Pastrana, E. (2007). El derecho internacional al despuntar el siglo XXI, un punto de vista sociológico del derecho internacional. Ad defensionem iuris inter gentes, in: Revista Papel Político. Vol. 12, N° 2. S. 554.

Organisationen in ihrer gegenwärtigen Form gar nicht existieren. Zudem fehlt es dem Völkerrecht an Vollzugsorganen. Nicht nur im europäischen Unionsrecht, sondern auch im Völkerrecht gewinnt also die Vollzugsfunktion der Staaten ständig an Gewicht.[187] Sie müssen völkerrechtliche Vollzugsdefizite treuhänderisch auffangen.

Im Allgemeinen wird die Funktion des Staates als Mitgestalter und als Vollzugsinstrument des supra- und internationalen Rechts ständig wichtiger.[188] Es darf dennoch nicht übersehen werden, dass die EU zwar über ein starkes Rechtsinstrumentarium, jedoch -jedenfalls weitgehend- nicht über einen eigenen Umsetzungsmechanismus verfügt. Recht setzen und Recht umsetzen spaltet sich auf in supranationale und nationale Organisationen. Ohne die Mitwirkung der Mitgliedstaaten sind weder Rechtsverwirklichung noch Legitimation der europäischen Rechtsetzung, allgemeiner betrachtet auch keine europäische Politik in welchem Sinne auch immer möglich.[189] „Die EU kann zwar unmittelbar verbindliche Rechtsakte erlassen, allgemein gültiges Gesetzesrecht schaffen und durch Beschlüsse den Einzelnen einseitig verpflichten, aber sie verfügt kaum über eine eigene Vollzugsgewalt und über keine eigenen Zwangsbefugnisse“.[190]

Innerhalb der EU ist die Rolle der Mitgliedstaaten für die Erfüllung des Rechts ganz entscheidend. Der Reformvertrag von Lissabon lässt das System der Verwaltungsbefugnisse im Großen und Ganzen unberührt und hält sich an die traditionellen Handlungsreformen und Instrumente. Das sogenannte Prinzip der Verwaltungsautonomie, wonach die Mitgliedstaaten grundsätzlich das Gemeinschaftsrecht vollziehen, wird im Reformvertrag nach Art. 4. Abs. 3 EUV beibehalten.[191] Demnach wird das Unionsrecht von den Mitgliedstaaten durchgesetzt, denn der verwaltungsmäßige Vollzug des Unionsrechts obliegt grundsätzlich den Mitgliedstaaten (indirekter Vollzug).[192] Insoweit vollziehen

---

187 Kokott, J. (2004). S. 28.

188 Kokott, J. (2004). S. 28.

189 Beck, U. und Grande, E. (2007). S. 58.

190 Laufs, A. (2006). Rechtentwicklung in Deutschland, 6 Aufl., De Gruyter Rechtwissenschaft Verlag. Berlin. S. 504.

191 Schwarze, J. (2009). EU-Kommentar (Hrsg.). 2.Aufl. Nomos Verlag, Baden-Baden. S. 50.

192 Geiger, R. (2010). Grundgesetz und Völkerrecht mit Europarecht. 5. Aufl. C.H. Beck, München. S. 229f. Dazu noch: Kotroni, L. (2004). Grundrechtliche Verpflichtungen der Mitgliedstaaten der Europäischen Union, insbesondere unter Zugrundelegung von Art 51 der Grundrechtscharta, Verlag Peter Lag. Frankfurt. S. 213f. Kotroni

die nationalen Verwaltungsbehörden das Unionsrechts, wenn sie eine Norm im Einzelfall anwenden, wie insbesondere im Fall einer Verordnung oder eines Umsetzungsgesetztes zu einer Richtlinie.[193] Schließlich sollte man hervorheben, dass die Kommission auch allgemeine Kontrollaufgaben wahrnimmt (Art. 17 EUV). Somit vollzieht sie das Unionsrecht beschränkt auf einige wenige Sachbereiche (direkter Vollzug) wie auf das Währungsrecht, das Kartellverwaltungsrecht oder die Beihilfeaufsicht (Subventionskontrolle).[194]

Die Entstehung des modernen Nationalstaates und die konsequente Entwicklung einer auf der Steigerung der unabhängigen und souveränen territorialen Einheiten beruhenden internationalen rechtlichen Ordnung hat ganz entscheidend die Frage der internationalen Zusammenarbeit herbeigeführt.[195] Die Kooperation erscheint als Mittel, mit dessen Hilfe die Nationalstaaten wichtige Funktionen gemeinsam (koordiniert) ausführen können. Hierzu gehören u.a. der innere und der äußere Frieden, die territoriale Unversehrtheit, die Grundrechte und die Grundfreiheiten, die politische Unabhängigkeit der Staaten und die Selbstbestimmung der Völker. Diese Zielstellungen können am besten von den Nationalstaaten realisiert werden, am effektivsten können sie jedoch vermittels internationaler oder supranationaler Organisationen kooperativ in die Tat umgesetzt werden.[196]

Der Staat wandelt sich vom Typus des souveränen Gebietsherrn zum Typus des integrierten Akteures, einer verselbständigten supranationalen Hoheitsgewalt gegenübergestellt. Im Rahmen der Europäisierung geht dieser Wandel besonders weit.[197] Der tief greifende Wandel des Staates und der Souveränität ist aber auch ein Phänomen der Internationalisierung.[198] Insofern betont Habermas, dass die Nationalstaaten sich zunehmend, und zwar im eigenen Interesse, als Mitglieder der internationalen Gemeinschaft verstehen müssten

---

markiert, dass die Mitgliedstaaten in der Erklärung Nr. 43 zum Subsidiaritätsprotokoll wieder betont haben, dass die exekutive Durchführung des Unionsrechts grundsätzlich Sache der Mitgliedstaaten ist.

193 Kotroni, L. (2004). S. 44.

194 Geiger, R. (2010). S. 229f.

195 Shaw, M. (2008). International Law, 6. Edition, Cambridge University Press. S. 1282.

196 Kotzur, M. (2008). Sovereignty and the European Federal Constitution – new perspectives on Sovereignty in a multilevel scheme of constitutionalism, in: The Federalist a political review, N° 2. S. 135.

197 Kokott, J. (2004). S. 10.

198 Kokott, J. (2004). S. 10.

und sagt außerdem: „*Das ist das dickste Brett, das in den nächsten Jahrzehnten zu bohren wäre*".[199]

Die Bedeutung des Begriffes „Souveränität" hat sich im Laufe der Zeit grundlegend, genauer gesagt gilt das Prinzip der Souveränität nicht mehr als *absolut* wie im Zeitalter der Nationalstaaten des 19. und in der ersten Hälfte des 20. Jahrhunderts.[200] Das kolumbianische Verfassungsgericht deutet an, dass die Souveränität als absolute und unbegrenzte Herrschaft nicht mehr anerkannt wird, sondern als eine von dem Wechselverhältnis zwischen den Staaten begrenzte und beschränkte Herrschaft.[201] Daher ist jedenfalls die absolute Souveränität wegen des Wachstums der internationalen Beziehungen und der Interdependenz zwischen allen Staaten und Völkern als anachronisch[202] oder obsolet[203] betrachtet worden.

Es ist wichtig hervorzuheben, dass die Souveränität bereits in der von Jean Bodin eingeführten klassischen Bedeutung[204] für innere und äußere Beziehungen begrenzt ist. So betonte Bodin, dass in seiner Konzeption die *summa potestas* sowohl im Verhältnis zum göttlichen Recht und zum Naturrecht als auch zum Völkerrecht *(lex omnium gentium communis)* Beschränkungen unterworfen ist.[205] Im Völkerrecht spricht man heutzutage nicht nur über die Souveränität

199 Habermas, J. (2011). Zur Verfassung Europas – Ein Essay. Suhrkamp. Berlin. S. 106.

200 Degenhart, C. (2009). Staatsrecht I, Staatsorganisationsrecht mit Bezügen zum Europarecht, 25 Aufl. C.F. Müller. Heidelberg. S. 3.

201 Näher: Corte Constitucional Colombiana, Sentencia N° C-228/95, 25 de mayo de 1995.

202 Tomuschat, C. (1995). Die internationale Gemeinschaft, AVR 33. Dazu noch: Pastrana, E. (2013). Why Regionalism has failed in Latin America: lack of stateness as an important factor for failure of sovereignty transfer in integration projects, in: Contexto Internacional. Rio de Janerio, vol. 35 n° 2.

203 Terz, P. (1999). Cuestiones Teóricas Fundamentales del proceso de formación de las normas internacionales, con especial análisis de las Resoluciones de la ONU. Editorial Universidad Santiago de Cali. S. 26.

204 Er verstand die Hoheitsrecht als Absolute und ewige Herrschaftsmacht, die erstens unteilbar (einzig) ist und zweitens einseitig (monopolisiert) ausgeübt wird Die Überlegungen Bodins konzipierten die Herrschaft nur ausschließlich als Souverän (der Fürst als princeps legibus solutos). Dazu: Schöbener, B. (2009). Allgemeine Staatslehre. München, C.H. Beck. S. 82. Die klassische Souveränität beruht auf das Territorium und auf das dort niedergelassene Volk. Die klassische Souveränität ist eine ausschließende Macht des Staates. Pastrana, E. (2013).

205 Kotzur, M. (2003). La Soberanía hoy. Palabras clave para un diálogo Europeo Latinoamericano sobre un atributo del Estado Constitucional Moderno, in: Fix-Fierro, Hector (Traductor). De la Soberanía al Derecho Constitucional Común: palabras

des Staates, sondern auch, bezogen auf die Staatenwelt, über die Koexistenz der Souveränität.[206] Trotzdem führt das Souveränitätsdenken von einem zwischenstaatlichen Recht der friedlichen Koexistenz höchstens zu einem Kooperationsrecht.[207]

Gegenwärtig bewegt sich die Souveränität[208] zwischen zwei Polen: einerseits der Freiheit der Selbstbestimmung und des politischen Eigenlebens im Rahmen des staatlichen Herrschaftsverbandes und andererseits der Bindung an völkerrechtliche Grundsätze, insbesondere des Menschenrechtsschutzes, der demokratischen Ordnung und des internationalen Wirtschaftsrechts.[209] Dementsprechend unterscheidet man zwischen Souveränität im staatsrechtlichen und Souveränität im völkerrechtlichen Sinne. Dem entspricht im Prinzip auch die Unterscheidung zwischen der inneren (Staatsgewalt im Innern) und der äußeren Souveränität.[210] Bei der Letzteren geht es um die Fähigkeit des Staates, nach außen unabhängig von anderen Staaten im Rahmen und nach Maßgabe des Völkerrechts zu handeln.[211]

Ein Begriff der Souveränität, der sowohl für das Völkerrecht als auch für das Verfassungsrecht gültig ist, geht von dem kooperativen Element aus.[212] In erster Linie ist das Völkerrecht ein Vereinbarungs- und Koordinierungsrecht, ein Ius Pacis, Ius Cooperationis sowie ein Ius Coexistentiae zwischen Staaten unterschiedlicher Rechtskreise.[213] Das Völkerrecht hat gerade in der Epoche der Globalisierung eine Kooperationsfunktion: Im Sinne des Ius Cooperationis die Förderung der Zusammenarbeit der Staaten auf allen relevanten Gebieten der internationalen Beziehungen.[214]

---

clave para un diálogo Europeo Latinoamericano. Instituto de Investigaciones Jurídicas. Universidad Autónoma de México. S. 91. Dazu noch: Kokott, J. (2004). S. 18.

206 Brownlie, I. (2008). Principles of Public International Law, seventh Edition. Oxford University Press. New York. S. 289.

207 Haltern, U. (2007b). Was bedeutet Souveränität. Mohr Siebeck. Tübingen. S. 75.

208 Auf die staatliche Souveränität stützt sich das grundlegende Völkerrechtsprinzip der Souveränen Gleichheit der Staaten (Artikel 2, Absatz 1 der UN-Charta). Sie äußert sich vor allem in der Unverletzlichkeit der territorialen Integrität und in der Gewährleistung politischer Unabhängigkeit. Dazu: Herdegen, M. (2011). Völkerrecht. 10. Aufl., C.H. Beck Verlag. München. S. 220.

209 Herdegen, M. (2011). S. 220.

210 Schöbener, B. (2009). S. 83.

211 Schöbener, B. (2009). S. 82.

212 Kotzur, M. (2003). S. 120.

213 Terz, P. (2010). S. 327.

214 Terz, P. (2010). S. 327.

4.2.2 Die geteilte Souveränität: Das Beispiel der EU

Es wird betont, dass die Mitgliedstaaten der EU nach dem Vertrag von Lissabon weiterhin souveräne Staaten bleiben.[215] Der Lissaboner Reformvertrag zielt, ungeachtet all seiner präföderalen Strukturen, nicht auf eine Staatsgründung ab. Es kommt weder zu einer Übertragung verfassungsgebender Gewalt noch zur Aufgabe staatlicher Souveränität und die Mitgliedstaaten bleiben „Herren der Verträge“[216] Trotzdem wurden Einwände gegen diese Einstellung, dass die Staaten „Herren der Verträge“ sind, erhoben. Es wird behauptet, dass die Mitgliedstaaten weder Herren, noch Herren der Verträge sind,[217] weil die Staaten Änderungen am EU-System nur einvernehmlich und unter maßgeblicher Mitwirkung der EU-Organe durchführen können, so dass ihre Herrschaft praktisch eingeschränkt ist.[218] In diesem Sinne sieht Art. 48 EUV nicht nur die Verhandlung durch eine Regierungskonferenz und die Annahme jeder Vertragsrevision gemäß den verfassungsrechtlichen Bestimmungen der Mitgliedstaaten vor, sondern auch die Mitwirkung der EU-Organe einschließlich des Parlaments. Die Erweiterung der EU nach Art. 49 EUV bedarf sogar der Zustimmung des Europäischen Parlaments.[219]

Der überkommene Begriff der Souveränität passt nicht in die neue Struktur des konvergierenden Staats- und Völkerrechts.[220] Kokott führte aus, dass ein fundamentaler Wandel der Staatlichkeit in Europa, nämlich zum nicht mehr im früheren Sinne souveränen Staat, außer Zweifel steht.[221] Der klassische, voll souveräne Staat existiert in Europa nicht mehr.[222] Die Vereinigung Europas ergibt sich aus der Überwindung des klassischen Begriffes der Unverletzbarkeit und Integrität der Souveränität durch die Verschmelzung der nationalen Souveränität in einer

---

215 Herdegen, M. (2011). S. 199.

216 Geiger, R. (2010). S. 29. Dazu noch: Oppermann, T. (2009). Europarecht 4. Aufl., Verlag C.H. Beck. München. S. 63.

217 Pernice, I. (2001). Europäisches und nationales Verfassungsrecht, in: Dreier und Pauly (Hrsg). Die deutsche Staatsrechtslehre in der Zeit des Nationalsozialismus. Veröffentlichungen der Vereinigung der Deutschen Staatsrechtslehrer. Hefte 60. Walter de Gruyter. Berlin. S. 171.

218 Schoeder, W. (2009). Grundkurs Europarecht, München, C.H. Beck. S. 66.

219 Pernice, I. (2001). S. 171.

220 Kokott, J. (2004). S. 21.

221 Kokott, J. (2004). S. 23.

222 Laufs, A. (2006). S. 500.

einzigen Herrschaft bzw. einer supranationalen Gemeinschaft.[223] Häberle fügte hinzu, dass „die Herstellung unmittelbarer Legitimation der Gemeinschaftsorgane durch ein direkt gewähltes Europäisches Parlament das Dogma der nationalen Souveränität Schritt für Schritt zugunsten einer sachlich begründbaren Aufgabenverteilung zwischen Staat und übernationaler Organisation zurücktreten lassen dürfte".[224] Ein schrittweiser Wegfall absoluter Souveränität bedeutet, dass „der einzelne Staat seine Ordnungsfunktion nur noch begrenzt wahrnehmen kann, aber das Völker- und Europarecht treten als ergänzende Teilordnungen hinzu".[225]

In der europäischen Literatur wird darauf hingewiesen, dass die Souveränität kein statischer Begriff ist, sondern im Zusammenhang mit dem dramatischen Wandel in der internationalen Staatengemeinschaft in der Zeit der Globalisierung sowie im Zusammenhang mit der Internationalisierung und mit der Europäischen Integration zu betrachten ist.[226] In diesem Kontext sollte Souveränität als ein Instrument im Dienst des Friedens, der Billigkeit, des Bestehens und der Sicherheit der Einzelnen verstanden werden.[227] Der souveräne Staat ist kein Selbstzweck, wie der extreme Nationalismus das vielleicht einmal annahm. Ebenso wenig sind Europäisierung und Internationalisierung Selbstzwecke,[228] sondern instrumental in den Dienst der Menschen gestellt.

Der Erfolg der europäischen Integration war nur nach dem Debakel des Zweiten Weltkriegs möglich, als Europa in Trümmern lag. Unter diesen Bedingungen war es nötig, die extremen nationalen Positionen der europäischen Länder zu flexibilisieren.[229] Die Integration bezweckte, das Gegeneinander der europäischen Völker zu beenden und sie allmählich zusammen zu führen. Deswegen entstand die EU mit dem Ziel, der Kriegsvermeidung durch begrenzten „Souveränitätsverlust".[230] Das Zusammenwachsen der Märkte der europäischen Mitgliedstaaten wurde neben gemeinsamen Regelungen über die

---

223 Sangmeister, H. (2009) La perspectiva económica de la integración de América del Sur, in: von Bogdandy, Landa, Morales (Eds.). ¿Integración suramericana a través del derecho? un análisis interdisciplinario y multifocal. Max Planck Institut für Ausländisches öffentliches Recht und Völkerrecht. S. 121.

224 Häberle, P. (2013). S. 101.

225 Kokott, J. (2004). S. 21.

226 Kotzur, M. (2008). S. 141.

227 Kotzur, M. (2008). S. 141.

228 Kokott, J. (2004). S. 23.

229 Dueñas, J. (2011). La intepretación prejudicial, ¿piedra angular de la integración andina?, in: Anuario de Derecho Constitucional Latinoamericano. Año XVII. Montevideo. S. 36.

230 Kokott, J. (2004). S. 23.

Montanindustrie und zur friedlichen Nutzung der Kernenergie als das zentrale Mittel zur Schaffung einer dauerhaften Friedensordnung in Europa nach den Erfahrung des 2. Weltkrieges angesehen.[231]

Die Sicherung des Friedens und die Stärkung der politischen Gestaltungsmöglichkeiten durch gemeinsames Handeln sind die zentralen Errungenschaften des beispiellosen europäischen Integrationsprozesses.[232] Nicht Gewalt, nicht Unterwerfung sind als Mittel eingestellt, sondern eine geistige, eine kulturelle Kraft, das Recht. Die „Majestät des Rechts" soll schaffen, was „Blut und Eisen" in Jahrhunderten nicht vermochten.[233] Die Konsolidierung der europäischen Integration war ein rechtliches Werk, nämlich eine Schöpfung der Übertragung der nationalen Hoheitsrechte auf die Organe der Integration.[234]

Der Schuman-Plan war von großer Bedeutung für die europäische Integration,[235] weil dadurch die Gründung einer funktionellen und begrenzten Organisation für Stahl und Kohle vorgeschlagen wurde (Montanunion). Diese beiden Bereiche (Stahl und Kohle) waren entscheidend während des Zweiten Weltkriegs und für die Konstruktion einer Nachkriegsordnung.[236] Der Plan versuchte, das föderale Deutschland in den Westen zu integrieren, wodurch eine Lösung für das gefährliche und unausgeglichene Element der internationalen Politik in dieser Zeit, nämlich die Rolle von Westdeutschland in der internationalen Ordnung gefunden wurde.[237] In diesem Sinne betont der Schuman Plan, dass die französische Regierung vorschlägt, *die Gesamtheit der französich-deutschen Kohle- und Stahlproduktion einer gemeinsamen Hohen Behörde zu unterstellen, in einer Organisation, die den anderen europäischen Ländern zum Beitritt offensteht.* Dementsprechend reichte Frankreich Deutschland die Hand, indem es vorschlug, unter gleichen Bedingungen zwischen beiden Ländern eine neue Körperschaft für die gemeinsame

---

231 Eckhard, P. (2010). Grundfreiheiten, in: Schulze, Zuleeg, Kundelbach (Hrsg). Europarecht, Handbuch für die deutsche Rechtpraxis, 2. Aufl. Nomos. Baden Baden. S. 380.

232 Vosskuhle, A. (2009). Der europäische Verfassungsverbund, in: TranState working papers, N° 106. S. 3.

233 Hallstein, W. (1973). S. 33.

234 Vela, B. (2007). La Encrucijada del Proceso Andino de Integración, in: Oasis N° 12, Bogotá. Universidad Externado de Colombia. S. 428.

235 Ausführlich: Schuman-Erklärung, 09. Mai. 1950.

236 Nowak, C. (2011). Europarecht nach Lissabon, Nomos Verlag. Baden-Baden. S. 57.

237 Renieri, R. (2010). El Plan Schuman y la CECA: experiencias fundamentales para la construcción de Europa, in: Punte@Europa, Año VIII. N° 1, S. 17.

Verwaltung der Kohle und des Stahls zu gründen.[238] Darüber hinaus *wird dieser Vorschlag den ersten Grundstein einer europäischen Föderation bilden, die zur Bewahrung des Friedens unerläßlich ist.*[239]

Aus dem Schuman-Plan entstand 1951 die Europäische Gemeinschaft für Kohle und Stahl (EGKS) als Mittel für die Bewahrung des Friedens im Europa der Nachkriegszeit. Die politische Motivation der EGKS bestand darin, die Beziehungen zwischen den Ländern zu befrieden und zu demokratisieren sowie den Geist der Dominanz und des Nationalismus einzudämmen.[240] Die Strategie war, das in dem traditionellen Model des modernen Nationalstaates enthaltene Kriterium der vollen Souveränität, Autonomie und Unabhängigkeit innerhalb der Beziehungen zwischen die Staaten schrittweise zu relativieren.[241] Letztendlich schlug der Schuman-Plan den alten europäischen Nationen eine Art gemeinsamer Ausübung von Souveränität vor, damit die Staaten gemeinsam ihren verlorenen Einfluss zurückerlangen konnten.[242]

Im Schuman-Plan war die Methode des *spill over* zugrunde gelegt. *Spill over* ist ein ausstrahlender Prozess, der die Integration von einem begrenzten Politikfeld oder einer einzelnen Institution zu weiteren Politikfeldern oder weiteren Institutionen bringt. Diese Entwicklung wird als *spill-over* bezeichnet, wobei zwischen *functional spill-over* (Wirtschaft löst Kooperation aus) und *political spill-over* (bestehende Großinstitutionen sind der Auslöser für weitere Integration) unterschieden wird.[243] Die Methode *spill over* hat ihre Ursprünge im Funktionalismus. Aus dem Blickwinkel des Funktionalismus wurde die regionale Integration als ein Prozess verstanden, der untersucht, wie und warum Nationalstaaten sich mit ihren Nachbarn freiwillig vermischen und verschmelzen und dabeiin Kauf nehmen, ihre

238 Fontaine, P. (2000). La Declaración Schuman 9 de mayo de 1950. Grupo del PPE-DE, Servicio de estudios y documentación. S. 6.

239 Ausführlich Schuman-Erklärung, 09 Mai. 1950.

240 Fontaine, P. (2000). S. 9.

241 Weiler, J.H.H. (1991). The Transformation of Europe, in: The Yale Law journal, Vol. 100, N°. 8, Symposium: International Law. S. 2478.

242 Fontaine, P. (2000). S. 3.

243 Dazu: Haas, Ernst B. (1958) The Uniting of Europe. Political Social and Economic Forces 1950–1957 Standford University Press, Standford. Wenn beispielswiese der Markt für Kohle und Stahl vergemeinschaft wird, muss man sich zwangsläufig Gedanken über vereinheitlichte Transportbedingungen oder gemeinsame Sozialstandards der Arbeiter machen. Auf diese Weise kann ein anfangs auf wirtschaftliche oder technische Aspekte begrenzte Integration in den politischen Bereich überschwappen. Dazu: Weidenfeld, W. (2010). Die Europäische Union, Verlag W. Fink. Paderborn. S. 49.

volle Souveränität zu verlieren. Mittlerweile haben die Staaten „neue Technik", um Konflikte untereinander zu lösen.[244]

Die Funktionalisten setzen auf einen elitegestützten und technokratischen Prozess, der nach und nach über wirtschaftliche Verflechtungen zu neuen supranationalen Strukturen der Friedenssicherung und der Wohlstandsmehrung führen sollte.[245] David Mitrany führt aus, dass der Staat nicht in der Lage ist, alle technischen Funktionen/Aufgaben auszuführen und dass diese Mängel von der internationalen Ebene übernommen werden könnten. Es geht denn nicht um die Gründung eines Weltstaates, sondern um die Konstruktion von internationalen Organisationen, die die Aufgaben der Nationalstaaten kompensatorisch übernehmen.[246] Für Mitrany ist Funktionalismus eine Methode, die politischen Gräben mit einem immer engeren Netz internationaler Organisationen zuzudecken, durch die die Interessen aller Nationen ganz allmählich integriert werden.[247] Der Funktionalismus definiert die Kooperation der Länder durch Sachaufgaben und nicht durch Staatsgrenzen.[248] Der Erfolg dieser Methode setzte sich 1957 in den Römischen Verträgen fort, die mit der Gründung zweier weiterer Gemeinschaften (Europäische Wirtschaftsgemeinschaft und Euratom) die wirtschaftliche Integration fortsetzen.[249]

Diese Methode ermöglichte zum einen die Übertragung der Hoheitsrechte mehrerer Staaten auf einen gemeinschaftlichen, supranationalen Aufgabenträger und führte zum anderen den Zusammenschluss von Nationalstaaten zu supranationalen Gemeinschaftsorganisationen herbei. Dadurch wurden öffentliche Teilaufgaben wahrgenommen und die nationale Identität der Einzelstaaten dennoch weitgehend aufrechterhalten.[250] Darüber hinaus bedeutet die europäische Integration im europarechtlichen Zusammenhang die Übertragung von

244 Haas 1971, zitiert in: Malamud, A. (2012) Sovereignty is Back, Integration Out: Latin American Travails with Integration. In: Roy, J. (Eds). The State of the Union(s): The Eurozone Crisis, Comparative Regional Integration and the EU Model. Inter-American Jean Monnet Chair Editorial. Miami. S. 178.

245 Weidenfeld, W. (2010). S. 41.

246 Mitrany, D. (1943). A Working Peace System. An argument for the functional development of international Organisationen. Quadrangle Books. Chicago. S. 143.

247 Weidenfeld, W. (2010). S. 48.

248 Grimmel, A. (2009). Politische Theorien der Europäischen Integration. VS Verlag für Sozialwissenschaft. S. 19.

249 Weidenfeld, W. (2010). S. 41.

250 Ipsen, H.P. (1972b). Verfassungsperspektive der Europäischen Integration (Vortrag). Verlag Dresdner Bank. S. 7.

Hoheitsrechten auf supranationale europäische Einrichtungen.[251] Die Abtretung von Souveränität ist ein zentraler Punkt dieser Methode. Beispielsweise führt Malamud aus einem neofunktionalistischen Gesichtspunkt aus, dass wenn die Staaten einen Teil ihrer Souveränität freiwillig auf ein supranationales Organ übertragen, um gemeinsam Entscheidungen zu treffen *(decision-making)*, nur dann spricht man von Integration, wenn dies dagegen nicht erfolgt, kann man nicht von Integration sprechen.[252]

Letztendlich ziehen die Interdependenz und die Übertragung von Hoheitsrechten rechtliche Konsequenzen für die Autonomie der Mitgliedstaaten nach sich. Die Übertragung von Souveränität innerhalb der EU förderte die Etablierung von gemeinsamen Organen, die sowohl von den Mitgliedern als auch von festen und kohärenten regionalen Politiken unabhängig sind.[253] In diesem Sinne betont Beck, dass die europäischen Nationalstaaten, über die schon geplante Abtretung von Kompetenzen im Rahmen des gemeinsamen europäischen Marktes hinaus, Souveränität und Substanz verlieren, und zwar in allen Dimensionen: finanzielle Ressourcen, politische und wirtschaftliche Gestaltungsmacht, Informations- und Kulturpolitik, alltägliche Identifikation der Bürger.[254]

4.2.3 Klassische und geteilte Souveränität bei der Konstruktion der südamerikanischen Integrationsprozesse

Man könnte behaupten, dass die südamerikanischen Integrationsprozesse auf den Grundlagen der klassischen Bedeutung von Souveränität beruhen. Die Integration ist hier herkömmlicherweise ein Mechanismus für die Versicherung der nationalen Souveränität jedes Landes gewesen. Dies kann man beispielsweise anhand der hispanoamerikanischen Verträge des XIX. Jahrhunderts feststellen. Insofern wurde in Art. 28 des TLCUP (1826) deutlich betont, dass der Vertrag keinesfalls die Ausübung der nationalen Souveränität der Republiken bezüglich der Beziehungen mit ausländischen Nationen begrenzen darf. Ebenso normierte Art. 12 des *Tratado de Confederación* (1848) das Vollrecht der Republiken zur Ausübung ihrer Unabhängigkeit und Souveränität sowie die Ablehnung der Einmischung anderer Mitglieder und des Kongresses in interne Angelegenheiten

251 Ranacher, C. und Staudigl, F. (2010). Einführung in das EU-Recht. 2. Aufl., Facultas Verlag. Wien. S. 17.
252 Malamud, A. (2012). S. 186.
253 Vela, B. (2007). S. 427.
254 Beck, U. und Grande, E. (2007). S. 35.

eines Staates.[255] Schließlich gewährleistete Art. 1 des *Tratado de Alianza Defensiva* (1865) die Unabhängigkeit, die Souveränität und die Unverletzbarkeit des Territoriums der Mitglieder untereinander.

Die Integration und die Bemühungen, eine Konföderation zu gründen, sollten gerade der Unabhängigkeit der entstandenen Staaten und dem Schutz ihrer nationalen Souveränität dienen. Die externe Souveränität und deren Verteidigung vor den ausländischen Mächten waren die größten Sorgen der neu entstandenen Republiken.[256] Aus diesem Grund sollte die Integration von Anfang an dazu beitragen, die Souveränität jedes einzelnen Landes zu schützen. Sie hatte eine anti-koloniale Stoßrichtung. Somit erklärt sich auch, weshalb die regionalen Mächte im Kampf für ihre Unabhängigkeit von Spanien von nationalistischen Ideen als Ausdruck ihres eigenständigen Selbstbewusstseins geleitet wurden.[257]

Genauso wie die hispanoamerikanischen Verträge des XIX. Jahrhunderts beinhalten weder die Integrationsverträge der sechziger noch der neunziger Jahre die Abtretung der Souveränität,[258] stattdessen bestätigen diese Verträge die Unabhängigkeit und den vollen Respekt vor der Souveränität. Insofern deutet das Abkommen von Cartagena aus dem Jahr 1969 in seiner Präambel an, dass die Mitglieder sich darüber bewusst sind, dass die Integration ein für sie historisches, politisches, ökonomisches, soziales und kulturelles Mandat ist mit dem Ziel, ihre Souveränität und Unabhängigkeit zu bewahren. Darüber hinaus bestätigt die Präambel des Vertrags der Unasur,[259] dass die Organisation u.a. auf den Prinzipien des vollen Respekts der Souveränität, Integrität und der territorialen Unversehrtheit der Staaten und der Selbstbestimmung der Völker beruht. Dies zeigt, dass auf die aktuelle Organisation Südamerikas die klassische Souveränität fördert.

Im Gegensatz zu Europa, wo die Hauptfunktion der Integration darin bestand, einen erneuten Krieg zu verhindern und eine stabile Nachkriegsordnung aufzubauen, war das Ziel der südamerikanischen Integration, die Austauschbedingungen zwischen der südlichen und der nördlichen Hemisphäre anhand eines Schemas Zentrum–Peripherie zu verbessern.[260] Während der Verlust der nationalen Souveränität durch die Integration in Europa eine Alternative zur

---

255 De la Reza, G. (2010). S. 21.

256 Pastrana, E. (2013).

257 Kahle, G. (1981). S. 27.

258 Pastrana, E. (2013).

259 Tratado de Brasilia o Tratado Constitutivo de la Unión Suramericana de Naciones, Brasilia, 23 de mayo de 2008.

260 Pastrana, E. (2013).

Gefahr der selbstherrlichen, vollen Souveränität darstellte, war die Souveränität im lateinamerikanischen Kontext nicht etwas, das es -jedenfalls partiell- zu überwinden galt, weil die Integration sich mit den Problemen der strukturellen Unterentwicklung statt mit den Probleme der Souveränität beschäftigte.[261] Entsprechend haben die Integrationsprozesse in Europa und in Südamerika ihre eigene historische Erfahrung, woraus sich verschiedene Wahrnehmungsformen der Integration und der Souveränität ergeben.[262] Es ist dieser historische Selbststand, der jede simplistische Übertragung europäischer Erfahrungen auf dem amerikanischen Kontinent verbietet, aber zu rechts -und kulturvergleichender Horizonterweiterung einlädt-.

Im Gegensatz zur europäischen Integrationsphilosophie, die nicht nur wirtschaftlich sondern auch eindeutig politisch im Sinne eines neofunktionalistischen „*spill over*" Modells konzipiert war, wurde die Integration in Lateinamerika und in der Karibik primär als ein Weg aus der Unterentwicklung propagiert. Zentrale Motivation für die lateinamerikanische Integration war die Sorge um Entwicklung in der Region. Deswegen betont Pastrana, dass der Funktionalismus eine Antwort auf ein spezifisches europäisches Problem gewesen ist, aber in Lateinamerika verbreitete sich diese Lehre nicht.[263] Die funktionalistische Methode ist in den lateinamerikanischen bzw. südamerikanischen Integrationsprozessen nicht angewandt worden.[264] Daher ist der Begriff „Integration" in Lateinamerika untrennbar mit dem Begriff „Entwicklung" verbunden, was den entwicklungspolitischen Aspekt des ersteren Begriffs anschaulich aufzeigt.[265]

Bereits in den sechziger und siebziger Jahren des 20.Jh. hatte die lateinamerikanische Integration ihre eigenen Schlussfolgerungen in Form von theoretischen Grundlagen und politischen Methoden aus der sog. „Dependenztheorie" gezogen,[266] die die Integration als ein grundlegendes Element für die Entwicklung verstand.[267] In diesem Sinne erkennen der Vertrag von Asunción und das

---

261 Pastrana, E. (2013).

262 Pastrana, E. (2013).

263 Pastrana, E. (2013).

264 Malamud, A. (2005) Spillover in European and South American Integration. A comparative Evaluation, in: CIES e-Working Paper N° 1/2005. S. 16.

265 Hummer, W. (2005). S. 9.

266 Sberro, S. und Becaria, J. (2002).

267 Pizarro (2008), S. 32, in: Godoy, H. und González, R. (2012) ¿El fin de la CAN? El rol de los actores internos en los procesos de integración, in: Koch (Eds). Desarrollo e Integración. Reflexiones sobre Colombia y la Unión Europea. Universidad del Norte. Barranquilla. S. 77.

Abkommen von Cartagena die Entwicklung als Grundlage der Integration an. Zum einen besagt die Präambel des Vertrages von Asunción, dass die Integration eine Grundbedingung für die Beschleunigung der ökonomischen Entwicklung darstellt. Zum anderen enthält das Abkommen von Cartagena sowohl in seiner Präambel als auch in Art 1 die Aussage, dass die Integration zur ökonomischen Entwicklung beiträgt.

Die europäische Integration ist von der lateinamerikanischen bzw. südamerikanischen Integration zu differenzieren, weil die Staaten der EU von Beginn an Souveränität abtreten mussten, während in Lateinamerika die staatszentrierte Logik nie in Frage gestellt und das Thema der Souveränität nicht diskutiert wurde.[268] Viele lateinamerikanische Politiker meinen, dass mit der Übertragung von Befugnissen die Souveränität zerstört wird.[269] Das heißt, dass die nationale Souveränität in Lateinamerika bzw. in Südamerika anders als in Europa immer noch die maßgebliche Konstante der regionalen Politik ist.[270] Entsprechend könnte man behaupten, dass die Staaten Südamerikas durch die Integration grundsätzlich die Geltung des klassischen Verständnisses der absoluten Souveränität absichern wollen, und zwar dient die Integration der Unabhängigkeit und der Verstärkung der nationalen Souveränität und nicht der Einführung der geteilten Souveränität. Hieraus könnte man die Schlussfolgerung ableiten, dass die Verteilung der Souveränität kein Schwerpunkt der südamerikanischen Integration ist, denn von der Abtretung der Hoheitsrechte ist nie die Rede gewesen.

Im Rahmen der südamerikanischen Integration besitzen die individuellen Interessen[271] jeder einzelnen Nation absoluten Vorrang vor der Gemeinschaft bzw. vor den gemeinsamen Interessen des Integrationsgefüges. Man kann konstatieren, dass die eigenen ökonomischen und politischen Interessen der Teilnehmer

---

268 Pastrana, E. (2013).

269 Peréz, L. (2000). Los principios básicos del derecho comunitario en las constituciones venezolanas de 1961 y 1999, in: Aldea Mundo, Año 5, Vol. 9. Universidad de los Andes Venezuela. S. 34.

270 Flemes, D. und Radseck, M. (2013), S. 206.

271 Seit Thukydides ist bekannt, dass das Interesse (Nutzen – Vorteil) die treibende Kraft für das Verhalten der Staaten in den internationalen Beziehungen ist. Näher: Terz, P. (2009). Interessentheorie. Eine Studie im Koordinatensystem von Philosophie, Epistemologie und Völkerrechtssoziologie, in: Papel Político Vol. 14, Nr. 1. S. 259. Die Bedürfnisse und die Interessen motivieren die Staaten dazu, Normen des Völkerrechts zu schaffen. Dazu: Terz, P. (1999). S. 81. Darüber hinaus wird das Völkerrecht von den Staaten respektiert, nur wenn es den Interessen aller betroffenen Staaten entspricht. Dazu: Virally, M. (1998). El Derecho Internacional de qué se trata, in: El Devenir del Derecho Internacional, Fondo de Cultura Económica. México. S. 33.

die südamerikanischen Integrationsprozesse beeinflussen, das heißt, dass der Integrationsprozess als solcher nicht nur eine bloße ökonomische Sache, sondern auch eine zutiefst politische Angelegenheit ist.[272] Aufgrund der vielseitigen nationalen Interessen scheiterte bislang die südamerikanische Integration. Die Wirklichkeit in Südamerika beweist, dass die Region durch Landesgrenzen und gegensätzliche Interessen gespalten ist und dies ist stärker als die mögliche Einheit. Aus diesem Grund sind alle Versuche einer Vereinigung der südamerikanischen Länder noch immer gescheitert.[273] Darüber hinaus liegt ein Mangel an politischem Willen zur Implementation der in den Verträgen vereinbarten Verpflichtungen vor.[274] Mit widersprüchlichen Auffassungen und Interessen ist es schwer, die Integration durch effektive Rechtsumsetzung zu erreichen. Zusätzlich wird die Integration erschwert, wenn diese Auffassungen radikalisiert werden.[275] Die südamerikanischen Staaten versuchen ihre eigenen Interessen zu bewahren, folglich sind damit der Aufbau von Kooperationen und die Entwicklung der Integration eingeschränkt.

Demnach wird von Vargas Llosa hervorgehoben, dass die lateinamerikanische Integration tatsächlich nur bezüglich der Kultur gelungen ist, da die Bestrebungen zur Vereinigung vor allem im politischen und wirtschaftlichen Bereich immer durch den im Kontinent tief verwurzelten Nationalismus gebremst werden. Nach Vargas Llosa ist dies der Grund, weshalb alle weitergehenden Institutionalisierungsversuche sich nicht positiv entwickelt haben.[276] Vieira stimmt der Meinung Vargas Llosas zu, denn er weist darauf hin, dass es eine traditionelle Apathie der südamerikanischen Staaten gibt, sich mit gemeinsamen Interessen zu verpflichten. Stattdessen stehen die nationalen Interessen im Mittelpunkt. Dies bringt zum Ausdruck, dass ein Grund für die begrenzten Fortschritte der Integration in der Aufrechterhaltung des Kriteriums der Grenzen zwischen den Ländern besteht.[277] Eine wie auch immer geartete Binnenmarktperspektive verlangt indes die Überschreitung von Grenzen.

---

272 Sangmeister, H. (2009). S. 119.

273 Sangmeister, H. (2009). S. 116.

274 Griffiths-Spielman, J. (2009). Procesos de Integración Regional en defensa: ¿Consejo Suramericano de Defensa – UNASUR – Un nuevo intento?, in: Globalización, Competitividad y Gobernabilidad. Vol. 3 N° 1. Goergetown University. S. 106.

275 Quispe, F. (2010). S. 248.

276 Vargas Llosa, M. (2008) América Latina: unidad y dispersión, in: Lagos, Ricardo (compilador). América Latina: ¿integración o fragmentación?, Buenos Aires, Edhasa. S. 581.

277 Vieira, E. (2004). S. 103.

Erfolgreiche Integration bedarf daher der Einführung und der Entwicklung der geteilten Souveränität. Darüber hinaus dürfen die südamerikanischen Staaten nicht vergessen, dass sich die Bedeutung der Souveränität verändert hat. Deswegen sollten die südamerikanischen Länder über das klassische Verständnis der Souveränität hinausgehen, weil dieses klassische Modell nicht zeitgemäß ist und die Entwicklung der Integration aufhält. Die Förderung des klassischen Verständnisses der Souveränität könnte auch erklären, weshalb die Supranationalität keinen Platz in der südamerikanischen Integration gefunden hat. Die Ausübung einer absoluten Souveränität könnte die Durchsetzung des Völkerrechts und des Integrationsrechts verhindern, weil die absolute Souveränität die nationalen Interessen und Staatszwecke als die Priorität der nationalen Regierungen zugrunde legt.[278] Darüber hinaus betrachtete Nicolas Politis die Souveränität bereits 1927 als unzulässiges, weil sinnloses und gefährliches Dogma, welches die internationale Anarchie begünstige.[279]

Die südamerikanischen Staaten müssen aufgrund der Globalisierung und eines veränderten Souveränitätsverständnisses einen politischen und wirtschaftlichen Konsens zwischen den Ländern finden, um die Realisierung der Integration zu erlangen. Die Konstruktion der südamerikanischen Integration bedarf der Anerkennung der gemeinsamen Interessen durch die Mitgliedstaaten, auf deren Grundlage sich die Integration und die Zusammenarbeit zwischen den Ländern entwickeln können. Die gemeinsamen Interessen[280] werden von den Staaten unabhängig voneinander erkannt, das heißt, jedes Land erkennt für sich selbst, wenn eine Sache ein Vorteil für das Land ist. Dieses Erkennen geht jedoch über den eigenen Vorteil hinaus und registriert, dass ein ähnlicher Vorteil auch bei anderen Staaten, zumindest als Feststellung, vorhanden ist.[281] Die gemeinsamen Interessen helfen bei der Verwirklichung der Ziele der Integration, d.h. auch bei der Rechtsrealisierung. Die Integration sollte die gemeinsamen Interessen der

278 Virally, M. (1998). S. 16.

279 Nicolas Politis, in: Kokott, J. (2004). S. 20.

280 Die Interessen der Staaten haben äußert der Gemeinsamen Interessen andere verschiedene Kategorien etwa die konkurrierenden Interessen und die konträren Interessen. Die konkurrierenden (sich berüherenden, sich kreuzenden) Interessen sind auf ein Objekt gerichtet und es kommt in der Regel zu einer neutralen Berührung der Vorteilerwartungen, was zu einer Problemsituation führen kann. Die konträren (gegensätzlichen, antagonischen) Interessen stützen sich auf extrem unterschiedliche, aufeinanderstoßende Bedürfnislage, Verstandenskapazitäten, Erkenntnisfähigkeiten bzw. Erkenntnisqualitäten. Ausführlich: Terz, P. (2009). S. 265.

281 Terz, P. (2009). S. 255.

südamerikanischen Staaten reflektieren. Insofern könnte man davon ausgehen, dass die südamerikanischen Staaten gemeinsame Interessen an der Integration haben, da Letztere in der Zeit der Globalisierung eine wichtige Strategie für die politische, wirtschaftliche, kulturelle, und soziale Zusammenarbeit der Staaten miteinander ist.

4.2.4 Supranationalität und Intergouvernementalismus in der südamerikanischen Integration

Die südamerikanischen Integrationsprozesse unterscheiden sich dadurch, dass die AGN gewisse supranationale Elemente besitzt, wohingegen der Mercosur eine rein intergouvernementale Organisation darstellt. An dieser Stelle ist das Model der EU wichtig, um die Begriffe „Supranationalität" und „Intergouvernementalismus" zu erklären und zu verstehen. Die EU war von Anfang an eine Mischung aus diesen beiden Konzepten, weil die europäische Integration nicht nur supranationale, sondern auch intergouvernementale Institutionen besitzt. Dementsprechend ist der europäische Integrationsprozess sowohl als supranational als auch als intergouvernemental bezeichnet worden.[282] Dies zeigt, dass sich diese beiden Kategorien ergänzen und nicht etwa ausschließen.[283] Die EU ist eine komplexe Organisation, in der je nach Bereich unterschiedliche Spielregeln existieren. Sie ist im Rahmen der wirtschaftlichen Gemeinschaft grundsätzlich supranational und in den Bereichen der Gemeinsamen Außen- und Sicherheitspolitik (GASP) und der justiziellen Kooperation grundsätzlich intergouvernemental,[284] wobei mit Blick auf Letztere der Vertrag von Lissabon einen gewissen Supranationalisierungs- gebracht hat.

Der Begriff „Supranationalität" ergibt sich grundsätzlich aus den von den Staaten übertragenen einzelnen Hoheitsrechten,[285] der unmittelbaren Wirkung, der unmittelbaren Anwendung und dem Vorrang der Rechtsordnung sowie aus

---

282 Keohane, R. und Hoffmann, S. (1991). The New European Community: decision making and institutional change. Verlag Westview Press, Boulder. S. 16.

283 Ventura, D. (2005). Las asimetrías entre el Mercosur y la Unión Europea: los desafíos de una asociación interregional. Konrad Adenauer Stiftung. Montevideo. S. 136.

284 Garcia, R. (2009). Un paseo por la jurisprudencia supranacional europea y su reflejo en los sistemas suramericanos de integración, in: Von Bogdandy, Landa, Morales (Eds.) ¿Integración suramericana a través del derecho? un análisis interdisciplinario y multifocal. Max Planck Institut für Ausländisches öffentliches Recht und Völkerrecht. S. 593.

285 Gildhoff, N. (2004). Die Organe der Europäischen Gemeinschaften in den intergouvernementalen Unionssäulen. Lit Verlag. Münter. S. 71.

der Gesetzgebungskompetenz der Organe der Organisation. Der Kern der Supranationalität ist die Befugnis der Organe zur Rechtsetzung von unmittelbar verbindlichem Unionsrecht gegenüber den Mitgliedsstaaten.[286] Die supranationalen Rechtsakte können ohne eine irgendgeartete Umsetzung im Rechtsraum der Mitglieder angewendet werden.[287] Die Supranationalität nahm ihren Anfang in der Beschreibung der unabhängigen Funktionswahrnehmung von Mitgliedern des Organs einer internationalen Organisation. Die Organe agieren nach gemeinsamen Interessen.[288] „Die Unabhängigkeit der Organe einer internationalen Organisation ist demnach ein Merkmal der Supranationalität. Ein weiteres wesentliches Merkmal der Supranationalität sind die unmittelbar geltenden Entscheidungen mit bindender Wirkung für die Mitgliedsstaaten und ihre Staatsbürger".[289] Die EU ist supranational, weil die Entscheidungen, die innerhalb der zentralen Institutionen der EU erlassen werden, nach dem Reformvertrag von Lissabon – mit qualifizierter Mehrheit getroffen werden, – den Willen der Mitgliedstaaten durchsetzbar sind und weil das Unionsrecht vom EuGH kontrolliert und geprüft wird.[290] Damit sichert der EuGH nicht zuletzt den Vorrang des Unionsrechts.

Die Supranationalität war bereits im Schuman-Plan angelegt. Sie prägt den Aufbau und die Entwicklung der heutigen EU.[291] Die EGKS war der Nukleus der Supranationalität in Europa und ihre Gründung hat den Beginn des europäischen Integrationsprozesses im engeren Sinne markiert.[292] Mit der Einführung der Supranationalität sollten die Souveränitätsaspekte bei der Übertragung von Hoheitsrechten auf die EGKS umschrieben werden.[293] Der Terminus „supranational"

286 Oppermann, T. (2009). S. 61. Schöbener, B. (2009). S. 227. Arnau, L. (2002). S. 25. Dazu noch: Fuders, F. (2008). Die Wirtschaftsverfassung des Mercosur, eine rechtsvergleichende Darstellung unter besonderer Berücksichtigung des Rechts der Europäischen Union. Duncker & Humblot Verlag, Berlin. S. 85.

287 Klein, E. und Schmahl, S. (2010) Internationale und Supranationale Organisationen, in: Graf Vitzthum (Hrsg.). Völkerrecht. 5 Aufl. De Gruyter.Berlin. S. 276.

288 Fernández, J. (2006). S. 30.

289 Fremuth, M. (2010). Die Europäische Union auf dem Weg in die Supranationalität. Untersuchung der Rechtsnatur der Europäischen Union anhand der Polizeilichen und Justiziellen Zusammenarbeit in Strafsachen. Lit Verlag. Berlin. S. 29.

290 Keohane, R. und Hoffmann,S. (1991). S. 16.

291 Geiger, R. (2010). S. 19ff.

292 Nowak, C. (2011). S. 57.

293 Fremuth, M. (2010). S. 27.

bzw. „überstaatlich“[294] wurde im Art. 9 Abs. 5 S. 2 des Vertrages über die Europäische Gemeinschaft für Kohle und Stahl (EGKS 1952) ausdrücklich verwendet.[295] Mit Art. 9 Abs. 5 S. 2 EGKS fand der Begriff Eingang in einen Rechtstext und diente der Beschreibung der Unabhängigkeit der Mitglieder der Hohen Behörde in Wahrnehmung ihrer Funktionen. Sie hatten jede mit diesem Charakter unvereinbare Handlung zu unterlassen (Abs. 5 S. 3) und durften keine Weisungen von Regierungen bei der Erfüllung ihrer Pflichten annehmen.[296]

Einzelne supranationale Merkmale unterscheiden sich von einzelnen intergouvernementalen Merkmalen. Mit dem Intergouvernementalismus besteht keine Möglichkeit, einzelne Mitgliedsstaaten einer Organisation ohne Zustimmung im Wege eines Mehrheitsverfahrens verpflichten zu können, da hier ein konsensuales einstimmiges Verfahren vorgesehen ist, mittels dessen die Mitgliedsstaaten ihre Souveränität bewahren.[297] Darüber hinaus besitzt das Recht einer intergouvernementalen Organisation keine unmittelbare Verbindlichkeit und Anwendbarkeit.[298] Die EU ist insoweit intergouvernemental, weil die Gewalt für wesentliche politische Leitentscheidungen bei den Regierungen der Nationalstaaten verbleibt. Der Intergouvernementalismus ignoriert die Rolle der Nationalstaaten nicht, um die Konstruktion der Integration zu erreichen, sondern setzt den Nationalstaat in den Mittelpunkt des politischen Lebens in Europa.[299] Für Moravcsik ist die europäische Integration in erster Linie das Ergebnis von primär ökonomisch definierten Machtstrategien der Nationalstaaten, denen weiterhin die Schlüsselfunktion im Einigungsprozess zukommt.[300] In diesem Sinne dient der Intergouvernementalismus den Bestrebungen der souveränen Staaten nach Selbstbewahrung und Vorrang in den internationalen Beziehungen. Der Intergouvernementalismus ist ein wichtiger Mechanismus für die Entwicklung

---

294 Der Begriff überstaatlich ist als Synonym der Begriff supranational verwandt worden. Dazu ausführlich: Fremuth, M. (2010) S. 26.

295 Dies ist bis heute in Art. 245 Abs. 1 AEUV unverändert geblieben. Dazu: Kokott, J. (2004). S. 23.

296 Fremuth, M. (2010). S. 26.

297 Gildhoff, N. (2004). S. 70.

298 Gildhoff, N. (2004). S. 70.

299 Mariscal, N. (2003). Teorías Políticas de la Integración Europea. Editorial Tecnos, España. S. 204.

300 Weidenfeld, W. (2000). S. 42.

der Europäischen Integration, weil die EU von Anfang an eben auch auf den zwischenstaatlichen Verhandlungen der Mitglieder beruhte.[301]

Der Intergouvernementalismus wurde durch den Vertag von Maastricht (1992), der die Europäische Union und ihre drei Säulen einführte, verstärkt. Die Regelungen der Säulen über die Gemeinsame Außen- und Sicherheitspolitik (GASP) sowie über die polizeiliche und justizielle Zusammenarbeit in Strafsachen (PJZS) entfalteten sich vor allem durch eine intergouvernementale Kooperation der EU-Mitgliedstaaten.[302] Trotzdem wurde die GASP durch den Lissaboner Vertrag teilweise supranationalisiert, weil die auf der Grundlage ihrer Rechtspersönlichkeit und auf internationaler Ebene gemeinsame Außenpolitik nicht mehr allein durch die Außenminister der Mitgliedstaaten, sondern durch den Hohen Vertreter der Union für Außen- und Sicherheitspolitik vertreten wird.[303] Gleichwohl bleibt die GASP, gemäß der Fassung des Vertrages von Lissabon, „intergouvernemental" organisiert. Der Rat entscheidet einstimmig, der Erlass von Gesetzgebungsakten ist ausgeschlossen (Art. 24, 31 EUV) und der EuGH ist für die Entscheidungen auf diesem Gebiet nicht zuständig (Art. 24 EUV).[304]

4.2.4.1 Die begrenzte Supranationalität in der AGN

Die AGN ist, obwohl von niedrigerem Integrationsstand, als im Ansatz supranationale Organisation zu qualifizieren.[305] Die institutionelle Struktur sowie die supranationale Rechtsordnung der AGN sind als eine Stärke der Integration bezeichnet worden, da diese den Bürgern und Investoren ein hohes Maß an Rechtssicherheit garantieren sollen.[306] Die Supranationalität ist ausdrücklich in Art. 4 der Satzung des Andengerichtshofs der Andengemeinschaft (SAGH) normiert. Art. 4 erwähnt, dass der AGH einen gemeinsamen und supranationalen Charakter innehat.[307] Daraus folgt, dass das AGR auch supranationale Züge

301 Moravcsik, A. (1991). Negotiating the Single European Act: national Interests and Conventional Statecraft in the European Community. International Organisation. Vol. 45, N° 1.

302 Nowak, C. (2011). S. 60.

303 BVerfG, 2 BvE 2/08 vom 30.6.2009. S. 23.

304 Geiger, R. (2010). S. 193.

305 Schöbener, B. (2009). S. 254.

306 Alegrett, A. (2008). La Convergencia institucional en Suramérica: el aporte de la Comunidad Andina al proceso de Integración suramericano. S. 106.

307 Estatuto del Tribunal de Justicia de la Comunidad Andina. Decisión 500 del 22 de Junio de 2001. Gaceta Oficial N° 680. Lima, 28 de Junio de 2001.

aufweist, nämlich die unmittelbare Anwendbarkeit und den Vorrang des AGR gegenüber den nationalen Rechtsordnungen der Mitgliedsstaaten (Art. 2. und Art. 3. VGAGH).

Trotzdem entspricht es der Wahrheit, dass die Entwicklung der Supranationalität in der AGN immer noch beschränkt ist. Die Organe der AGN erleiden eine capitis diminutio, die die effektive Erfüllung ihrer Aufgaben verhindert.[308] Die Gesetzgebungsorgane der AGN (Andenrat der auswärtigen Minister, Art. 17 AC, und die Kommission, Art. 21 AC) setzen sich aus Beamten zusammen, die von nationalen Regierungen abhängig sind. Deswegen kann man behaupten, dass die Gesetzgebung einen intergouvernementalen Charakter beibehält.[309] Der Rat verabschiedet die Entscheidungen („Decisiones") durch Konsensus (Art. 17 AC), während die Kommission sie durch die absolute Mehrheit annimmt (Art. 26 AC).[310]

Der intergouvernementale Charakter der AGN wird durch die Rolle des Präsidentenrates (höchstes Organ des AIS) bestätigt.[311] Ihm kommt die Annahme

---

308 Salgado, G. (1995). El Grupo Andino de hoy: Eslabon hacia la integración de Suramerica, in: Biblioteca Digital Andina. Obra suministrada por la Universidad Simón Bolívar del Ecuador. S. 50.

309 Vela, B. (2007). S. 427.

310 Obwohl die Kommission durch die absolute Mehrheit Entscheidungen verabschieden kann, gibt es wichtige Bereiche, in welchen die Kommission nur durch absolute Mehrheit entschieden kann, jedenfalls insoweit es keine negative Stimme gibt. Dies passiert zum Beispiel wenn es um die Übereinstimmung für Reformen des AC geht. Näher Art. 26 AC und Anexo I des AC.

311 Das Anden-Integrationssystem AIS (Sistema Andino de Integración) wurde durch das Protokoll von Trujillo (1996) als Organstruktur der AGN etabliert. Das AIS besteht aus dem Anden-Präsidentenrat, dem Rat von Außenminister, der Kommission, dem Anden Generalsekretariat, dem Anden Gerichtshof, dem Andenparlament, dem konsultiven Unternehmensrat, dem konsultiven Arbeitsrat, der Anden Förderungskoorporation, dem lateinamerikanischen Reservenfond sowie der Simon Rogriguez Vereinbarung und die übrigens in AIS eingegliederten sozialen Vereinbarungen. Der Universität Simón Bolívar, den von der Komission geschaffenen konsultiven Rate und schließlich die übrigens im Rahmen des Integrationsprozesses geschaffenen Organe (Art. 5 und 6 AC). Durch der Gründung des AIS wurde versucht, eine effektive Koordinierung zwischen allen Organen des Systems zu fördern, damit die Integration vertieft werden kann (Art. 7 AC). Das Ziel des Protokolls von Trujillo besteht darin, den Integrationsprozess durch institutionelle Reformen weiter zu entwickeln. Diese Reformen sollten dabei helfen, die Verpflichtungen und die politische Unterstützung der nationalen Regierungen innerhalb der Integration zu versichern sowie Entscheidungen noch schneller zu treffen und schließlich die

von politischen Richtlinien über verschiedene Bereiche der Integration zu (Art. 11 AC), welche von den anderen gemeinsamen Organen befolgt und durchgesetzt werden müssen (Art. 11, 16c und 22b AC)[312] Die präsidentiellen Erklärungen sind bedeutsam für die Entwicklung der Integration und des Rechts und für seine Erfüllung. In diesem Sinne hat die Mitwirkung der Präsidenten eine entscheidende Rolle beim Start und bei der Entfaltung der Integrationsprozesse in Lateinamerika.[313] Auf diese Weise wird deutlich, dass die Gesetzgebung in der AGN tatsächlich ein intergouvernementales Merkmal innehat. Darüber hinaus weist die Nichterfüllung des Andenrechts darauf hin, dass im Rahmen der AGN der Grundsatz des Intergouvernementalismus vorherrscht, das heißt, dass die AGN eine bloße internationale Organisation ist, weil sie nach wie vor der Souveränität der Mitglieder unterworfen ist.[314]

Darüber hinaus besitzt die AGN kein exekutives supranationales Organ, das zur Durchsetzung der Integration beitragen kann. Es wird von Bustamante betont, dass der AGH das einzige supranationale Organ der AGN ist,[315] weil innerhalb der AGN ausschließlich dem Gericht supranationale Befugnisse zukommen. Der AGH kann jedoch die gemeinschaftlichen Aufgaben bisher nur eingeschränkt erfüllen.[316] Deshalb entwickelt sich die Supranationalität im Rahmen der AGN nicht kontinuierlich weiter.[317] Der Meinung Bustamantes, nämlich dass es nur ein supranationales Organ innerhalb der AGN gibt, kann nicht zugestimmt werden, weil die AGN tatsächlich zwei supranationale Organe besitzt, nämlich nicht nur den AGH, sondern auch das AGS. Dem AGS kommen auch gewisse supranationale Aufgaben zu. Treffend sagt Tremolada, dass der supranationale Charakter des AGS sich dadurch zeigt, dass dieses Organ ausschließlich im Sinne der Interessen der AGN agiert (Art. 29 AC);[318] dass ihm wichtige Befugnisse zur Absicherung der Durchsetzung und der

---

Aktivitäten der verschiedenen Organe zu koordinieren. Dazu: Sentencia C-231, 1997. Corte Constitucional Colombiana.

312 Bustamante, A. (2004). Desarrollo institucional de la Comunidad Andina, in: Aldea Mundo N° 8 Vol. 16. S. 26.

313 Malamud, A. (2012). S. 182.

314 Vela, B. (2007). S. 427.

315 Bustamante, A. (2004). S. 26.

316 Bustamante, A. (2004). S. 26.

317 Bustamante, A. (2004). S. 26.

318 Näher: Pico, G. (2004). Código de la Comunidad Andina, in: Bibioteca Digital Andina. S. 6.

Erfüllung des Gemeinschaftsrechts zukommen, und dass es die Initiative für die Gesetzgebung hat.[319]

Die Eingliederung des AGS als supranationales Organ ist richtig, weil ihm eine Kompetenz zur Rechtsetzung von Beschlüssen zukommt, wenn eine von einem Mitgliedstaat einseitig getroffene Maßnahme eine Beschränkung oder eine Belastung des freien Handelns darstellt, nämlich wenn ein Mitglied die Verpflichtungen des Liberalisierungsprogramms nicht erfüllt hat (Art. 74 AC). Darüber hinaus dienen die Beschlüsse der Wiederherstellung von Rissen im Gemeinschaftsrecht, die durch die von den Staaten angenommenen einseitigen und unberechtigten Maßnahmen entstanden sind.[320] Mit anderen Worten verpflichten die Beschlüsse den das Recht verletzenden Staat dazu, die unzulässige Maßnahme zurück zu ziehen, damit die aus dem Abkommen von Cartagena abgeleiteten Pflichten gewährleistet werden können. Die Beschlüsse sind zunächst einmal Rechtsakte zur Versicherung der Durchsetzung des Liberalisierungsprogramms innerhalb der AGN, da dadurch die Vertragsparteien zur Einhaltung des Programms verpflichtet sind.

An dieser Stelle wird hervorgehoben, dass das Generalsekretariat von Tremolada als ein supranationales Organ mit exekutivem Charakter, sehr ähnlich der Europäischen Kommission, bezeichnet wurde.[321] Trotzdem kann man dieser Meinung nicht zustimmen, weil das AGS ein technisches Organ ist, dessen Kompetenzen sich von den Kompetenzen der Europäischen Kommission (EK) deutlich unterscheiden. Die EK nimmt bedeutenden Einfluss auf die Konstruktion

319 Tremolada, E. (2008). El sistema institucional andino frente a su referente europeo. In: Cuadernos Constitucionales de la cátedra Fadrique Furió Ceriol n° 56. Departamento de Derecho Constitucional y Ciencia Política.Universidad de Valencia. S. 125ff.

320 Das Verfahren, damit das AGS eine von einem Staat angenommene begrenzenden Maßnahmen des freien Handels als unzulässig erklären kann, besteht in ein Verwaltungsverfahren. Das AGS beschließt, ob es eine Verletzung des AGR gibt oder nicht. Wenn eine unzulässige Maßnahme bestätigt ist, benachrichtigt es den Staat darüber, damit der Staat das Problem binnen 60 Tage lösen kann. Wenn der Staat trotz der Warnung des AGS die rechtswidrige Maßnahme nicht demontiert, kann das AGS binnen den nächsten 15 Tagen ein begründetes Gutachten über die Nichterfüllung der Verpflichtungen des AC erlassen. Schließlich kann das AGS den Staaten vor AGH durch die Untätigkeitsklage oder die Nichtigkeitsklage einklagen (Art. 25 VGAGH). Dazu: Tremolada, E. (2007). Los pilares jurídicos de la Comunidad Andina: ¿elementos decisivos para su supervivencia?, in: Oasis N° 12, Universidad Externado de Colombia. S. 341.

321 Tremolada, E. (2008). S. 126.

der Agenda der EU[322] und auf den Spielraum für den Aufbau neuer Kooperationsnetzwerke. In diesem Sinne vermag die Kommission die Tür für neue Akteure einschließlich subnationaler Gruppen zu öffnen, damit sie im Rahmen der EU mitwirken können.[323] Daraus folgt die Entwicklung einer Multilevel Governance (MG). Dieser Begriff wurde eingeführt, um die Wechsel und die Arbeitsweise der EU nach dem Vertrag von Maastricht (1992) sowie das *Decision-making* unter Mitwirkung von verschiedenen öffentlichen und privaten Akteuren auf mehreren Ebenen (subnational, national und supranational) zu erklären.[324] Die MG erklärt das politische System der EU als ein System, in dem mehrere Akteure aus verschiedenen Ebenen (subnational, national und supranational) agieren. So betont Morata, dass die MG ein Ansatz ist, der das „*decision making*" innerhalb des komplexen Kontexts der EU beschreibt und analysiert.[325] Letztendlich ist die MG mit der Erzeugung von vielschichtigen Netzen für horizontale und vertikale Beziehungen innerhalb der EU verbunden.[326]

Innerhalb der AGN gibt es kein Organ, welches der EK ähnelt. Das AGS übt keine vergleichbaren Funktionen und Kompetenzen wie die EK aus. Außerdem besitzt das AGS keine Kompetenzen, um Netze aufzubauen, in denen verschiedene öffentliche und private Akteure aus mehreren Ebenen an der Entscheidungsfindung mitwirken können. Gewiss haben der Mercosur und die AGN exekutive Sekretariate, aber diese haben nicht die exekutiven Kompetenzen der EK.[327] An dieser Stelle sollte man erwähnen, dass die damalige Junta (heute AGS) im ursprünglichen AC ähnlich wie die EK gestaltet wurde. Ihre Kompetenzen sind jedoch im Laufe der Zeit verändert worden. Beispielsweise

---

322 Hooghe, L. und Marks, G. (2004). Gobernanza estatocéntrica y gobernanza multinivel, in:Morata, F. (ed.). Gobernanza multinivel en la Unión Europea. Valencia: Tirant lo Blanch. S. 59.

323 Börzel, T. und Heard, K. (2009). Networks in UE multi-level governance: concepts and contributions. Journal of Public Policy, Special Issue, 29 (2), S. 146.

324 Kaiser, W. (2009). Networks in European Union multi-level governance, in: Journal of Public Policy, Special Issue, 29 (2). S. 131. Dazu noch: Kucler, M. (2010). Multilevel governance within the European Union, in: European View, 9 (1). S. 99.

325 Morata, F. (2004). Regiones y gobernanza multinivel en la Unión Europea. En F. Morata (ed.), Gobernanza multinivel en la Unión Europea. Valencia: Tirant Lo Blanch. S. 10.

326 Morata, F. (2004). S. 26.

327 Arroyave, M. (2014). Gobernanza multinivel y regionalización del comercio suramericano, in: Pastrana und Gehring (ed.). Suramérica en el escenario global: gobernanza multinivel y birregionalismo. Editorial Pontificia Universidad Javeriana. Bogotá. S. 132.

hat die Junta bereits 1987 durch das Protokoll von Quito ihre exklusive Gesetzgebungsinitiative[328] vor der Kommission der AGN für die Erfüllung des AC verloren.[329] Durch das Protokoll von Trujillo ersetzte das AGS die Junta. Darüber hinaus wurden die Kompetenzen des AGS durch das Protokoll von Quito abgeschwächt.[330] Die Junta war ein Pluralorgan, das heißt, sie setzte sich aus mehreren Mitgliedern zusammen, wohingegen das AGS aktuell nur von einem Sekretär, also nur von einer Person geleitet wird.[331] Das AGS ist dazu befähigt, dem Andenrat und der Kommission den Erlass von Entscheidungen vorzuschlagen sowie für den erweiterten Andenrat von Ministern Initiativen für die Entwicklung der Integration zu formulieren (Art. 30c AC). Schließlich ist die Gewährleistung der Durchsetzung und der Befolgung des AGR die wichtigste Aufgabe des AGS (Art. 30a des AC).

Letztendlich sind die Perspektiven für die Weiterentwicklung der Supranationalität in der AGN nicht klar, weil die AGN zunehmend an Bedeutung für die Außenpolitik der Mitglieder verliert.[332] Mitgliedstaaten wie Kolumbien und Peru haben einen anderen Weg der *bilateralen Verhandlungen* für den Prozess der Internationalisierung und der Regionalisierung eingeschlagen. Unter diesen Bedingungen könnte das Modell der geteilten Souveränität und der Supranationalität der AGN scheitern, weil der Untergang der AGN gleichzeitig auch den Untergang der Supranationalität und der geteilten Souveränität im Rahmen des südamerikanischen Raums bedeutet. Folglich kann man konstatieren, dass das Integrationsmodell der EU in Lateinamerika an Ausstrahlungskraft verloren hat.[333]

4.2.4.2 Der reine Intergouvernementalismus des Mercosur

Der Mercosur verkörpert lediglich eine intergouvernementale Organisation, weil die Vertragsstaaten keine Hoheitsrechte auf die Organe übertragen haben.[334] Es gab bisher keine Entwicklung der Supranationalität, weil die Mitgliedstaaten nicht bereit sind, die Souveränität zu teilen und sie auf supranationale Organe zu

328 Dazu. Art. 15 c des Abkommen von Cartagena in originaler Version 1969.

329 Salgado, G. (1995). S. 9.

330 Salgado, G. (1995). S. 31.

331 Salgado, G. (1995). S. 22.

332 Vela, B. (2007). S. 429.

333 Gratius, S. und Nolte, D. (2013). Die EU und Lateinamerika: Partnerschaft auf Augenhöhe?, in: GIGA Focus, German Institute of Global and Area Studies. S. 1.

334 Garnelo, V. (1997). Evolución Institucional y Jurídica del Mercosur. BID-INTAL. Buenos Aíres. S. 5.

übertragen. Man kann konstatieren, dass der Mercosur weder die Supranationalität noch die geteilte Souveränität einführte, sondern stattdessen die nationalstaatliche Logik festigte.[335] Während die EU als eine vom klassischen juristischen Vorbild des Völkerrechts und der bloßen intergouvernementalen politischen Formen emanzipierte supranationale Organisation bezeichnet werden kann, bleibt der Mercosur noch eine klassische internationale Organisation, die sich im politischen Sinne intergouvernemental entwickelt.[336] Hierfür findet die Supranationalität innerhalb des Mercosur keinen Platz, weil die Mitgliedstaaten des Mercosur auf eine allmähliche Bewältigung der wirtschaftlichen Asymmetrien im Wege intergouvernementaler Abstimmung gesetzt haben.[337] Daraus folgt, dass die wesentlichen Prinzipien der unmittelbaren Anwendbarkeit und des Vorrangs des MR gegenüber den nationalen Rechten innerhalb des Mercosur nicht existieren. Dementsprechend ist das MR eine sehr begrenzte Ordnung, die in die nationalen Rechtsordnungen eingeführt werden muss[338] und der Erfolg stark von der Umsetzungsbereitschaft ihrer Mitglieder abhängt.

Der Mercosur bekam 1994 seine eigene institutionelle Struktur und sein eigenes Entscheidungssystem[339] durch das Protokoll von Ouro Preto (POP)[340]. Das POP etablierte jedoch keine endgültige Struktur des Mercosur, sondern lediglich die Struktur und die spezifischen Befugnisse der Organe für einen bestimmten Zeitraum des Prozesses. Der Art. 47 POP regelt ausdrücklich, dass die Mitglieder des Mercosur jeder Zeit eine diplomatische Konferenz einberufen können, um die Struktur und die Kompetenzen der Organe neu zu bearbeiten,[341] d.h. dynamisch fortzuschreiben. Das POP schaffte durch Art. 2 drei Gesetzgebungsorgane mit intergouvernementalem Charakter, nämlich den Rat des Gemeinsamen Marktes (Consejo del Mercado Común CMC), die Gruppe des Gemeinsamen

---

335 Pastrana, E. (2013).

336 Neves, M. (2009). La Concepción del Estado de Derecho y su vigencia práctica en Suramérica, con especial referencia a la fuerza normativa de un derecho supranacional, in: von Bogdandy, Landa, Morales (Eds.) ¿Integración suramericana a través del derecho? un análisis interdisciplinario y multifocal. Max Planck Institut für Ausländisches öffentliches Recht und Völkerrecht. S. 73.

337 Herdegen, M. (2009). Internationales Wirtschaftsrecht. 8 Aufl. C.H. Beck Verlag. München. S. 203.

338 Garnelo, V. (1997). S. 12

339 Bizzozero, L. und Vera, T. (1995). El Mercosur en funcionamiento: de Asunción a Ouro Preto. Universidad de la República. Montevideo, Uruguay. S. 11.

340 Protocolo de Ouro Preto. Adicional al Tratado de Asunción sobre la estructura institucional del Mercosur, 17 de diciembre de 1994.

341 Bizzozero, L. und Vera, T. (1995). S. 10.

Marktes (Grupo Mercado Común GMC) und die Handelskommission des Mercosur (Comisión de Comercio del Mercosur CCM).[342] Der CMC wird als höchstes Organ des Mercosur bezeichnet (Art. 3). Er trifft die Entscheidungen zur Gewährleistung der Realisierung der Zielsetzungen des VA (4 POP).[343]

Die Mitglieder des Mercosur können nicht gegen ihren Willen verpflichtet werden, da die Rechtsakte nur einstimmig und in Anwesenheit aller Mitglieder getroffen werden können (Art. 37 POP).[344] Die Staaten verfügen über einen großen Spielraum, da jedem von ihnen die Durchsetzung der im Vertrag von Asunción übernommenen Verpflichtungen mit weitgehender Einschätzungsprärogative zukommt.[345] Die Gesetzgebungsorgane des Mercosur sind nicht eigenständig, sondern abhängig von den nationalen Regierungen. Ebenso handeln diese Organe nicht nach gemeinsamen, sondern primär nach nationalen Interessen. Deswegen ist das System der Entscheidungsfindung eng an die Vertreter der Mitglieder gebunden. Sie sind ein verlängerter Arm mitgliedstaatlicher Interessendurchsetzung.

Innerhalb des Mercosur findet die Lehre der Supranationalität keine Resonanz, weil die Mitglieder vorzugsweise den Intergouvernementalismus fördern wollen. Insbesondere Brasilien hat sich für eine intergouvernementale Struktur entschieden und behindert damit die Einführung der Supranationalität in den Mercosur. Brasilien hat seine Vorstellung von der Wirtschaftsintegration bekannt gegeben. Nach brasilianischer Konzeption sollte der Mercosur vor allem eine sui generis Organisation sein, das heißt, sie sollte keine Kopie des Vorbildes der europäischen Integration sein. Entsprechend sollte die Integration im Rahmen des Mercosur ein eigenes Modell bzw. einen eigenen Ansatz darstellen. In diesem Sinne verhindert Brasilien die Etablierung einer supranationalen Integration, auf die es einen Teil seiner Souveränität übertragen müsste. Für die Auswahl des institutionellen Designs des Mercosur wurde das Integrationsschema der AGN in Betracht gezogen. Das Modell der AGN wurde jedoch abgelehnt, weil die AGN eine zu komplexe Struktur besitzt (ähnlich der der EU) und weil diese Struktur

---

342 Bizzozero, L. und Vera, T. (1995). S. 12.

343 Darüber hinaus schuf das POP drei ohne Entscheidungsbefugnisse Hauptorgane: die Gemeinsame Parlamentarische Kommission, das Konsultative Sozial- und Wirtschaftsforum und das Verwaltungssekretariat. Dieses Sekretariat leistet den anderen Organen des Prozesses operativen Dienst sowie gilt es als offizielle Archiv und Verkündigung der regionalen Dokumentation (Art 31 und Art 32 POP). Näher: Bizzozero, L. und Vera, T. (1995). S. 13.

344 Fuders, F. (2008). S. 145.

345 Ventura, D. (2005). S. 91.

in der AGN keinen Erfolg hatte.[346] Darüber hinaus sollte die AGN eine Kopie der europäischen Union darstellen. Insofern wurde innerhalb des Mercosur das Scheitern bzw. der Misserfolg der AGN mit dem Erstarren des angenommenen Modells verbunden. Dementsprechend wird gesagt, dass der Erfolg des Mercosur nur auf seine *Flexibilität* und die *institutionelle Geschmeidigkeit* zurück zu führen ist.[347]

Brasilien verweigert die Diskussion über eine potentielle Abtretung von Hoheitsrechten.[348] Genauer gesagt, wurde in Brasilien die Alternative der Supranationalität nicht ernsthaft diskutiert, da es die Befürchtung gab, dass Brasilien durch die Supranationalität zu einer Geisel Argentiniens würde.[349] Daraus folgt, dass Brasilien keine institutionelle Vertiefung des Mercosur betreibt, sondern im Gegenteil das Land ist, das die wenigsten Mercosur Beschlüsse ratifiziert hat.[350] Die Idee, dass der Souveränitäts- und der Autonomieverlust sich aus der Vertiefung des Integrationsprozesses ergeben, prägt nach wie vor die brasilianische Position gegenüber dem Mercosur.[351] Deswegen sind die Übertragung und die Verteilung von Hoheitsrechten auf gemeinsame Institutionen immer ausgeschlossen.[352]

Das abgegrenzte intergouvernementale Gefüge des Mercosur garantiert Brasilien die Autonomie gegenüber den anderen Mitgliedern und hinsichtlich der brasilianischen Beziehungen mit Drittstaaten.[353] Hierbei entwickelt sich der Mercosur als eine reine intergouvernementale Organisation, da Brasilien die Autonomie für

346 Pastorino, A. (2006). Evolución jurídico-institucional del Mercosur, in: Cuadernos de Integración Europea N° 5. S. 29.

347 Ventura, D. (2005). S. 19.

348 Pastrana, E. (2013).

349 Spektor, M. (2011). S. 163.

350 Flemes, D. (2009). Konkurrierender Regionalismus: Fünf Jahren UNASUR und ALBA. GIGA Focus, German Institute of Global and Area studies, Institut für Lateinamerika Studien, Nummer 12. S. 2. Dazu noch: Zilla, C. (2011). Brasilianische Außenpolitik – Nationale Tradition, Lulas Erbe und Dilmas Optionen. Stiftung Wissenschaft und Politik – Deutsches Institut für Internationale Politik und Sicherheit. Berlin. S. 28.

351 Vigevani, T. und Ramanzini Jr, H. (2009). As Influências das Mudanças Internacionais para a Percepção Brasileira de Integração Regional, in: Nueva Sociedad N° 219. S. 24.

352 Rueda, F. (2009). S. 66.

353 Saraiva, M. (2010). "Brazilian foreign policy towards South America during the Lula administration: caught between South America and Mercosur", in: Revista Brasileira de Política Internacional, Vol 53 (special edition). S. 160.

die Entscheidungsfindungen hinsichtlich der auswärtigen Politik und der Makroökonomik nicht verlieren möchte.[354] Es ist darauf hinzuweisen, dass das etablierte Gefüge des Mercosur augenscheinlich das Interesse der brasilianischen Eliten, der sozialen, wirtschaftlichen und regionalen Gruppen bedient. Dieses Integrationsmodell gibt Brasilien die gewünschte Freiheit sowohl in der WTO und in den Beziehungen mit den USA und der EU als auch innerhalb der G20. Der niedrige Institutionalisierungsgrad des Mercosur sollte Brasilien dabei ein Höchstmaß an Flexibilität sichern.[355] Das Integrationsmodell ermöglicht Brasilien eine gewisse Unabhängigkeit von den Pflichten einer Zollunion (ZU) oder eines institutionalisierten Gemeinsamen Marktes.[356] Insofern ist es wichtig, daran zu erinnern, dass die Mitgliedstaaten einer ZU nach dem GATT keine Präferenzabkommen mit einer FHZ abschließen können, an denen nicht alle Mitglieder der ZU beteiligt sind. Gehört keiner der Staaten einer ZU einer FHZ an, so würde dies einen Verstoß gegen die niedergelegten Änderungsbedingungen für die Schaffung einer ZU darstellen (Art. XXIV Abs. 8 lit. a ii GATT).[357]

Letztendlich macht das intergouvernementale Modell den Mercosur von der Instabilität der nationalen Politik seiner Mitglieder abhängig.[358] Die etwaige aufschiebende Politik eines Mitglieds könnte den Gang des Prozesses behindern.[359] Die intergouvernementale Natur des Mercosur, die sich vor allem in der stark eingeschränkten Gesetzgebung ausdrückt, macht die Entwicklung des Integrationsprozesses jedoch von den jeweils beteiligten Regierungen abhängig.[360] Hierfür ist die Existenz eines starken und dauerhaften politischen Willens notwendig, damit die regionale Integration durchgesetzt werden kann.[361] Der subregionale Integrationsprozess bedarf eines starken und ständigen politischen Kompromisses sowie einer starken rechtlichen und institutionellen Struktur.[362]

354 Saraiva, M. (2010). S. 157.
355 Flemes, D. (2007). S. 1.
356 Vigevani, T. und Ramanzini Jr, H. (2009). S. 3.
357 Hummer, W. (2005). S. 15.
358 Neves, M. (2009). S. 74.
359 Bizzozero, L. und Vera, T. (1995). S. 12.
360 Ramos Da Silva, E. (2002). Rechtsangleichung im Mercosul: Perspektiven für das Niederlassungsrecht von Gesellschaften anhand von Erfahrungen in der Europäischen Union, Nomos 1. Aufl., Baden-Baden. S. 177.
361 Rueda, R. (2009). S. 66.
362 Rueda, R. (2009). S. 75.

4.3 Die politischen Ansichten der südamerikanischen Länder zur Integration

Die südamerikanischen Länder haben verschiedene Auffassungen bezüglich der Grundlagen, die die Integration inspirieren sollten. Hierfür können drei verschiedene Visionen respektive Modelle identifiziert werden, die in wechselseitiger Spannung stehen und die die Entwicklung der Integration betreffen könnten. An erster Stelle zu nennen ist die von den linken Regierungen geführte Meinung, die eine Integration als Alternative bzw. als Gegenstück zum neoliberalen und reinen ökonomischen neoliberalen Ansatz gründen möchte. Zweitens existiert das brasilianische Modell mit seiner Bestrebung, die Integration in der Region mit Hilfe des Südamerikanismus zu erreichen. Als Drittes gibt es Staaten wie Kolumbien, Peru und Chile, die die Öffnung und die Liberalisierung der Märkte fördern.

4.3.1 Sozialismus des XXI. Jahrhunderts und die ALBA

Die Doktrin des Sozialismus des XXI. Jahrhunderts wurde von Venezuela und Kuba eingeführt. Seit 1998 hatte die venezuelanische Außenpolitik mehrere Ziele: die Gestaltung eines antiamerikanischen Gegengewichts; die Ablehnung des ökonomischen Neoliberalismus; die Projektierung der bolivarischen Revolution und die Sicherung seiner wichtigsten Ressource (Erdöl).[363] Venezuela treibt eine neue vielschichtige Integrationskonzeption an, die den nationalen, regionalen und hemisphärischen Raum erfasst.[364] Als Ölland fördert Venezuela eine regionale Integration, die den nordamerikanischen Einfluss in der Region verkleinern sollte.[365] Der Sozialismus des XXI. Jahrhunderts setzt die Priorität vorrangig auf den politischen, den militärischen und den kulturellen Bereich, wodurch die wirtschaftliche Komponente in den Hintergrund rückt.[366] Venezuela nimmt den

363 Gialcalone, R. (2013). Venezuela en Unasur: integración regional y discurso político, in: Desafíos, 25 (1). Bogotá. S. 137.

364 Cardozo, E. (2004). Venezuela en la Comunidad Andina: retrocesos en tres escalas, in: Aldea Mundo, año 8, vol. 16. Universidad de los Andes. Venezuela. S. 31.

365 Ardila, M. (2006). Colombia y Venezuela: entre lo estructural y lo coyuntural, in: Oasis N° 011, Universidad Externado de Colombia, Bogotá. S. 73.

366 Arroyave, M. (2008). Interdependencia Comercial entre Colombia y Venezuela: tensiones y transformaciones con Uribe – Chávez, in: Pastrana, Wieland, Vargas (ed). Vecindario agitado Colombia y Venezuela: entre la hermandad y la conflictividad. S. 185f.

politischen Raum als Motor der Integration wahr, indem der wirtschaftliche Bereich als Folge der politischen Annährungen betrachtet wird.[367]

Der Präsident Venezuelas Hugo Chavez meinte in seiner Rede vor dem Rat des Gemeinsamen Marktes des Mercosur in Ouro Preto (17.12.04),[368] dass die AGN und der Mercosur aufgelöst werden sollten, damit eine neue südamerikanische Gemeinschaft aufgebaut werden kann. Des Weiteren war die venezuelanische Regierung der Meinung, dass die AGN ein einseitig wirtschaftlicher Prozess ist, der die sozialen und politischen Aspekte der Integration übersieht.[369] Insoweit hat Venezuela (14.12.04) durch einen Vertrag mit Cuba die Bolivarische Alternative für die Amerikas (Alternativa Bolivariana para las Américas ALBA) geschaffen.[370] Die ALBA war ein Gegenvorschlag zur ALCA, weil Venezuela immer dagegen war, ein Abkommen über die Schaffung einer Freihandelszone mit den USA abzuschließen.[371] Die ALBA bestrebte Folgendes: die Kontrolle des Staates über die Ökonomie; die Einführung der partizipativen Demokratie; und die Übertragung von Erdöl- und Finanzressourcen auf Länder mit einem relativ geringen Entwicklungsstand.[372] Die ALBA beruht auf Zusammenarbeit in der Erdölförderung und bezweckt die Solidarität und die wirtschaftliche Komplementarität zwischen den Mitgliedstaaten.

Die Grundlage der ALBA wird durch den Vertrag über das Handeln der Völker (2006)[373] und das Rahmenabkommen zur wirtschaftlichen Ergänzung N° 70 gebildet.[374] Trotzdem mangelt es der ALBA an einem festen Gefüge, weshalb ihre

---

367 Illera, O. (2005). La Política Exterior de Chávez: Proyección de la Revolución Bolivariana en la relaciones Internacionales, in: Desafíos N° 12, Universidad del Rosario, Bogotá. S. 217.

368 Dazu: Discurso del presidente de la República Bolivariana de Venezuela, Hugo Chávez Frías, con motivo de la XXVII reunión del Consejo del Mercado Común del Sur, (Mercosur). Ouro Preto, Brasil, 17 de diciembre de 2004.

369 Vieira, E. (2008). S. 25.

370 Mitglieder der ALBA sind: Venezuela, Cuba, Ecuador, Bolivien und Nicaragua. Honduras war Mitglied von 2008 bis 2010 aber wegen des Putschs in Honduras 2009 tritt es die ALBA aus.

371 Venezuela hat im 8. Treffen von Handelsminister der ALCA (Miami-Nov-2003) den Vorbehalten bestätigt, dass die ALCA in 2005 in Kraft treten sollte. Venezuela hatte schon in der Erklärung von Quebec 2001 seine Einstellung vor der ALCA vorgehalten. Dazu: Giacalone, R. (2013). S. 133.

372 Gialcalone, R. (2013). S. 133.

373 Tratado de Comercio de los Pueblos, suscrito en la Habana el 29 de Abril de 2006.

374 Acuerdo Marco APP. CE N° 70 para la complementación del espacio económico de la Alternativa Bolivariana para los Pueblos de nuestra América. Tratado de Comercio de los Pueblos, (ECOALBA/TCP), 11 de julio 2013.

Arbeitsweise von den präsidentiellen Gipfeln abhängt. Außerdem verfügt die ALBA über keine klare institutionelle Struktur[375] und über keinen Verfassungsvertrag.[376] Schließlich kann die ALBA angesichts des Rechts der Internationalen Organisationen nicht als eine internationale Organisation bezeichnet werden, sondern lediglich als eine Konferenz.

Unter seiner regionalen Politik verkündete Präsident Chavez in Asunción am 19.04.2006 bei einem Gipfel mit den Präsidenten von Bolivien, Uruguay und Paraguay die Absicht, aus dem AC auszutreten. So hat Venezuela offiziell am 22.04.2006 dem Generalsekretariat der AGN mitgeteilt, dass es aus dem Abkommen von Cartagena austreten wollte.[377] Der Rücktritt Venezuelas aus der AGN ist der größte Rückschritt des Prozesses im Laufe seiner Existenz. Diese Situation gefährdete die (vier) Jahrzehnte währenden Bemühungen zur Konstruktion eines Gemeinschaftsrechts in der AGN.[378] Venezuela rechtfertigte sein Vorgehen damit, dass Kolumbien und Peru ein FHZA mit den USA angenommen hatten, was die AGN *schwer verletzt hat*.[379] Chavez vertrat die Auffassung, dass die AGN durch das FHZA zerstört würde, da dies eine kleine ALCA war, die gegen die AGN verstoßen sollte.[380] Chavez meinte, dass Kolumbien der Hauptverantwortliche für den Austritt Venezuelas war, da der venezuelanische Handel durch das FHZA mit amerikanischen Produkten geflutet werden könnte. Hiernach entschied Präsident Chavez, die AGN zu verlassen.[381]

Venezuela hat insbesondere mit Kolumbien Auseinandersetzungen, weil dieses Land im Vergleich mit den anderen lateinamerikanischen Ländern stärker durch Vorgaben aus Washington im Wirtschafts-, Sozial-, und Sicherheitsbereich beeinflusst worden ist.[382] Kolumbien privilegiert die bilateralen Beziehungen mit den USA. Aufgrund dieser Abhängigkeit wird gesagt, dass Kolumbien keine

---

375 Serbin, A. (2009). América del Sur en un mundo Multipolar: ¿es la UNASUR la alternativa?, in: Nueva Sociedad 219. S. 149.

376 Flemes, D. (2009). S. 7.

377 Dazu: Nota de Prensa: Secretaría General de la CAN recibió comunicación oficial de retiro de Venezuela. Verfügbar: http://www.comunidadandina.org/prensa/notas/np22-4-06a.htm.

378 Dazu: Ministerio de Relaciones Exteriores de Colombia. (2010). Informe Final Misión de Política Exterior de Colombia. Bogotá. S. 55.

379 Malamud. C. (2006). La Salida venezolana de la Comunidad Andina y sus repercusiones sobre la Integración Regional. Primera Parte. Real Instituto Elcano ARI, 54. S. 2.

380 Malamud, C. (2006). S. 3.

381 Malamud, C. (2006). S. 5.

382 Illera, O. (2005). S. 211.

multilaterale Außenpolitik führt, weil es eine von dem internationalen System „isolierte Nation" ist.[383]

4.3.2 Brasilien als Regionalmacht – Südamerikanismus und Unasur

Brasilien ist die südamerikanische Regionalmacht und eine Mittelmacht mit globalem Machtstreben. Der Begriff „Mittelmacht" beschreibt diejenigen Staaten, die keine Großmacht sind, die jedoch die internationale Ebene beeinflussen können. Entsprechend ist die Führung einer Mittelmacht grundsätzlich multilateral.[384] Brasilien wird als eine Regionalmacht bezeichnet, da es zu einem Teil einer begrenzten geographischen Region zugehört; und weil es bereit ist für die Annahme einer Führungsrolle. Brasilien weist die nötigen materiellen und ideellen Kompetenzen einer Regionalmacht auf; und es ist sehr einflussreich bezüglich der regionalen Angelegenheiten.[385] In diesem Sinne ist der Mercosur für Brasilien ein Hauptinstrument, um Verhandlungen mit anderen Wirtschaftsblöcken besser durchführen zu können und damit es seine Rolle als Globalmacht ausbauen kann.[386]

Brasilien in seiner Stellung versucht nicht nur ein regionaler, sondern auch ein globaler Akteur zu sein. In Brasilien gibt es insbesondere zwei Konzepte, die die auswärtige Politik geprägt haben: die Autonomie und den Universalismus. Diese beiden Konzepte bzw. Lehren stehen für die Positionen und Strategien Brasiliens gegenüber der Welt.[387] Beide Lehren teilen den Glauben, dass Brasilien dazu bestimmt sei, mehr Macht zu bekommen. Daraus folgt, dass

---

383 Cepeda, J. und Sánchez, F. (2010). Desafíos y Propuestas para la política exterior colombiana en el siglo XXI, in: Pastrana, Jost, Márquez (Eds). Más Allá de la Seguridad Democrática. Agenda hacia nuevos horizontes. Konrad Adenauer Stiftung. Bogotá. S. 451. Dazu noch: Herrera, B. (2010). La proyección regional y mundial de Brasil: un desafío para la política exterior del Estado colombiano, in: Pastrana, Jost y Márquez (Eds), Más allá de la Seguridad Democrática. Agenda hacia nuevos horizontes. Konrad Adenauer Stiftung. Bogotá. S. 488.

384 Flemes, D. (2012). Actores Estatales y Opciones Estratégicas Brasil y Colombia en el orden multipolar. In: Pastrana, Jost, Flemes (eds). Colombia y Brasil ¿socios estratégicos en la integración de Suramérica? Konrad Adenauer Stiftung. Bogotá.

385 Flemes, D. (2012).

386 Serbin, A. (2010). Regionalismo y Soberanía Nacional en América Latina: Los nuevos desafíos. En: Documentos Nueva sociedad. Defensa 1111, 1°A. Buenos Aires. S. 10. Dazu noch: Saccone, M. (2008). UNASUR: Visiones desde el Mercosur, in: La Construcción de la Integración Suramericana. Revista de la Integración N° 2. Secretaria General de la Comunidad Andina. Lima. S. 33.

387 Vigevani, T. und Ramanzini Jr, H. (2009). S. 6.

Brasilien einen speziellen Platz in der internationalen Szene haben sollte.[388] Die Autonomisten nehmen die Integration und die Kooperation mit anderen Staaten der Region als ein Mittel für den Zugriff auf den ausländischen Handel sowie als ein Instrument wahr, das die Position des Staates im Rahmen der internationalen Verhandlungen verbessern könnte.[389] Der Begriff „Autonomie" bezieht sich auf den ständigen Versuch, die Befähigung für die Entscheidungen und Richtungsvorgaben im internationalen System zu behalten.[390] Im Gegensatz dazu handelt der Universalismus davon, die brasilianischen Beziehungen an alle Staaten zu richten. Der Universalismus versteht Brasilien als Globalakteur.[391] Hinsichtlich des kommerziellen Bereiches kommt die Idee des Universalismus im Begriff *„global trader"* zum Ausdruck.[392]

Brasilien hat die Region Südamerika ausgewählt, um seinen politischen Einfluss und seine Geopolitik zu verstärken. Brasilien redefiniert die geographische Dimension der Integration mit Abgrenzung in Südamerika. Brasilien nimmt Südamerika in erster Linie als geostrategische Machtbasis für die Durchsetzung seiner Interessen in der Weltpolitik wahr.[393] Entsprechend ist Südamerika der kleine politische regionale Raum, in dem Brasilien als Regionalmacht anerkannt werden kann. Bereits die Regierungen von Cardoso (1995–2002) und von Lula da Silva (2003–2011) setzten Südamerika als Schwerpunkt der brasilianischen Außenpolitik.[394] Der Präsident Cardoso spielte eine herausragende Rolle für die Annährung Brasiliens an die Idee: Südamerika. Darüber hinaus wurde von Cardoso der erste Gipfel der südamerikanischen Staaten organisiert, woraus sich die sog. Integration der regionalen Infrastruktur in Südamerika IIRSA entwickelte.[395] Brasilien wurde vom Präsident Lula da Silva bereits 2003 von einer lateinamerikanischen Identität auf eine sehr viel deutlichere südamerikanische Identität hin festgelegt.[396] Lula setzte die Verteidigung der nationalen brasilianischen

388 Saraiva, M. (2010). S. 153.
389 Saraiva, M. (2010). S. 151.
390 Vigevani, T. und Ramanzini Jr, H. (2009). S. 6.
391 Saraiva, M. (2010). S. 153.
392 Vigevani, T. und Ramanzini Jr, H. (2009). S. 6.
393 Flemes, D. (2007). S. 7.
394 Birle, P. und Gratius, S. (2010). Außenpolitik, in: Costa, Kohlhepp, Nitschack, Sangmeister (Eds.) Brasilien heute, Geographischer Raum, Politik, Wirtschaft, Kultur. 2 ed. Frankfurt am Main: Vervuert Verlag. S. 298.
395 Amorim, C. (2009). South American Integration, in: Diplomacy, Strategy & Politics N° 10. S. 13.
396 Zilla, C. (2011). S. 13. Spektor, M. (2011). S. 161.

Interessen als Außenpolitik ein.[397] Der Präsident strebte von Anfang zweierlei an: zum einen den Mercosur zu verstärken und zum anderen die südamerikanische Integration als ein Ganzes zusammenzufassen.[398]

Auf diese Weise entstand der sog. Südamerikanismus,[399] welcher als der von Brasilien angetriebene Prozess für die Etablierung einer Regionalzone (Südamerika) ohne den Einfluss anderer äußerer Mächte insbesondere der USA, Kanadas, Mexikos und Zentralamerikas bezeichnet werden könnte.[400] Dieser Prozess erschien als Ergebnis des brasilianischen Selbstbewusstseins, dass es notwendig ist, die Regionalmacht auszuüben, um den Status einer Globalmacht zu erreichen. Der Südamerikanismus ergibt sich aus dem brasilianischen Verständnis über seine regionale Wirklichkeit; der Integrationsbedeutung und seinen Verpflichtungen als südamerikanische Regionalmacht. Birle und Gratius betonen, dass Brasilien nicht nur Lateinamerika entdeckt, sondern auch festgestellt hat, dass es selbst ein lateinamerikanisches bzw. südamerikanisches Land ist.[401] Dies ist bedeutungsvoll für die Integration, da Brasilien immer am Rand der regionalen Tradition gewesen war. Beispielsweise erläuterte Präsident Cardoso, *dass in Brasilien das Thema der Integration in den sechziger Jahren nur etwas entfernter als der Mars war.*[402] Auf diese Weise machte nur die allmähliche Anerkennung eines eigenen geographischen Schicksals in den neunziger Jahren die Etablierung des Mercosur möglich.[403] Schließlich sollte man nicht vergessen, dass Brasilien sich selbst traditionell nicht als lateinamerikanischer Staat fühlte, sondern lediglich als ein Land in Lateinamerika.[404]

Südamerika bildet eine geopolitische Region, die von Mexico, Zentralamerika und der Karibik abzugrenzen ist.[405] Brasilien wollte mit dem Südamerikanismus

---

397 Gialcalone, R. (2013). S. 134.

398 Amorim, C. (2009). S. 14.

399 Ausführlich über den Südamerikanismus: Arroyave, M. (2012) La UNASUR en la estrategia regional de Colombia y Brasil. In: Pastrana, Flemes (eds). Colombia y Brasil ¿Socios estratégicos en la integración de Suramérica? Konrad Adenauer Stiftung. Bogotá.

400 Pastrana, E. (2013).

401 Birle, P. und Gratius, S. (2010). S. 309.

402 Conferencia Magistral del Presidente de Brasil, Doctor Fernando Henrique Cardoso: "Brasil y las perspectivas de la integración de América del Sur" / Lima, 22 de Julio de 1999 / Versión transcripta de su exposición oral. Verfügbar: http://www.comunidadandina.org/prensa/discursos/cardoso22-07-99.htm.

403 Zilla, C. (2011). S. 13.

404 Hurrel, S. 142, in: Zilla, C. (2009). S. 13.

405 Zilla, C. (2011). S. 13.

die tatsächliche Chance für die Integration aufgrund der geographischen Bedingungen nutzen.[406] Gemäß Amorim war sich Brasilien bewusst, dass die gesamte lateinamerikanische und karibische Integration das große Ziel der Region ist, dass aber die erreichbare und operationale Integration erst die südamerikanische Integration ist, da die meisten wenn nicht alle zentralamerikanischen Staaten und Mexiko sich in einem vis á vis-Liberalisierungsprozess mit den USA befanden und einige dieser Länder sogar mit der EU ein Wirtschaftsabkommen verhandeln wollten.[407] Trotz der guten Beziehungen zwischen Brasilien und Mexiko und zwischen Brasilien und den zentralamerikanischen und karibischen Ländern sind diese Regionen der Auffassung Brasiliens nach stark von den USA beeinflusst. Dementsprechend sind diese Länder keine geeigneten Partner, die Brasilien dabei unterstützen könnten, seinen politischen Status in der Hemisphäre und im internationalen System zu verbessern.[408]

Brasilien versucht einen eigenen Einflussbereich aufzubauen, in welchem der brasilianische Markt ausgebreitet werden kann und in welchem die Erhebung von regionalen Projekten kontrolliert werden kann.[409] Der Südamerikanismus sollte auch dabei helfen, dass die südamerikanischen Länder den Anspruch Brasiliens auf eine Reform der Charta der VN bezüglich der Zusammensetzung des Sicherheitsrates fördern. Brasilien will sich einen ständigen Sitz im Sicherheitsrat der VN sichern können. Insofern sollte die Unterstützung der südamerikanischen Länder ganz entscheidend für den brasilianischen Anspruch sein, einen ständigen Sitz im Sicherheitsrat zu erlangen. Trotzdem ist es klar, dass Argentinien und Kolumbien diesen Anspruch Brasiliens nicht unterstützen. Deswegen wollte/sollte Brasilien eng mit den anderen südamerikanischen Ländern zusammenarbeiten, damit sie einen solchen Anspruch fördern.[410]

Der Südamerikanismus wurde mit der Gründung der Unasur bestätigt. Die Unasur wurde durch den Vertrag von Brasilien (VB) 2008 ins Leben gerufen.[411] An dieser Stelle ist hervorzuheben, dass die Unasur der erste regionale Vertrag ist, der von allen südamerikanischen Staaten unterschrieben wurde. In der

---

406 Ferreira, A. (2011). S. 25.

407 Amorim, C (2009). S. 19. Dazu auch: Flemes, D. (2007). S. 2.

408 Birle, P. und Gratius, S. (2010). S. 310.

409 Pastrana, E. (2013).

410 Betancourt, R. (2012). Colombia frente a los espacios regionales de cooperación e integración, in: Jost, S. (Ed.). Colombia: ¿una potencia en desarrollo? escenarios y desafíos para su política exterior. Konrand Adenauer Stiftung, Bogotá. S. 668.

411 Tratado de Brasilia o Tratado Constitutivo de la Unión Suramericana de Naciones, Brasilia, 23 de mayo de 2008.

Vergangenheit wurden verschiedene und vielfaltige bilaterale und subregionale Verträge erlassen, aber dies ist das erste Mal, dass ein Vertrag über Südamerika von der Gesamtheit der Staaten angenommen worden ist.[412] In diesem Sinne haben die alten Bestrebungen nach der Gründung einer hispanoamerikanischen Konföderation Brasilien nicht eingebunden. Daher stellt die Unasur (und hier liegt der Witz) einen neuen beispiellosen Versuch zur politischen Integration in Südamerika dar, die das hispanische und portugiesische Südamerika vereinigt, was ein Bruch in der politischen Geschichte der Region ist. Spektor führt aus, dass der regionale brasilianische Aktivismus im Herzen Südamerikas eine große, wenn nicht die größte Veränderung in der Geschichte der internationalen Beziehungen der Region seit dem Ende der Militärdiktaturen (vor etwa 30 Jahren) darstellt.[413]

Die Unasur ist eine Organisation mit Völkerrechtpersönlichkeit, aber mit einer institutionellen Verfertigung niedrigen Institutionalität.[414] Die Unasur ist genauso wie der Mercosur eine intergouvernementale Organisation ohne Abtretung von Hoheitsrechten.[415] Sie ist intergouvernemental, weil die erlassenen Rechtsakte in die nationalen Rechtsordnungen der Mitgliedstaaten implementiert werden müssen (Art. 12 VB). Darüber hinaus ist im Rahmen der Unasur keine Gerichtsbarkeit eingeführt worden, was eine Schwäche ihrer institutionellen Architektur darstellt.[416] Es stand nicht zur Debatte, ob die Unasur nach dem Vorbild der EU oder der AGN aufgebaut werden sollte. Dies weist darauf hin, dass die südamerikanischen Staaten dem Intergouvernementalismus und der nationalen Souveränität bei der Einbindung in multilaterale Institutionen immer noch große Bedeutung beimessen.[417]

Die Unasur besitzt ein unabhängiges institutionelles System und schafft neue Organe. Der Art. 4 VB sieht die Gesamtstruktur der Unasur vor: ein aus Präsidenten und Regierungschefs der Mitglieder zusammengesetzter Rat; ein Außenministerrat; ein Vertreterrat; ein Generalsekretariat in Quito. Darüber hinaus führt Art. 5 VB den südamerikanischen Energierat als Organ der Unasur ein. Im Übrigen ermöglicht Art. 5 VB die Errichtung neuer Institutionen.

---

412 Cardona, D. (2008). El ABC de Unasur: doce preguntas y respuestas, in: La Construcción de la Integración Suramericana. Revista de la Integración N° 2. Secretaria General de la Comunidad Andina. Lima. S. 19.

413 Spektor, M. (2011). S. 162.

414 Gialcalone, R. (2013). S. 136.

415 Cardona, D. (2008). S. 24.

416 Cardona, D. (2008). S. 27.

417 Cardona, D. (2008). S. 27. Flemes, D. . S. 1.

Dementsprechend wurden der Verteidigungsrat, der Gesundheitsrat, der Ausbildungs- und Wissenschaftsrat, und andere Institutionen etabliert. Ebenso sieht Art. 17 VB die Gründung eines südamerikanischen Parlaments vor.

Der Vorteil der Unasur ist, dass sie sich nicht nur auf die wirtschaftlichen Aspekte der Integration konzentriert,[418] sondern auch versucht, die Einigkeit zwischen den Völkern im Bereich der Kultur, der Politik und der sozialen Themen zu erzielen.[419] Außerdem sollte sich die Unasur mit dem politischen Dialog, der Energie, der Infrastruktur, der Sicherheit, der Verteidigung, der Ausbildung, der Umwelt und mit den sozialen Problemen befassen (Art. 2 VB). Deswegen ist es berechtigt, die Meinung zu vertreten, dass die Unasur keine bloße wirtschaftliche, sondern eine *multidimensionale Integration* anstrebt. Zudem beruht die Annäherung der Mitgliedstaaten innerhalb der Unasur eher auf Kooperation als auf traditioneller Integration.[420] Schließlich spricht man von einer doppelten Natur der Unasur. Einerseits ist sie ein Raum der Absprache und des politischen Dialogs, andererseits ist sie ein Integrationsmechanismus.[421]

Mit der Unasur entsteht ein neuer Ansatz für die Realisierung der Integration, nämlich die *„Integración postliberal"*. Das wichtigste Merkmal der Unasur darin besteht, dass sie die Konstruktion der Integration nicht nur durch die wirtschaftliche Integration bestrebt, sondern auch durch die Integration anderer wichtiger Aspekte wie Politik, Umwelt, etc.[422] Die Hauptziele der postliberalen Integration sind der politische Dialog und die Förderung der Koordinierung zwischen den südamerikanischen Ländern.[423] Die Unasur ist das Hauptbeispiel dieses neuen Regionalismus, in dem Brasilien der wichtigste Akteur ist.[424] Serbin differenziert zwischen dem Regionalismus der Unasur mit dem Regionalismus des vorangegangenen Jahrzehnts, da es gegenwärtig eine deutliche Politisierung der regionalen Agenda sowie eine Verschiebung der Handels- und Wirtschaftsangelegenheiten gibt. Auf diese Weise wird die Politik und nicht die Wirtschaft der Zentralpunkt der Integration. In diesem Kontext gewinnt das Prinzip der nationalen Souveränität noch weiter an Stellenwert, da die Rolle der Staaten als

418 Pastrana, E. (2013).

419 Art. 2 Tratado de Brasilia o Tratado Constitutivo de la Unión Suramericana de Naciones, 23de mayo de 2008.

420 Saraiva, M. (2010). S. 160.

421 Cardona, D. (2008). S. 30.

422 Pastrana, E. (2013).

423 Manz, T. (2013) Die Alianza del Pacífico, ein "neuer Motor" für die Entwicklung Lateinamerikas?, in: Perspektive, Friedrich Ebert Stiftung. S. 1.

424 Manz, T. (2013). S. 1.

Hauptantriebskräfte der Integration im Rahmen von intergouvernementalen Abkommen legitimiert wird.[425]

Mit der Gründung der Unasur gelang Brasilien die Etablierung einer Organisation, in der es nicht nur seinen politischen und ökonomischen Einfluss ausüben kann, sondern auch einen Platz für die Sicherheit schuf.[426] Mit der Unasur gewinnt Brasilien Autonomie gegenüber den USA bezüglich der südamerikanischen Angelegenheiten[427] Schließlich weitet Brasilien seine Macht jenseits des Mercosur aus und etabliert einen institutionellen und politischen Raum, in welchem die übrigen Amerikaner (und auch Mexiko) ausgeschlossen sind.[428] In diesem Sinne wurde 2008 innerhalb der Unasur der südamerikanische Verteidigungsrat geschaffen.[429] Der Verteidigungsrat ist bestrebt, die Zusammenarbeit hinsichtlich der Verteidigung und Sicherheit in Südamerika zu vertiefen. Gemäß Art. 1 (Satzung des Verteidigungsrates)[430] ist der Rat eine Konsultations-, Kooperations- und Koordinierungsinstanz bezüglich der Verteidigung. Der Art. 2 deutet an, dass der Verteidigungsrat sowohl den Prinzipien und Zielen der VN als auch der OAS unterworfen ist.

Trotzdem werden die Kompetenzen der OAS zur Bewahrung der friedlichen Beziehungen zwischen den amerikanischen Ländern durch den südamerikanischen Verteidigungsrat überstrahlt,[431] weil die Vermittlung der Probleme zwischen den südamerikanischen Staaten, die die Sicherheit und den Frieden in Gefahr bringen könnten, vom Verteidigungsrat statt von der OAS ausgeführt worden sind. Mit der Gründung des Verteidigungsrates kann Brasilien an der Lösung regionaler Probleme ohne die übliche Einmischung seitens der USA arbeiten.[432] Entsprechend stellt die Gründung des südamerikanischen Verteidigungsrats eine Strategie Brasiliens für die Begrenzung des US-amerikanischen Einflusses in der Region dar, damit Brasilien seine Herrschaft in Südamerika sichern kann.[433] Dies erwies sich durch die Vermittlung der Streitigkeiten

---

425 Serbin, A. (2010). S. 17.

426 Herrera, B. (2010). S. 484.

427 Saraiva, M. (2010). S. 162.

428 Zilla, C. (2011). S. 14.

429 Decisión para el Establecimiento del Consejo de Defensa Suramericano de la UNASUR. 16 de diciembre 2008. Salvador de Bahía, Brasil.

430 Estatuto del Consejo de Defensa Suramericano de Unasur. 11.12.2008.

431 Arroyave, M. (2011) ¿Es la Unasur un reemplazo de la OEA?, in: Revista Aequitas N° 0. Universidad Santiago de Cali. S. 83.

432 Dazu: Informe Final Misión de Política Exterior de Colombia (2010). S. 18.

433 Flemes, D. (2009). S. 6.

zwischen Kolumbien und Venezuela durch den Verteidigungsrat. Dies zeigte sich auch deutlich durch die Einberufung zweier außerplanmäßige Gipfel der Unasur, als sie ad-hoc in der Lösung der regionalen Konflikte agieren musste. So hat Unasur gegenüber anderen Organisationen wie etwa der OAS an Bedeutung gewonnen.[434] Was aber bleibt ist eine komplexe Architektur sich überlappender Integrationsmechanismen und Integrationsregime.

In diesem Kontext sollte man darauf hinweisen, dass die Unasur prinzipiell mit dem Mercosur vereinbar ist. Trotzdem stellt Peña die Vereinbarkeit der Unasur mit den anderen vorliegenden Integrationsprozessen, insbesondere mit dem Mercosur in Frage.[435] Man kann dieser Auffassung nicht zustimmen, weil beide Prozesse verschiedene Zwecke verfolgen. Der Mercosur ist vor allem eine wirtschaftliche Organisation, die die Realisierung eines Gemeinsamen Markts anstrebt, während die Unasur eine Organisation zur Etablierung des politischen Dialogs darstellt. Beide Integrationsprozesse werden beispielweise von Itamaraty[436] als miteinander vereinbar wahrgenommen. Während der Mercosur der starke Kern ist, verkörpert die Unasur die Hülle.[437] Wenn man das Vorbild der Europäischen Union in der Fassung von Maastricht 1992 betrachtet, könnte man sagen, dass die Unasur ähnlich wie die EU ist, während der Mercosur mit der Wirtschaftsgemeinschaft zu vergleichen ist. Politische überwölbt die ökonomische Integration.

4.3.3 Die Alianza del Pacífico und der Offene Regionalismus

Die Alianza del Pacífico (AdP) wurde von Kolumbien, Chile, Peru und Mexiko durch die präsidentielle Erklärung von Lima (2011) mit dem Ziel, allmählich den freien Verkehr von Waren, Dienstleistungen, Kapital und Personen zu erreichen, gegründet.[438] Die rechtlichen Grundlagen der Alianza del Pacífico wurden durch das Rahmenabkommen von 2012[439] und das zusätzliche

434 Flemes, D. (2009). S. 4.

435 Peña, F. (2009). La UNASUR y el Mercosur pueden complementarse?, in: Nueva Sociedad 219. S. 56.

436 Im Palácio Itamaraty in Brasilia befindet sich das brasilianische auswärtige Ministerium. So ist es auch als Itamaraty benannt und anerkannt.

437 Pastrana, E. (2011). La Política Exterior Colombiana hacia sudamérica: de Uribe a Santos. S. 14. Verfügbar: http://www.semana.com/noticias-nacion/securitizacion-uribe-diversificacion-santos/155092.aspx.

438 Declaración Presidencial sobre la Alianza del Pacífico. Lima 28 de Abril de 2011.

439 Acuerdo Marco de la Alianza del Pacífico. Antofagasta – Chile. 06 de Junio de 2012.

Protokoll des Rahmenabkommens der Alianza del Pacífico[440] gelegt. Die AdP ist keine internationale Organisation, sondern lediglich ein Abkommen. Die AdP gründet keine gemeinsamen Organe, deswegen wird die AdP von den nationalen Behörden gesteuert. Das zusätzliche Protokoll der AdP legte lediglich eine Freihandelskommission fest (Art. 16.1) und spezialisierte Komitees und Subkomitees. Das Protokoll schuf weder ein Gericht noch supranationale Organe.

Die AdP erneuert das Modell des in den neunziger Jahren eingeführten offenen Regionalismus und versucht den Austausch des inter- und extraregionalen Handels mit Asien, den Vereinigten Staaten und Europa zu vergrößern.[441] Nach der Präambel der AdP fördern die Staaten den offenen Regionalismus, damit die Länder sich effektiv in die globalisierte Welt integrieren können. Die AdP bedeutet die Rückkehr zum freien Handel sowie die internationale Marktöffnung.[442] Es ist wichtig daran zu erinnern, dass die Integration am Anfang des XXI. Jahrhunderts -wie vorab gezeigt- eine Phase erlebt hat, in der die kommerziellen Aspekte an Bedeutung verloren haben[443] und die Idee des Freihandels in Frage gestellt wurde. Die Förderer dieses Wandelswegs vom Freihandel waren die linken Regierungen, welche das Integrationsmodell in der lateinamerikanischen Region seit 2000 geprägt haben. Dieser neue Regionalismus ist eher politisch als ökonomisch und versucht, sich vom Washington Consensus loszulösen.[444]

Das Modell des offenen Regionalismus diente dem Mercosur und der AGN als Grundlage für die Entwicklung und Gestaltung der Integration. In diesem Sinne wurden am Ende der achtziger Jahre angesichts der Schaffung und der Reaktivierung der regionalen ökonomischen Integration in verschieden Regionen der Welt, insbesondere in Lateinamerika, neue politische Initiativen entwickelt, beispielsweise wurden die Reaktivierung des MCCA und der AGN und die Gründung neuer regionaler Vereinbarungen wie der Mercosur, als "neuer Regionalismus" bezeichnet.[445] Der offene Regionalismus erschien in den neunziger Jahren als Ersatz des Modells der Substitution der Einfuhren. Dies stellt einen Wechsel in der

---

440 Protocolo Adicional al Acuerdo Marco de la Alianza del Pacífico. Cartagena 10 de Febrero de 2014.

441 Nolte, D. und Wehner, L. (2013). The Pacific Alliance casts its cloud over Latin America, en: GIGA Focus N° 8. German Institute of Global and Area Studies. S. 1.

442 Manz, T. (2013). S. 1.

443 Manz, T. (2013). S. 1.

444 Manz, T. (2013). S. 1.

445 Rueda, F. (2009). S. 65. Saraiva, M. (2010). S. 156. Dazu noch: Ibáñez, J. (2000). El Nuevo Regionalismo Latinoamericano en los años noventa, in Revista Electrónica

Struktur, der Reichweite und der Tiefe der Integration dar.[446] Die lateinamerikanische Integration wurde auf den Grundlagen des Protektionismus im Dienste der Industrialisierung durch Importsubstitution (ISI) gegründet. Entsprechend wurde die Integration eher als ein Schutz-, wenige als ein Öffnungsmechanismus verstanden. Beispielsweise ging die Andengruppe davon aus, dass ihr Hauptziel die Industrialisierung mittels der Handelsausdehnung war.[447]

Allerdings erreichte das Vorbild der Substitution der Einfuhren nicht das erwartete Ergebnis, da die Staaten bereits in den achtziger Jahren wegen der geringen Dynamik im Außenhandel und wegen der Auslandsschuldenkrise ein großes Defizit hatten.[448] Bereits in den sechziger Jahren wurde angedeutet, dass alle lateinamerikanischen Staaten Probleme wegen der eigenartigen Zusammenstellung der Exporte hatten, wobei es sich vor allem um Primärprodukte handelte. Dies zwang die Staaten, einen kontingenten und fluktuierenden Außenhandelsüberschuss zu haben und daraus ergibt sich die Instabilität ihrer Wirtschaftssysteme.[449] Die Krise der Auslandsschulden eskalierte im Jahr 1983 und führte in den lateinamerikanischen Ländern zu einer starken Restriktion in der Zahlungsbilanz.[450] Diese Krise verursachte eine Stagnation des Integrationsprozesses und forderte einen Wandel der Grundlagen der wirtschaftlichen Integration. Entsprechend erlebten die Konzepte und die Politiken der Integration seit 1988 viele Veränderungen.[451] Sie sind nicht nur ein Spiegelbild der ökonomischen Entwicklung, sondern auch der Staatsschuldenproblematik.

Der offene Regionalismus wurde von der CEPAL 1994 als neues Vorbild für die lateinamerikanische Integration dargestellt. Dieses Modell beruht darauf, dass die Staaten die regionale Liberalisierung innerhalb des Blocks fördern, ohne jedoch den Prozess des Multilateralismus zu beeinträchtigen, das heißt, dass dadurch auch die Barrieren des Handels mit Drittstaaten gesenkt werden.[452] Der

---

de Estudios Internacionales N°1. Dazu noch: Klein, L. (2012). La Reforma de las Constituciones de los Estados partes del Mercosur, in: La Ley 11.723. S. 4.

446 Gutierrez, A. (2000). Globalización y Regionalismo Abierto, in: Aldea Mundo Revista sobre fronteras e Integración. Año 4 N° 8. S. 49.

447 Salgado, G. (1995). S. 3.

448 Saucedo, J. (1999). Posibilidades de un Estado Comunitario Hispanoamericano. Universidad Autónoma de México UNAM. México. S. 45.

449 Informe del Intal (1968). La Integración ecónomica de América Latina. Realizaciones, Problemas y Perpectivas. Instituto para la Integración de América Latina. Buenos Aires. S. 9.

450 Salgado, G. (1995). S. 8.

451 Salgado, G. (1995). S. 29.

452 Gutierrez, A. (2000). S. 45.

offene Regionalismus ist von der CEPAL als ein Prozess definiert worden, der sowohl die von besonderen Abkommen mit Vorzugscharakter entstandene Interdependenz als auch die von den Handelssignalen und der Handelsliberalisierung angestoßene Interdependenz vereint. Der offene Regionalismus strebt an, dass die ausdrückliche regional verengte Integrationspolitik mit den Politiken und ergänzenden Politiken zur Steigerung der internationalen Kompatibilität vereinbar ist.[453]

Diese neue Lehre des offenen Regionalismus ersetzt die Lehre der „Entwicklung" als Grundlage für die Konstruktion der Integration in der Region.[454] Der offene Regionalismus unterscheidet sich vom Modell der ISI, das in Lateinamerika bis zu den achtziger Jahren existierte. Während es im alten Modell um einen weitgehenden Schutz ging, wurde mit dem offenen Regionalismus versucht, die Schaffung von neuen Handelsflüssen ohne Vorbehalte zu ermöglichen. Insofern wird die Integration als ein Instrument für eine bessere Einführung der lateinamerikanischen Staaten in den Prozess des Multilateralismus betrachtet.[455] Darüber hinaus besteht der Unterschied zwischen dem offenen Regionalismus und der bloßen Liberalisierung darin, dass Ersterer ein Vorzugselement zur regionalen Integrationsvereinbarung enthält, welches mit der geographischen Nähe und der kulturellen Affinität der Staaten der Region zu vereinbaren ist.[456] Im Übrigen ist der offene Regionalismus in die Strategie der wirtschaftlichen Liberalisierung bzw. mit der neoliberalen Umbildung eingebunden.[457]

---

453 Dazu: CEPAL. (1994). El Regionalismo Abierto en América Latina y el Caribe – La integración económica al servicio de la transformación productiva con equidad. Santiago de Chile. S. 20.

454 Esparza, M. (2008). Las Asimetrías y el proceso de Integración suramericano, in: La Construcción de la Integración Suramericana. Revista de la Integración N° 2. Secretaria General de la Comunidad Andina. Lima. S. 89.

455 Van Klaveren, A. (1997). S. 59. Der Autor hält: "Las concepciones defensivas, dirigistas y autarticas que caracterizaron a los primeros modelos de integración de la región pertenecen al pasado." .... "Hoy tienden a ser vistos como un elemento más bien ofensivo y flexible que contribuye a mejorar la inserción internacional de América Latina."

456 Gutierrez, A. (2000). S. 49. Dazu noch: Cárdenas, J. (2000). Impacto del Alca en la Comunidad Andina, consideraciones para definir una estrategía de negociación conjunta desde la perspectiva colombiana. S. 2.

457 Phillips, N. (2009). S. 329. Der Autor hält: "Regionalist projects in the Americas are integral to the strategies of economic liberalization and neoliberal restructuring that took root acroos the region over the course of the 1990s".

An dieser Stelle muss man darauf hinweisen, dass der offene Regionalismus die Gestaltung einer tiefen südamerikanischen Integration und die Erreichung eines südamerikanischen Gemeinsamen Markts behindern könnte, weil diese Lehre eine Integration verfolgt und unterstützt, die für die Etablierung eines gemeinsamen Zolltarifes keinen Platz lässt und sich damit nicht um die Etablierung eines Gemeinsamen Marktes sorgt, sondern vorrangig um die Schaffung von Freihandelszonen. Der offene Regionalismus fördert die Errichtung einer Zollunion und eines Gemeinsamen Markts nicht. Somit kann konstatiert werden, dass der offene Regionalismus die Option für die Etablierung einer Zollunion und eines Binnenmarkts ausschließt. Im Übrigen ist innerhalb des offenen Regionalismus die Institutionalisierung eines Blocks nicht relevant.[458] Ebenso behindert der offene Regionalismus die Realisierung eines Gemeinsamen Markts, weil er die Annahme von bilateralen Abkommen außerhalb der regionalen Integrationsabkommen fördert, wodurch die Möglichkeit zur Schaffung oder Implementation einer gemeinsamen Handelspolitik oder eines Zolltarifs ausgeschlossen ist.

Letztendlich erzeugt die Gründung der AdP gewisse Spannungen auf der regionalen politischen Ebene Südamerikas, weil Mexiko durch die AdP wieder einen Platz innerhalb von Südamerika einnimmt einerseits und weil Brasilien andererseits diese Region als seinen Einflussbereich wahrnimmt. Darüber hinaus haben alle Mitglieder der AdP gute Beziehungen sowie FHZA mit den USA.[459] Die brasilianische Idee des Südamerikanismus unter der Herrschaft Brasiliens ist nicht mit der AdP vereinbar aufgrund der Teilnahme Mexikos an der AdP. Mexiko ist ein entfernter Partner Brasiliens und zudem (neben den USA) sein Hauptkonkurrent in der Region. Unter diesen Bedingungen warnen Experten vor der Gefahr, dass die AdP zu einer politischen und ökonomischen Fragmentierung der Region sowie zu einer neuen Rivalität zwischen den beiden regionalen ökonomischen Führungsmächten (Brasilien und Mexiko) führen könnte.[460]

Die AdP sabotiert den von Brasilien vorgeschlagenen Südamerikanismus. Es ist klar, dass Länder wie Kolumbien, Peru und Chile sich nicht der brasilianischen Herrschaft unterordnen lassen, weil ihre Interessen jenseits der südamerikanischen Region liegen. Indem die Mitglieder der AdP Mexiko erneut innerhalb der Region Gewicht verleihen und es bewusst einbinden, bricht der Südamerikanismus ab und erzeugen damit eine neue Dynamik von *soft balancing* in Lateinamerika.[461] Mexiko trägt bedeutend zum ökonomischen Wachstum

---

458 Saraiva, M. (2010). S. 158.

459 Nolte, D. und Wehner, L. (2013). S. 1.

460 Manz, T. (2013). S. 2.

461 Nolte, D. und Wehner, L. (2013). S. 1.

der AdP bei und dies wird von Kolumbien, Chile und Peru als eine willkommene Chance des *soft balancing* gegen den brasilianischen Einfluss in Südamerika wahrgenommen.[462] Dementsprechend sind die Kräfte der lateinamerikanischen Integration beweglich und wechselhaft, weil die AdP einen Gegenpol zu den von Brasilien kontrollierten Integrationsallianzen der Unasur und des Mercosur bildet.[463] Letztendlich ist die AdP eine Herausforderung für das brasilianische Projekt, eine südamerikanische regionale Integration auszubauen.[464] Schließlich kann man behaupten, dass, obwohl die AdP als ein dem Mercosur paralleles ökonomisches Integrationsmodell betrachtet werden könnte, es sich um verschiedene Integrationsansätze handelt, die nicht notwendigerweise im Gegensatz stehen.[465] Aber als harmonischer Einklang ist keineswegs selbstverständlich. Es gibt nicht die eine Integrationswille, sondern ganz unterschiedlich, jeweils interessengetriebe Integrationsregime, aus den sich aber dennoch Grundprinzipien des südamerikanischen Integrationsrecht entnehmen lassen mögen.

462 Nolte, D. und Wehner, L. (2013). S. 5.
463 Gratius, S. und Nolte, D. (2013). S. 6.
464 Turzi, M. (2014). Asia y la ¿(des)integración latinoamericana?, in: Revista Nueva Sociedad N° 250. S. 83.
465 Turzi, M. (2014). S. 82.

5. Die Grundprinzipien der Teilregime des südamerikanischen Integrationsrechts

5.1 Das Beispiel von Europa: Die Konstitutionalisierung

Die Europäische Union[466] ist organisiert und beruht ähnlich wie ein Bundestaat auf einem mehrstufigen System geteilter Herrschaft zwischen einer Zentralgewalt und einer regional organisierten Einheit.[467] Die EU könnte jedoch als (Vor)-Bund betrachtet werden, weil das Zusammenspiel von EU und Mitgliedstaaten von föderalen Strukturprinzipien beherrscht wird.[468] Etwa der Loyalitätsgrundsatz, die Kompetenzverteilung und das Subsidiaritätsprinzip. Entsprechend sind gewisse „föderale Elemente“ in der engen Staatenunion zu entdecken, wie beispielweise in der Finanzordnung, in der europäischen Strukturpolitik oder in der Währungsunion.[469] Schöbener deutet darauf hin, „dass man aufgrund der großen Kompetenzfülle und der Direktwirkung der Rechtsakte über eine Qualifikation der EU als bundesstaatsähnlich sprechen kann“.[470]

Die EU verkörpert indes kein „fertiges“ Bundesstaatsgefüge, weil sie nicht über die herkömmlichen Befugnisse eines Bundesstaates[471] verfügt. Die supranationale

---

466 Mit dem Reformvertrag von Lissabon 2007 erhielt die EU eine einheitliche Rechtspersönlichkeit und tritt einerseits als Rechtsnachfolgerin der Europäischen Gemeinschaft auf (Art. 1 abs. 3 S. 3 der EUV). Andererseits wurde der EG-Vertrag mit zahlreichen Änderungen und Ergänzungen in einen „Vertrag über die Arbeitsweise der Europäische Union“ (AEUV) umbenannt. Dazu: Geiger, Khan, Kotzur, (2010). EUV-AUEU, Vertrag über die Europäische Union und Vertrag über die Arbeitsweise der Europäischen Union, Kommentar, 5 neubearbeitete und erweiterte Auflage, Verlag C.H. Beck München. S. 7.

467 Schoeder, W. (2009). S. 66.

468 Oppermann, T. (2009). S. 63.

469 Oppermann, T. (2009). S. 66.

470 Schöbener, B. (2009). S. 255.

471 Ein Bundestaat wird gemeinhin als die Zusammenfassung von Gliedstaaten zu einem Zentral- oder Gesamtstaat verstanden, wobei die Kompetenzen zwischen beiden staatlichen Ebenen aufgeteilt sind. Die Gliedstaaten haben Einfluss auf die Willensbildung des Gesamtstaates und es ist eine gewisse Homogenität zwischen Gliedstaaten und Gesamtstaat gewahrt. Die Bundeskompetenz umfasst nunmehr folgende wichtige Bereiche: zwischenstaatlicher Handel, die Besteuerung, Währung, Bundesgerichtsbarkeit, auswärtige Politik, die Verteidigung sowie eine allgemeine Ermächtigung zur Durchsetzung der einzelnen Kompetenzen.

Union ist kein Ersatz für die nationalen Staaten, sondern ein vor-föderal integrativer Mechanismus für einen (möglichen) späteren Wandel zu einer kooperativen und politischen Einrichtung.[472] Also ist die EU kein Staat, auch kein (Vor)-Bundesstaat, weil ihr insbesondere die folgenden wesentlichen Eigenschaften von Staatlichkeit, wie sie nach den herkömmlichen Kriterien der Staatlichkeit zugesprochen werden, fehlen: umfassende Gebietshoheit, umfassende Personalhoheit und Souveränität (im Sinne der Kompetenz-Kompetenz)[473]. Es fehlen der Union außerdem Zwangsmittel.[474] Das Gewaltmonopol liegt nach wie vor bei den einzelnen Mitgliedstaaten.[475] Schließlich ist die Möglichkeit eines freiwilligen Austritts aus der Union ausdrücklich anerkannt und geregelt (Art. 50 EUV), womit die bundesstaatliche Option formell –jedenfalls nach klassisches Bundesstaatsverständnis-ausgeschlossen ist.[476]

Die EU ist eine regionale Staatenverbindung neuartigen Typs, die sich in ihrer konzipierten und gewachsenen Eigenart nicht in das klassische Schema der völker- und staatsrechtlichen Staatenverbindungen wie internationale Organisation, Staatenbund, Bundesstaat,[477] Allianz, Verwaltungsunion pressen lässt, weil sie überwiegend supranationale Züge aufweist.[478] Die EU bereichert das klassische Schema der Staatsverbindungen, das heißt, sie stellt eine neue Variante dar.[479] Bei der EU handelt es sich um einen Integrationsverband besonderer Art, da die Mitgliedstaaten eine Vielzahl von Hoheitsrechten, insbesondere Gesetzgebungskompetenzen, auf sie übertragen haben.[480] Die EU hat mehr exekutive und rechtserzeugende Befugnisse gegenüber ihren Mitgliedstaaten als traditionelle internationale Organisationen.[481] Schließlich ist die EU in der Terminologie des Bundesverfassungsgerichts (BVerfG) ein Staatenverbund, also keine

Näher: Frotscher, W. und Pieroth, B. (2010). Verfassungsgeschichte, 9 Aufl., Verlag C.H. Beck. München. S. 16.

472 Von Bogdandy (2000). S. 27 zitiert in: Kotzur, M. (2008). S. 135.

473 Oppermann,T. (2009). S. 62.

474 Von Bogdandy, A. (2009). S. 39.

475 Haltern, U. (2007b). S. 171.

476 Oppermann,T. (2009). S. 67.

477 Buergenthal, T. Doehring, K. und Kokott, J. (2003). Grundzüge des Völkerrechts, 3. Aufl., C.F. Muller. Heidelberg. S. 47.

478 „Die Union kann nicht als Bundestaat bezeichnet werden". Geiger, Khan, Kotzur. (2010). S. 10.

479 Oppermann, T. (2009). S. 60.

480 Schöbener, B. (2009). S. 227.

481 Buergenthal, T. Doehring, K. und Kokott, J. (2003). S. 47

internationale oder gar supranationale Organisation.[482] Das BVerfG spricht in seinem Maastricht-Urteil von 1993 wie auch in seinem Urteil zum Vertrag von Lissabon von einem Staatenverbund[483] demokratischer, souverän bleibender Staaten.[484] Das Staatenverbund-Konzept hat einen großen Vorteil, weil es die Dichotomie zwischen Bundestaat (federal state, federation) und Staatenbund (confederation) aufgelöst hat.[485] Die offizielle englische Übersetzung für „Staatenverbund" lautet „association of sovereign national states".

Gewiss sollte die Europäische Union in der heutigen Form noch nicht das Endstadium der angestrebten Integration sein. Gemäß Abs. 13 und 14 der Präambel und Art. 1. Abs. 2 EUV befindet sich die derzeit bestehende Union in einem Prozess der Schaffung einer immer engeren Union der Völker Europas.[486] Die „immer engere Union" bleibt weiterhin ein anzustrebendes Ziel. „Welche Gestalt die Europäische Union schließlich annehmen soll – ihre sog. Finalität – bleibt allerdings offen".[487] Wie bereits erwähnt, ist der europäische Prozess noch nicht beendet, er ist vielmehr noch ein offener Prozess. Nach der Entscheidung des BVerfG ist es allerdings deutlich, dass die Union gegenwärtig nicht über einen bloßen Staatenverbund hinausgehen darf. Der Vertrag von Lissabon bestätigt grundsätzlich das Konzept des Maastrichter Staatenverbundes. Er übernimmt das supranationale Erbe der EG, aber vom Europäischen Bundestaat ist nicht mehr die Rede. Die „engere" Union wird nur noch an versteckter Stelle erwähnt. Vor dem Hintergrund der EU von 28 und vielleicht bald von mehr Mitgliedern „erscheint der Erhalt des engen Staatenverbundes für die voraussehbare Zukunft das Maximum des Erreichbaren".[488] Die Integration kennt quantitative und qualitative Grenzen.

---

482 Buergenthal, T. Doehring, K. und Kokott, J. (2003). S. 47

483 Das BverfG hat im Lissabon-Urteil von 2009 den Begriff des Verbundes als „eine enge, auf Dauer angelegte Verbindung souverän bleibender Staaten" definiert, der „auf vertraglicher Grundlage öffentliche Gewalt ausübt, deren Grundordnung jedoch allein der Verfügung der Mitgliedstaaten unterliegt und die Völker -das heißt die Staatsbürger- der Mitgliedstaaten weiterhin die Subjekte demokratischer Legitimation bleiben". Dazu: BVerfG, 2 BvE 2/08 vom 30.6.2009. S. 1.

484 Degenhart, C. (2009). S. 4.

485 Tomuschat, C. (2010). Lisbon – Terminal of the European Integration Process? The Judgment of the German Constitutional Court of 30 June 2009. ZaöRV 02-2010. S. 256.

486 Geiger, Khan, Kotzur. (2010). S. 6.

487 Geiger, Khan, Kotzur. (2010). S. 8.

488 Oppermann, T. (2009). S. 67.

Trotz der vielfältigen Bezeichnungen für die EU gibt es einen Konsens darüber, dass die EU eine Organisation sui generis ist. Diese Organisation sollte einen Konstitutionalisierungsprozess durchlaufen. Bereits in den sechziger Jahren sprach der EuGH über den EWGV als „the basis constitutional charter" der Gemeinschaft.[489] Diese Konstitutionalisierung führt dazu, dass sich Gemeinschaft nicht als eine internationale Organisation bezeichnen lässt, sondern prinzipiell als eine „non unitary polity".[490] Weiler unterscheidet dazu, dass das „operating system" der Union nicht von allgemeinen Grundsätzen des Völkerrechts beherrscht ist, sondern von einer bestimmten spezifischen intergouvernementalen Struktur, nämlich einer Verfassung und konstitutionellen Prinzipien.[491]

Weiler zeigte schon 1991, dass es drei Phasen der Konstitutionalisierung der Gemeinschaft gibt.[492] In der ersten Phase bekam die Gemeinschaft durch einen starken damaligen Wandel der ursprünglichen Konzeption des Vertrages, ihre rechtlichen und politischen Merkmale. Von 1963 bis Anfang der siebziger Jahre etablierte der EuGH durch emblematische Entscheidungen vier Doktrinen,[493] die die Beziehungen zwischen dem Recht der Gemeinschaft und dem Recht der Mitgliedstaaten fixieren. Damit wurde der Zusammenhang zwischen analogen Beziehungen innerhalb konstitutioneller Bundesstaaten ununterscheidbar.[494] Die zweite Phase bezieht sich auf die Etablierung des Grundsatzes von Kompetenzverteilung zwischen der Gemeinschaft und den Mitgliedstaaten.[495] Im Unterschied zur ersten Phase, die innerhalb der Grenzen der Kompetenz der Gemeinschaft erfolgt ist, erodierte die zweite Phase diese Grenzen.[496] Schließlich bezieht sich die dritte Phase auf das „Programm von 1992" und auf die Einheitliche Europäische Akte, die die Agenda der Gemeinschaft und

489 Weiler, J.H.H. (1991). S. 2407.

490 Weiler, J.H.H. (1991). S. 2407.

491 Weiler, J.H.H. (1991). S. 2407.

492 Erste Periode von 1958 bis zum mittlen der siebziger Jahren (The Foundational Period). Zweite Periode von 1973 bis zum mitteln der achtziger Jahren (Mutation of Jurisdiction and Competences), und dritte Periode von 1992 und jenseits (1992 and Beyond). Weiler, J.H.H. (1991).

493 The Doctrine of Direct Effect, Doctrine of Supremacy, Doctrine of Implied Powers and Doctrine of Human Rights. Näher: Weiler, J.H.H. (1991). S. 2407.

494 Weiler, J.H.H. (1991). S. 2413.

495 Weiler, J.H.H. (1991). S. 2431.

496 Weiler identifiziert vier Kategorien bei der Mutation von den Kompetenzverteilung: „Extension, absortion, incorporation and expansion and its causes. Näher: Weiler, J.H.H. (1991). S. 2435ff.

ihre modi operandi bestimmt hat, mit dem Ziel, einen Gemeinsamen Markt zu etablieren.[497]

Die europäischen Verträge heutiger Entwicklungsstufe erfüllen die wesentlichen Funktionen, die einer Verfassung zukommen: Sie konstituieren, legitimieren, organisieren und begrenzen die öffentliche Gewalt im Verhältnis der Organe zueinander und auch unmittelbar dem Einzelnen gegenüber.[498] Pernice vertritt die These, dass es bereits eine europäische Verfassung gibt. „Die Europäische Verfassung ist die Verbindung von nationaler und europäischer Verfassungsebene im Europäischen Verfassungsverbund, in dem europäisches und nationales Verfassungsrecht aufeinander bezogen sind und materiellrechtlich als einheitliches System betrachtet werden".[499] Die EU ist wie der Staat Zweckverband. Beide, die EU und der Staat, sind komplementäre Instrumente politischer (Selbst-) Steuerung der sich bildenden europäischen Gesellschaft.[500] Nicht nur der Verfassungsbegriff, sondern auch die geltende Verfassung muss offen sein, wenn es um die Begründung supranationaler öffentlicher Gewalt geht, die den Staat mit seiner Verfassung ergänzt, aber nicht ersetzt.[501]

Pernice stellte das Konzept „Verfassungsverbund" als postnationalen Verfassungsbegriff für die Bezeichnung der EU dar. Der „postnationale"[502] Verfassungsbegriff lässt Staat und Nation im klassischen Sinne hinter sich, so wie die Globalisierung neue Instrumente der Steuerung fordert, Politik also über den nationalen Rahmen hinausgeht.[503] Verfassung konstituiert und legitimiert begrenzte Herrschaftsgewalt im Staat und über den Staat hinaus. Der Begriff „Europäischer Verfassungsverbund" ist offen für ergänzende, komplementäre, übergreifende Strukturen politischer Integration: als Antwort auf Zwecke, die Staat und Nation überfordern, ist er nicht mehr auf Staat und Nation zentriert, sondern auf die Selbstbestimmung des einzelnen – also „postnational".[504] Dieser Begriff soll die Staaten und ihre supranationalen Einbindungen in ihrer Gesamtheit erfassen. Vom Bürger

---

497 Weiler J.H.H. (1991). S. 2453 ff.

498 Pernice, I. (2001). S. 164.

499 Pernice, I. (2001). S. 189.

500 Pernice, I. (2001). S. 164.

501 Pernice, I. (2001). S. 165.

502 Habermas spricht von einer „postnationalen Konstellation", welche durch die Globalisierung und die Entwicklung der Demokratie jenseits der Grenzen des Nationalstaats charakterisiert ist. Dazu: Habermas, J. (1998). Die postnationale Konstellation: Politische Essays. Edition Suhrkamp.

503 Pernice, I. (2001). S. 155.

504 Pernice, I. (2001). S. 160.

aus gesehen ist die europäische Verfassung ein Mehrebenensystem, verfasst und strukturiert gemäß unterschiedlich umfassenden Aufgabenstellungen im Sinne eines „multilevel constitutionalismus".[505] Die Ausübung der Souveränität wird auf zwei Ebenen verteilt: national und supranational. Die geteilte Souveränität heißt „gemeinsame Souveränität der Bürger auf europäischer Ebene, vertikale Gewalten- und Funktionenteilung, Aufgaben- und Arbeitsteilung im Dienste der Bürger, organisiert und strukturiert durch die europäische Mehrebenenverfassung".[506]

Die Souveränität ist kein ausschließliches Attribut des Nationalstaates, sondern äußert sich (in Bezug auf Europa) durch die Interdependenz in mehreren Stufen: national, europäisch und international.[507] Die Idee der *„shared sovereignty"* kommt als nachhaltiger *„modus vivendi / modus gubernadi"* innerhalb und jenseits der EU zum Vorschein.[508] Die Legitimationsfrage der zwischen nationaler, europäischer und internationaler Ebene verteilten Souveränität ist mit einem Grundsatz der politischen Integration verbunden: *„the common good"*.[509] Die *„shared sovereignty"* führt zur Erscheinung des sog. *Multilevel Constitutionalism,* womit die betreffenden Akteure im Dienst des *common good* zusammenarbeiten können.[510]

5.1.1 Die Europa-Artikel in den mitgliedstaatlichen Verfassungstexten, das Beispiel des Grundgesetzes

Im europäischen Rechtsraum wird von einem nationalen *„Europaverfassungsrecht"* gesprochen. Gemeint sind die quantitativ und qualitativ zunehmenden Europa-Artikel, die sich in einzelnen Verfassungsstaaten finden.[511] Das europäische Verfassungsrecht dringt osmotisch in die nationalen Verfassungsräume ein und begrenzt damit deren Integrationsprogramme und Integrationskraft.[512] Der „Europa-Artikel" postuliert den Verfassungsauftrag, bei der Entwicklung der Europäischen Union mitzuwirken, die sich demokratischen, rechtsstaatlichen, sozialen und föderativen Grundsätzen sowie adäquatem Grundrechtsschutz verpflichtet weiß.[513] Es wird die Meinung vertreten, dass die konstitutionelle

505 Pernice, I. (2001). S. 173.
506 Pernice, I. (2001). S. 174.
507 Kotzur, M. (2008). S. 134.
508 Kotzur, M. (2008). S. 141.
509 Kotzur, M. (2008). S. 133.
510 Kotzur, M. (2008). S. 133.
511 Häberle, P. (2013). S. 96.
512 Häberle, P. (2013). S. 111.
513 Vosskuhle, A. (2009). S. 4.

Substanz des europäischen Verfassungsraums in den staatsrechtlichen Integrationsklauseln liege.[514]

Die Integrationsklauseln bzw. Integrationsartikel ermächtigen die europäischen Staaten dazu, in der EU mitzuwirken. Im Allgemein wird es den Ländern durch die konstitutionellen Normen erlaubt, an den Integrationsprozessen mitzuwirken und sich in den Prozessen zu verpflichten. Außerdem definieren sie die Reichweite der Ermächtigung und der Integrationsebene.[515] Es geht um Rechtsfähigkeit und ihre Reichweite.[516] In diesem Sinne kann konstatiert werden, dass die Abtretung von Hoheitsrechten der Mitglieder auf supranationale Organisationen entweder konstitutionelle Voraussagen (in den mitgliedstaatlichen Verfassungstexten bereits angelegt) oder im Laufe der Zeit eingeführte konstitutionelle Anpassungen waren.[517] Dementsprechend bewirkt die Gründung und Entwicklung der EG bzw. EU bekanntermaßen die materielle Änderung, eine Mutation der nationalen Verfassung.[518] In diesem Sinne wurde beispielsweise der Art. 23 (neu) GG nach dem unterzeichneten Vertrag von Maastricht 1992 zur speziellen verfassungsrechtlichen Grundlage für die künftige Integration der Bundesrepublik Deutschland in die Europäische Union ausgestaltet.[519]

Entsprechend ist die Eingliederung von Deutschland in die Europäische Union oder in internationale Gemeinschaften in Art 23 und Art. 24 Grundgesetz GG reguliert.[520] Auf diese Weise öffnet Art. 23 GG das Grundgesetz für die Übertragung von Hoheitsrechten zur Gründung und Entwicklung der EU.[521] Außerdem beschränkt der Europa-Artikel die Teilnahme Deutschlands im europäischen Integrationsprozess. In diesem Sinne hat das BverfG darauf hingewiesen, dass die Übertragung von Hoheitsrechten auf die EU in der Weise erfolgen muss, dass die Bundesrepublik nicht, auch nicht durch Verfassungsänderung, auf ihre staatliche Souveränität verzichtet[522] Zudem entschied das BVerfG, dass die Europäische

---

514 Kaufmann, zitiert in: Von Bogdandy, A. (2009). S. 30.

515 Fernández, J. (2006). S. 27.

516 Midón, M. (1998). Derecho de la Integración – Aspectos Institucionales del Mercosur. Rubinzal-Culzoni Editores. Argentina. S. 30ff.

517 Klein, L. (2012). S. 4. Dazu noch: Tremolada, E. (2005). Aplicación del Derecho Andino en Bolivia, Ecuadro, Perú y Venezuela frente a la experiencia europea. In Oasis, N° 11. Universidad Externado de Colombia. Bogotá. S. 159.

518 Pernice, I. (2001). S. 178.

519 Geiger, R. (2010). S. 26.

520 Degenhart, C. (2009). S. 3.

521 Pernice, I. (2001). S. 165.

522 Degenhart, C. (2009). S. 51.

Union den Mitgliedsstaaten einen ausreichenden Raum zur politischen Gestaltung der wirtschaftlichen, kulturellen und sozialen Lebensverhältnisse lassen muss.[523] Dementsprechend meinte Geiger, dass das Grundgesetz für die Einordnung Deutschlands in einen europäischen Bundesstaat keinen Raum lässt.[524] Ein europäischer Bundesstaat bedürfte einer neuen Verfassungsgrundlage im Sinne des Art. 146 GG.

Das BVerfG hat ein Modell für die Europäische Integration entworfen, das verfassungsrechtlich zwingend bindend ist.[525] Die Bezeichnung der Europäischen Union als „Vertragsunion souveräner Staaten“[526] bedeutet, dass die Staaten im Rahmen der Institutionen kooperieren, ohne dabei ihre Identität in Frage zu stellen. Das Wesensmerkmal souveräner Staatlichkeit dürfe im Prozess der europäischen Integration nicht angegriffen werden.[527] Das BVerfG spricht über eine Verfassungsidentität der deutschen Staatlichkeit der Bundesrepublik Deutschland, in der nicht nur die Kernelemente wie Kompetenz und das Gewaltmonopol, sondern auch solche Aspekte wie Finanzhoheit, Freiheitsentzug in der Strafrechtspflege und die Kulturstaatlichkeit gemeint sind. Über die Verfassungsidentität kann nach Ansicht des BVerfG der verfassungsändernde Gesetzgeber nicht disponieren.[528]

An dieser Stelle kann man der Auffassung Nettesheims zustimmen, dass die Entscheidung des BVerfG vornehmlich den Aufbau eines künftigen europäischen Bundesstaates beschränkt und vermeidet,[529] weil gemäß der Entscheidung des BVerfG[530] die EU gegenwärtig nicht jenseits eines bloßen Staatenverbundes

---

523 BVerfG, 2 BvE 2/08 vom 30.6.2009. S. 1.

524 Geiger, R. (2010). S. 29.

525 Nettesheim, M. (2009). Ein Individualrecht auf Staatlichkeit? Die Lissabon Entscheidung des BVerfG. 39 NJW. S. 2868.

526 BVerfG, 2 BvE 2/08 vom 30.6.2009. S. 45.

527 Nettesheim, M. (2010). Die Integrationsverantwortung – Vorgabe des BVerfG und gesetzgeberische Umsetzung. 4 NJW. S. 177.

528 Nettesheim, M. (2009). S. 2868.

529 Nettesheim, M. (2009). S. 2868.

530 Die Entscheidung des BVerfG ist scharf kritisiert worden. Das Lissabon Urteil hat Großteils auf einer negativen Bewertung des europäischen Integrationsprozesses beruht, daher ist die Entscheidung des BVerfG deutlich „Euroskeptisch“ und bezeugt die Meinung von dem europäischen Integrationsprozess als einem „zero-sum game“, beim Deutschland ständig auf der Seite des Verlierers steht. Das BVerfG sieht die Europäische Integration als einen langsamen aber fortschreitenden Prozess zur Erosion der nationalen Souveränität an und das Thema der „loss of Staateshood“ ist im Urteil stets präsent. Dazu: Tomuschat, C. (2010). S. 270.

gehen darf. Der Vertrag von Lissabon übernimmt das supranationale Erbe der EG, aber von einem europäischen Bundestaat ist -wie bereits vorher schon gesagt- nicht mehr die Rede. Der Erhalt des engen Staatenverbundes ist für die voraussehbare Zukunft der EU das Maximum des Erreichbaren.[531]

5.1.2 Die Verfassungsprinzipien in der EU

Das Unionprimärrecht ist als Unionsverfassungsrecht charakterisiert worden.[532] Die Deutung des Primärrechts als Verfassungsrecht sollte auf eine neue Qualität der Integration abzielen und die Überwindung von Verständnissen wie „Integrationsrecht" oder „Binnenmarktrecht" vorantreiben.[533] Von Bogdandy unterbreitet eine rechtsdogmatische Darstellung der Grundprinzipien (der EU) unter der Annahme, „dass die Union eine neue Form politischer und rechtlicher Herrschaft bildet".[534] Die Prinzipien sollten in der europäischen konstitutionellen Tradition verankert sein, allerdings sollten sie an die Spezifitäten der Union angepasst werden und eine *sui generis* Gestaltung festgestellt werden.[535]

Grundprinzipien sind herausgehobene Normen, die das Ganze einer Materie betreffen.[536] Die Grundprinzipien als Spezies (Normen) dieser Gattung betreffen das Ganze des Unionprimärrechts, des Unionsrechts insgesamt.[537] In diesem Sinne werden diese Normen im staatlichen Verfassungsrecht als Grundprinzipien, aber auch als Strukturprinzipien oder Baugesetze bezeichnet. Daraus leitet von Bogdandy ab, dass es zulässig und erkenntnisträchtig ist, die europäischen Grundprinzipien als Verfassungsprinzipien zu verstehen und in diesem Horizont zu bearbeiten.[538] Darüber hinaus bietet „das Verhältnis zwischen Union[539] und Mitgliedstaaten, also die föderale Spannungslage, einen, wenn nicht gar den

531 Oppermann, T. (2009). S. 67.
532 Von Bogdandy, A. (2009). S. 15.
533 Von Bogdandy, A. (2009). S. 16.
534 Von Bogdandy, A. (2009). S. 15.
535 Von Bogdandy, A. (2009). Una idea controvertida se convierte en Derecho: consideraciones acerca de la democracia europea como principio jurídico, in: Bogdandy, Landa, Morales (Eds.) ¿Integración suramericana a través del derecho? un análisis interdisciplinario y multifocal. Max Planck Institut für Ausländisches öffentliches Recht und Völkerrecht. Madrid. S. 633.
536 Von Bogdandy, A. (2009). S. 27.
537 Von Bogdandy, A. (2009). S. 27.
538 Von Bogdandy, A. (2009). S. 27.
539 Von Bogdandy, A. (2009). Una idea controvertida se convierte en Derecho: consideraciones acerca de la democracia europea como principio jurídico. S. 633.

Schlüssel zum Verständnis der Spezifik der unionalen im Vergleich zu staatlichen Verfassungsprinzipien".[540]

Prinzipien (Grundsätze) bilden „den Mittelpunkt einer autonomiebedachten Rechtswissenschaft, die hinter der Mannigfaltigkeit der Bestimmungen und Urteile Dauerhaftes, Erkenntnisstiftendes, Maßstäbliches und damit ein disziplinäres Proprium sucht".[541] Rechtwissenschaftliche Prinzipienlehren sind in aller Regel Teil „rechtsinterner Diskurse", also Operationen des Rechtssystems. „Es geht nicht um empirische Ursachen, sondern um argumentative Gründe; Ursachen und Gründe bezeichnen unterschiedliche Erkenntnisinteressen und Argumentationsstrukturen".[542]

Der wesentliche Unterschied zwischen einer Norm und einem Prinzip besteht darin, das ein Prinzip eine höhere Ebene von rechtlicher Verallgemeinerung besitzt.[543] Das Wort „Prinzip" bezeichnet nicht nur einen Begriff des positiven Rechts der EU, sondern auch eine rechtwissenschaftliche Analysekategorie. Bei der Definition eines wissenschaftlichen Begriffs geht es nicht um Wahrheit, sondern um Zweckmäßigkeit im Lichte des Erkenntnisziels. Dies führt zu den Grundprinzipien.[544] Darüber hinaus sind allgemeine Grundsätze Normen, die elementare Vorstellungen von Recht und Gerechtigkeit zum Ausdruck bringen und denen daher -mit kulturspezifischen Schwankungen, Nuancierungen und Differenzierungen- jede mitgliedstaatliche Rechtsordnung verpflichtet ist.[545] Allgemeine Rechtsgrundsätze resultieren aus kulturellen Leistungen derer, die auf der nationalen, europäischen und internationalen Ebene an der Rechtsgenese beteiligt sind.[546]

Gleichwohl ist die Diskussion von Grund- und Verfassungsprinzipien ein neueres Phänomen in Europa, was sich aus der Geschichte der Integration erklärt. „Der Weg der Integration war seit der gescheiterten politischen Gemeinschaft

540 Von Bogdandy, A. (2009). S. 14.

541 Von Bogdandy, A. (2009). S. 13.

542 Von Bogdandy, A. (2009). S. 17.

543 Terz, P. (1999). S. 105.

544 „Die Termini Prinzip und Grundsatz werden in Übereinstimmung mit der Praxis und Schrifttum als Synonym". Von Bogdandy, A. (2009). S. 27.

545 Kotzur, M. (2010a). Die allgemeinen Rechtsgrundsätze des Gemeinschaftsrechts – von den mitgliedstaatlichen Verfassungskulturen zu einer gemeineuropäischen Verfassungskultur. Th.Tsatsos (Hrgs). Die Unionsgrundordnung – Handbuch zur Europäischen Verfassung. BWV. Berlin. S. 247.

546 Kotzur, M. (2010a). S. 248.

Europas eben nicht der konstitutionelle, sondern der funktionelle".[547] Dank des Binnenmarktprogramms und des Vertrages von Maastricht hat sich die Debatte über europäische Grund- und Verfassungsprinzipien rasch entfaltet. Sie mündete mit dem Amsterdamer Vertrag (1997) in Art. 6 EU, der die wichtigste positive Grundlage europäischer Grundprinzipien bietet.[548] Mit Art. 6 Abs. 1 EU hat der Vertragsgeber die Union auf die „Grundsätze(n) der Freiheit, der Demokratie, der Achtung der Menschenrechte und Grundfreiheiten sowie der Rechtsstaatlichkeit" und so auf das „Kernprogramm des liberaldemokratischen Konstitutionalismus gegründet".[549] Grundprinzipien sind die in Art. 6 Abs. 1 EU niedergelegten Grundsätze sowie die ebenfalls in Titel I EU angelegten Prinzipien der Kompetenzwahrnehmung, der loyalen Zusammenarbeit und der strukturellen Kompatibilität.[550] Außerdem erklärt von Bogdandy, dass die in Art. 2 EUV. niedergelegten Normen, obwohl als Werte bezeichnet, als Rechtsnormen und Prinzipien, als Grundprinzipien, zu verstehen sind.[551]

Die Verwendung des Begriffes „Wert" in Art. 2 EUV an Stelle von „Prinzip", die unklare normative Funktion des 2. Satzes dieses Artikels sowie die Differenz zwischen den diversen Formulierungen der postulierten Werte zeigen verbleibende Unsicherheiten bei der Identifikation europäischer Grundprinzipien.[552] Art. 6 verlangt, eine allgemeine Prinzipienlehre für das gesamte Unionsrecht zu entwickeln. Das „Beruhen" der Union auf den Prinzipien des Art. 6 Abs. 1 EU, und mehr ihr „Gründen" im Falle des Art. 2 EUV, enthält ein beträchtliches normatives Programm. Eine übergreifende Prinzipienlehre ist danach möglich.[553]

Grundprinzipien sind gemeinsame Grundsätze aller Mitgliedstaaten, auf denen die Union „beruht".[554] In ihnen finden die schon vorhandenen gemeinsamen (kulturellen) Elemente der verschiedenen mitgliedstaatlichen Rechtsordnungen und damit die rechtskulturellen Identitäten der Mitgliedstaaten unionalen Widerklang.[555] Entsprechend betont Kotzur, dass aus den mitgliedstaatlichen die gemeinschaftsrechtlichen Prinzipien entstehen.[556] Kotzur erklärt dazu, dass „die

547 Von Bogdandy, A. (2009). S. 24.
548 Von Bogdandy, A. (2009). S. 24.
549 Von Bogdandy, A. (2009). S. 27.
550 Von Bogdandy, A. (2009). S. 28.
551 Von Bogdandy, A. (2009). S. 28.
552 Von Bogdandy, A. (2009). S. 29.
553 Von Bogdandy, A. (2009). S. 35.
554 Kotzur, M. (2010a). S. 245.
555 Kotzur, M. (2010a). S. 246.
556 Kotzur, M. (2010a). S. 246.

Strukturprinzipien wie Freiheit, Demokratie, Rechts- und Sozialstaatlichkeit einerseits in der mitgliedstaatlichen Verfassungskultur gründen. Andererseits helfen sie, die gemeineuropäische Verfassungskultur auszuprägen, anders formuliert: sie konturieren das ius commune Europaeum von seinem Ursprung und Ziel her".[557] Insofern ist der alte *ius commune europeum* vom XII. Jahrhundert bis Ende des XVIII. Jahrhunderts der Ausgangspunkt des Gemeinen Rechts. Der Begriff des Gemeinen Rechts bezieht sich auf eine gleich orientierte juristische Tendenz, die eine grenzüberschreitende Wirkung hat und es beruht letztlich auf gemeinsamen Wurzeln der Rechtskultur und der allgemeinen Kultur.[558]

Die europäischen Grundprinzipien ergeben sich aus der europäischen Kultur. Kotzur führt aus, dass „der Zusammenhang von Recht und Kultur außer Frage steht". „Recht reagiert auf Kultur und agiert kulturprägend. Aus dieser Dialektik resultiert seine für Europa unverzichtbare Integrationskraft. In den allgemeinen Rechtsgrundsätzen, die auf alle mitgliedstaatlichen Rechtsordnungen in ihrer kulturellen Vielfalt reagieren und für ein Europa als Einheit in Vielfalt agieren, findet die Integrationskraft des Rechts gleichermaßen ihr kulturelles Konzentrat".[559]

5.2 Südamerikanischer Verfassungskontext und Südamerikanische-Artikel in nationalen Verfassungstexten

Anders als in der EU führt das SIR in Südamerika nicht zu einer Konstitutionalisierung, weil die südamerikanischen Integrationsprozesse immer noch ganz am Anfang sind. Dies kommt zum Beispiel dadurch zum Ausdruck, dass sowohl der Mercosur als auch die AGN lediglich eine erste Phase der Integration erlebt haben, und zwar die Gestaltung einer Freihandelszone. Trotzdem kann man über einen *Verfassungskontext* der südamerikanischen Integration sprechen. Dieser besteht aus den nationalen Verfassungsnormen der Mitglieder sowohl des Mercosur als auch der AGN, welche die Mitwirkung der südamerikanischen Staaten in den Integrationsprozessen erlauben. Es geht insbesondere um die Normen, die die Teilnahme der Staaten an der Integration regeln oder sogar die Übertragung von Hoheitsrechten vorsehen. Die Gesamtheit dieser konstitutionellen Normen könnte man -in Anlehnung an

557 Kotzur, M. (2010a). S. 252.

558 Das Gemein Recht ist eine festgestellte Kategorie der Rechtswissenschaft, das wieder von der Moderwissenschaft des Privatrechts im Bereich des Zivilrechts aufgelebt worden ist. Näher: Häberle, P. (2003a). S. 19.

559 Kotzur, M. (2010a). S. 252.

die Terminologie P. Häberles- als *nationales Südamerikaverfassungsrecht bzw. Lateinamerikaverfassungsrecht* bezeichnen. Es handelt sich um die in den Verfassungen von den Mitgliedern des Mercosur und der AGN vorgesehenen Integrationsartikel oder Südamerika- bzw. Lateinamerika-Artikel.

Die konstitutionelle Analyse weist darauf hin, dass die Entwicklung eines Integrationsartikels in den südamerikanischen Verfassungen immer noch beschränkt ist. Hier kann man an die Meinung Häberles anknüpfen, nämlich dass obwohl in Lateinamerika bereits Verfassungsklauseln über Lateinamerika, Amerika und Zentralamerika im Text und Kontext der Präambeln (der Verfassungen) und in Gestalt von Staatsaufgaben vorliegen, die Begriffe „Lateinamerika" oder „Zentralamerika" weitgehend nicht definiert sind. Infolgedessen könnte es vor allem um einen von kulturgeprägten, offenen Begriff mit geographischen Elementen gehen.[560] In Lateinamerika sind die ersten Schritte zur Entwicklung eines regionalen Verfassungsrechts durch die konstitutionellen Integrationsartikel vorgegeben, jedoch entwickelt sich dieses nicht so dynamische fort wie erhofft, weil die Staaten immer noch auf sich zentriert sind.[561] Letztendich hängt die Entwicklung des lateinamerikanischen bzw. südamerikanischen Verfassungsrechts von der wirtschaftlichen Integration ab. In diesem Sinne kann man der Auffassung Häberles zustimmen, dass nämlich die Wirtschaft und ihre allmähliche Integration (Europa gibt hier das Vorbild) die Bedingung für die Gründung des (latein-) amerikanischen Verfassungsrechts ist. Entsprechend ist die Wirtschaft ein Mittel (freilich kein Selbstzweck), damit die Region ein Ganzes werden kann.[562]

Die Integrationsartikel in den südamerikanischen Verfassungen befinden sich immer noch in einer frühen Entwicklungsphase.[563] Trotzdem kann man nicht nur konstitutionelle Artikel über die regionale Integration, sondern auch ihre Erwähnungen in verschiedenen Präambeln der südamerikanischen Verfassungen finden. Insoweit entsteht der südamerikanische konstitutionelle Raum in mehreren Präambeln der nationalen Verfassungen und in verschiedenen Integrationsartikeln. Mit den Texten der Präambeln bekommt die regionale Integration eine starke Anerkennung.[564] Darüber hinaus stellen die angelegten Südamerika- bzw. Lateinamerika-Artikel in einigen Fällen eine Staatsaufgabe oder einen Verfassungsauftrag dar. Außerdem sehen einige Verfassungen die Existenz von

560 Häberle, P. (2003b). S. 29.
561 Häberle, P. (2003b). S. 22.
562 Häberle, P. (2003b). S. 45.
563 Häberle, P. (2003b). S. 29.
564 Häberle, P. (2003b). S. 69–70.

supranationalen Organisationen und deren Recht vor, was die Inkorporation des Gemeinschaftsrechts erleichtern sollte.[565] Infolge dessen werden in dieser Arbeit die in den Verfassungen der Mitglieder der AGN und des Mercosur vorgesehenen konstitutionellen Artikel über die regionale Integration verglichen.

5.2.1 Die nationalen konstitutionellen Integrationsartikel in der AGN

Die kolumbianische Verfassung 1991[566] ist bezüglich der lateinamerikanischen Integration als innovativ und kühn („innovadora y audaz") anerkannt worden,[567] weil sie weit vorn bezüglich des nationalen Verfassungsrechts über Lateinamerika steht, da die lateinamerikanische Integration ein Staatszweck und ein Verfassungsauftrag geworden ist.[568] Bereits in der Präambel findet man die Erwähnung und Förderung der lateinamerikanischen Integration. Die Präambel drückt aus, dass das kolumbianische Volk sich engagiert, die lateinamerikanische Integration anzutreiben. Darüber hinaus steht die Verfassung laut Art. 9 ausdrücklich dafür, dass die Außenpolitik Kolumbiens sich zur lateinamerikanischen und karibischen Integration orientiert. Ebenso sieht der Art. 227 die Gründung supranationaler Organe sowie die Bildung einer lateinamerikanischen Gemeinschaft vor. In diesem Sinne fördert die kolumbianische Verfassung internationale Beziehungen auf der Basis von Billigkeit, Gleichheit, Gegenseitigkeit und unter Beachtung der nationalen Souveränität und Selbstbestimmung der Völker, und erkennt aber gleichzeitig ausdrücklich die Existenz von internationalen Organisationen und Einrichtungen an.[569]

Die Verfassung von Kolumbien sieht die Gründung von supranationalen Organisationen vor, auf die die Staaten bestimmte Kompetenzen übertragen können, damit die Wirtschaftsintegration die Schaffung einer lateinamerikanischen Gemeinschaft verstärken und fördern kann. Das bedeutet, dass die kolumbianische Verfassung zwischen den bloßen internationalen Organisationen für die Zusammenarbeit und den Interessenausgleich der Mitgliedstaaten ohne Beeinträchtigung der Souveränität auf der einen Seite und den Organisationen der Integration bei der auf der Grundlage des Gründungsvertrages die Übertragung von bestimmten Befugnissen, die ursprünglich dem Staat gehörten, auf der

565 Häberle, P. (2003b). S. 69–70.

566 Constitución Política de Colombia de 1991. Publicada en la Gaceta Constitucional N° 116 del 20 de julio de 1991.

567 Häberle, P. (2003b). S. 25.

568 Häberle, P. (2003b). S. 25.

569 Näher: Sentencia C-400-1998. Corte Constitucional Colombiana.

anderen Seite, unterscheidet.[570] Immerhin vertritt das kolumbianische Verfassungsgericht die Ansicht, dass die konstitutionelle Bevorzugung der regionalen Integration die Möglichkeit des Abschlusses von Handelsverträgen mit anderen Staaten der Welt nicht ausschließt. Daher sollte das Mandat der Verfassung nicht als eine Art Zwangsjacke verstanden werden. Handelsverträge mit Ländern außerhalb der Region sind per se nicht verfassungswidrig.[571]

Tremolada wies darauf hin, dass die vollkommene Wirksamkeit des Gemeinschaftsrechts trotz der internationalen Öffnung der kolumbianischen Verfassungsordnung nicht gewährleistet ist. Dies ist auf das Fehlen konstitutioneller Normen, die den Vorrang und die unmittelbare Anwendbarkeit anerkennen, zurückzuführen. Entsprechend erschwert dies das passgenaue Erreichen der Ziele der AGN.[572] Der Auffassung Tremoladas kann nicht im Ganzen zugestimmt werden. Zwar reguliert die Verfassung Kolumbiens nicht ausdrücklich die Prinzipien des Vorrangs und der unmittelbaren Anwendbarkeit des Andenrechts, aber sie wurden vom kolumbianischen Verfassungsgericht anerkannt.[573] Man kann konstatieren, dass diese Prinzipien anerkannt worden sind, als das Verfassungsgericht die Übertragung von Hoheitsrechten und die Gründung von supranationalen Organisationen als verfassungskonform erklärt hat.

Die Verfassung. von Ecuador (2008)[574] drückt bereits in der Präambel aus, dass die Ecuadorianer sich dafür entschieden haben, ein mit der lateinamerikanischen Integration (nach dem Traum von Bolivar und Alfaro) engagiertes demokratisches Land aufzubauen. Die Verfassung normiert ein ganzes Bündel von auf die Welt und auf Lateinamerika bezogenen Kooperations- und Integrationsaufgaben.[575] Daraus folgt, dass die Verfassung verschiedene Artikel über die Integration enthält. Art. 416 regelt, dass die ecuadorianischen Beziehungen mit der internationalen Gemeinschaft den Interessen des ecuadorianischen Volkes entsprechen. Daher besagt Art. 416 Abs. 11, dass Ecuador vorrangig die politische, kulturelle und ökonomische Integration der Andenregion, von Südamerika und Lateinamerika fördert.[576] Darüber hinaus sieht Art. 419. Abs. 7 die Übertragung

570 Näher: Sentencia C-400-1998. Corte Constitucional Colombiana.

571 Dazu: Sentencia C-464-2006 und Sentencia. C-750, 2008. Corte Constitucional Colombiana.

572 Tremolada, E. (2006). El Derecho Andino en Colombia. Universidad Externado de Colombia. Colección Pre Textos, N 31.

573 Sentencia C-155-1998.Corte Constitucional Colombiana

574 Constitución de la República del Ecuador. Registro oficial N° 449 20. Oct. 2008.

575 Häberle, P. (2013). S. 104.

576 Nachweis: Art. 416. Abs. 11. Constitucion de la República Ecuador.

von Befugnissen der nationalen Rechtsordnung auf die internationalen bzw. supranationalen Organisationen vor. Die Verfassung von Ecuador enthält auch ein bestimmtes Kapitel über die lateinamerikanische Integration. Art. 423 der ecuadorianischen Verfassung regelt, dass insbesondere die Integration mit den lateinamerikanischen und karibischen Ländern ein strategisches Ziel des Staates ist. Deshalb kann Ecuador als ein Land betrachtet werden, dass sich sehr für die Integration engagiert. Art. 423 äußert unter anderem die folgenden Aspekte: die wirtschaftliche Integration soll angetrieben werden; eine gemeinsame Verteidigungspolitik soll angestrebt werden; die kulturelle Diversität soll geschützt und gefördert werden; die Festigung der von den lateinamerikanischen und karibischen Ländern gebildeten supranationalen Organisationen sowie die Erlassung von Verträgen und anderen internationalen Instrumenten zur regionalen Integration sollen gefördert werden.[577]

Die Verfassung von Bolivien von 2009[578] hat die regionale Integration konstitutionalisiert, weil die ehemalige Verfassung von 1967 (modifiziert für das Gesetzt N° 1 von 1994) keine Integrationsansätze erwähnt hatte und ausdrücklich die Übertragung von Hoheitsrechten verbot (Art. 2 und 30).[579] Art. 10 der neuen Verfassung deutet darauf hin, dass Bolivien ein friedliebender Staat ist, der den Frieden und die Kooperation mit den Ländern der Region und der Welt fördert. Darüber hinaus regelt Art. 265, dass der Staat die lateinamerikanische Integration fördert. Der Art. 266 besagt, dass die bolivianischen Vertreter in den aus den Integrationsprozessen abgeleiteten parlamentarischen supranationalen Organen durch allgemeines Wahlrecht gewählt werden. Art. 257. Abs. 2. Satz. 4 normiert, dass die Ratifikation der internationalen Verträge, die die Übertragung von Hoheitsrechten auf internationale oder supranationale Organisationen beinhalten, der Volksabstimmung durch Referendum bedarf. Schließlich reguliert Art. 410 II, dass die Verfassung den internationalen Verträgen im Rang vorgeht, jedoch wird erklärt, dass die von dem Staat ratifizierten Verträgen über Menschenrechte sowie die Normen des Gemeinschaftsrechts zum bolivianischen „bloque de constitucionalidad“ gehören.

577 Nachweis: Art. 423. Constitucion de la República Ecuador.

578 Constitución Política del Estado plurinacional de Bolivia de 2009. Versión oficial aprobada por la Asamblea Constituyente - 2007 y compatibilizada en el Honorable Congreso Nacional - 2008.

579 Tremolada, E. (2005). S. 154.

Letztendlich enthält die Verfassung von Peru (1993)[580] keine Erwähnung der Integration.[581] Das ist ein konstitutioneller Rückschritt, weil die Präambel der peruanischen Verfassung von 1979 die Überzeugung ausdrückte, die Integration der lateinamerikanischen Völker voranzutreiben. Art. 44 der Verfassung von 1993 erhob die Förderung der Integration, namentlich der lateinamerikanischen Integration, sowie die Entwicklung und Verbindung der Grenzgebiete zu einer Pflicht des Staates. Trotzdem stellt die Verfassung von 1993 einen Rückschritt für die Entwicklung eines Südamerikaverfassungsrechts dar, weil unter der Verfassung von 1979 die Vereinbarungen über die lateinamerikanische Integration privilegiert worden sind.[582] Die Verfassung. von Peru von 1993 enthält keinen Artikel, der die Anwendung des Gemeinschaftsrechts reguliert. Nur Art. 55 deutet an, dass die vom Staat unterzeichneten und in Kraft getretenen internationalen Verträge Bestandteil des nationalen Rechts sind. Art. 55 reicht für die Anerkennung der Supranationalität des Integrationsrechts nicht aus, weil das nationale Recht in Streitfällen dem Integrationsrecht nach Art. 51 im Rang vorgeht.[583]

Man kann hier festhalten, dass die Integrationsartikel in der Verfassung von Kolumbien, Ecuador und Bolivien eine gewisse dynamische und positive Entwicklung haben. Aus diesen Verfassungen könnten Ansätzen eines südamerikanischen Verfassungsrechts entstehen. Im Gegensatz dazu bietet die Verfassung von Peru keine Möglichkeit für die Entwicklung des regionalen Rechts. Wenn Peru eines Tages die vertiefte regionale Integration fördern will, sollte in der Verfassung die Ermächtigung für die Teilnahme an der Integration und für die Abtretung von Hoheitsrechten ausdrücklich reguliert werden. Außerdem sollte hervorgehoben werden, dass die Mitglieder der AGN unabhängig von ihren Verfassungen grundsätzlich die supranationalen Merkmale des Gemeinschaftsrechts, nämlich seine unmittelbare Wirkung und Anwendbarkeit, sowie den Vorrang anerkannt und angenommen haben.[584]

580 Constitución Política del Perú de 1993. Promulgada el 29 de Diciembre de 1993.

581 Häberle, P. (2003b). S. 28.

582 Art. 101, Art. 105 und Art. 106 der Verfassung von Peru 1979. Dazu: Tremolada, E. (2005). S. 157.

583 Art. 51 Verfassung von Peru 1993. „Die Verfassung geht über alle Gesetze hervor. Dazu: Tremolada, E. (2005).

584 Tremolada, E, (2005). S. 162.

5.2.2 Die nationalen konstitutionellen Integrationsartikel im Mercosur

Die konstitutionellen Normen von Argentinien und Paraguay sind unter gewissen gegenseitigen Bedingungen (Reziprozität) zwischen den Staaten flexibel für die Gründung einer supranationalen Rechtsordnung mit Souveränitätsverlust.[585] Art. 75 Abs. 24 der Verfassung von Argentinien (1994)[586] sagt aus, dass dem argentinischen Kongress die Kompetenz zur Zustimmung über die Verträge der Integration zukommt. In diesen Verträgen ist die Abtretung von Befugnissen und von Gerichtsbarkeit auf eine suprastaatliche Organisation unter den Bedingungen von Reziprozität und Gleichheit sowie dem Respekt gegenüber der demokratischen Ordnung und den Menschenrechten vorgesehen. Art. 75 Abs. 24 sieht die Möglichkeit zur Gründung von supranationalen Organen und die Konstruktion einer noch engagierteren ökonomischen Integration vor, er lässt Entwicklungspotentiale offen. Daraus leitet sich ab, dass das vom supranationalen Organ abgeleitete Recht eine höhere Hierarchie als die Gesetze hat (Art. 75 Abs. 24).[587] Demzufolge bietet die Verfassung Argentiniens die Möglichkeit für die Entstehung einer gemeinsamen südamerikanischen bzw. lateinamerikanischen Integration ähnlich wie in der EU.[588]

Genauso wie die Verfassung Argentiniens erkennt auch die Verfassung Paraguays (1992) die Existenz einer supranationalen Rechtsordnung an.[589] Trotzdem wird in der Verfassung Paraguays anders als in der Verfassung Argentiniens das aus den Integrationsprozessen abgeleitete Recht nicht explizit erwähnt. Art. 145 deutet an, dass die Republik Paraguay, unter Wahrung des Reziprozitätsprinzip, die Existenz eine supranationale Rechtsordnung annimmt, die die Geltung der Menschenrechte, den Frieden, die Gerechtigkeit, die politische, ökonomische, soziale und kulturelle Kooperation und Entwicklung gewährleistet.[590] Entsprechend räumt die Verfassung die Existenz einer supranationalen Rechtsordnung

585 Klein, L. (2012). S. 5.

586 Constitución de la Nación Argentina de 22 de agosto de 1994.

587 Donadio, L. und Esposito, C. (2010). Cooperación interjurisdiccional en el Mercosur: la primera Solicitud Consultiva de la Corte Suprema de Justicia de la nación argentina al Tribunal Permanente de Revisión del Mercosur: El caso Sancor, in: Revista Electronica de Estudios Internacionales, www.reei.org S. 8.

588 Klein, L. (2012). S. 5.

589 Klein, L. (2012). S. 5. Dazu noch: Rocha, M. (2011). A incorporação das normativas mercosulinas e as constituições dos estados-partes:o desafio das superações danormatividade estatal, in: Univ. Rel. Int., Brasília, v. 9, n. 1. S. 25.

590 Constitución de la República de Paraguay de 20 de junio de 1992.

und die Etablierung eines Gemeinschaftsrechts ein.[591] Bezüglich der Hierarchie wird angedeutet, dass Art. 137 und 141 der Verfassung Paraguays den völkerrechtlichen Verträgen eine höhere Rangstufe als einem Gesetz verleihen, obwohl es keinen Hinweis über das von den Organen des Integrationsprozesses abgeleitete Recht gibt.[592]

Die venezuelanische Verfassung von 1999[593] fördert schon in ihrer Präambel die friedliche Zusammenarbeit zwischen den Nationen sowie den Antrieb und die Festigung der lateinamerikanischen Integration unter Wahrung des Prinzips der Nichteinmischung und der Selbstbestimmung der Völker. Darüber hinaus fördert und begünstigt die Verfassung in Art. 153 die lateinamerikanische und karibische Integration; sie strebt die Schaffung einer regionalen Gemeinschaft von Nationen an und setzt sich dabei für die wirtschaftlichen, sozialen, kulturellen, politischen und für die Umweltinteressen der Region ein. Die Republik kann durch ein Abkommen die Ausübung notwendiger Kompetenzen auf supranationale Organisationen übertragen, damit der Integrationsprozess vollzogen werden kann (Art.153). Darüber hinaus werden die im Rahmen der Integrationsabkommen verabschiedeten Normen als vollständiger Bestandteil der geltenden Rechtsordnung betrachtet. Sie sind unmittelbar anzuwenden und gehen der nationalen Gesetzgebung vor.[594] Die Verfassung von Venezuela (1999) hat die Übertragung von Hoheitsrechten vorgesehen und erkennt die Befugnis von supranationalen Organen an, Rechtsakte mit unmittelbarer Wirkung und Anwendbarkeit zu erlassen.[595] Art. 153 der venezuelanischen Verfassung hat die Grundlage eines Gemeinschafsrechts eingeführt, nämlich die unmittelbare Anwendbarkeit, den Vorrang und die Übertragung von Kompetenzen.[596]

Im Gegensatz zu den Verfassungen von Argentinien, Paraguay und Venezuela sehen die Verfassung von Uruguay und die Verfassung Brasiliens keine Aussagen über die Hierarchie der Verträge und über die Möglichkeit der Schaffung

---

591 Rocha, M. (2011). S. 26.

592 Klein, L. (2012). S. 5. Rocha, M. (2011). S. 25.

593 Constitución de la República Bolivariana de Venezuela de 1999, con la enmienda N° 1 aprobada por el pueblo soberano, mediante referendo constitucional a los 15 días del mes de febrero de 2009. Gaceta oficial año CXXXVI Mes V. N° 5.908 Extraordinario. Caracas 19 de Febrero de 2009.

594 Art. 153 de Constitución de la República Bolivariana de Venezuela de 1999.

595 Tremolada, E. (2005). S. 158.

596 Pérez, L. (2000). Los principios básicos del derecho comunitario en las constituciones venezolanas de 1961 y 1999, in: Aldea Mundo, Año 5, Vol. 9. Universidad de los Andes Venezuela. S. 37.

von regionalen supranationalen Organen vor.[597] Art. 6 Abs. 2 der Verfassung der Republik Uruguay besagt lediglich, dass die Republik die soziale und wirtschaftliche Integration der lateinamerikanischen Staaten, vor allem bezüglich der gemeinsamen Verteidigung der Produkte und Rohstoffe, fördert.[598] Die Verfassung ermächtigt den Staat nicht dazu, Souveränität abzutreten, und erschwert die Teilnahme Uruguays an den Integrationsprozessen, insbesondere am Mercosur.[599] Schließlich lässt die Verfassung keinen Platz für die Gründung von supranationalen Organen und von einer supranationalen Rechtsordnung.[600]

Art. 4. § 1 der brasilianischen Verfassung (1988) bezeichnet die wirtschaftliche, politische, soziale und kulturelle Integration der Völker Lateinamerikas als Aufgabe der Bundesregierung und stellt den Aufbau einer lateinamerikanischen Gemeinschaft als Ziel dar.[601] Es handelt sich um eine programmatische Bestimmung, die die Art und Weise der Teilnahme Brasiliens an der Integration mit den lateinamerikanischen Ländern offen lässt.[602] Genauer betrachtet enthält die Verfassung die Grundprinzipien der lateinamerikanischen Integration, aber sie enthält weder einen Hinweis auf die Intensivierung der möglichen Integration noch sieht sie die Übertragung von Kompetenzen oder von Gerichtsbefugnissen vor.[603] Letztendlich sind laut Verfassung die Mitwirkung Brasiliens in einer supranationalen Integration sowie die Gründung einer supranationalen Rechtsordnung nicht vorgesehen.[604] Daraus folgt, dass die Vertreter Brasiliens den intergouvernementalen Charakter des Mercosur fördern, weil eine Abtretung von Hoheitsrechten in der Verfassung Brasiliens nicht vorgesehen ist.[605]

Unter diesen konstitutionellen Rahmen wird betont, dass es insgesamt keine Perspektive für das Entstehen einer supranationalen Rechtsordnung im Rahmen des Mercosur gibt.[606] Trotzdem kann man dieser Meinung nicht zustimmen, weil die Entwicklung der Integrationsartikel in den Verfassungen von Venezuela, Argentinien und Paraguay darauf hinweist, dass die Entstehung einer tiefen

---

597 Klein, L. (2012). S. 5. Rocha, M. (2011). S. 20.

598 Constitución de la República Oriental del Uruguay de 1967.

599 Rocha, M. (2011). S. 24.

600 Klein, L. (2012). S. 5.

601 Häberle, P. (2003a). S. 24.

602 Rocha, M. (2011). S. 12.

603 Ramos da Silva, E. (2002). S. 177. Fuders, F. (2008). S. 137.

604 Klein, L. (2012). S. 5.

605 Feldstein de Cárdenas, S. (2006). El Mercosur: Una Mirada al futuro Centro Argentino de Estudios Internacionales Programa Integración Regional www.caei.com.ar.

606 Ramos da Silva, E. (2002). S. 177.

supranationalen Integration möglich ist. Trotzdem kann man sagen, dass die nationalen Verfassungen der Mercosur-Mitglieder (mit Ausnahme von Venezuela) die grundlegenden Prinzipien eines Gemeinschaftsrechts, wie etwa der Vorrang des Mercosurrechts gegenüber den nationalen Rechten oder dessen unmittelbare Anwendbarkeit auf nationaler Ebene, nach derzeitigem Stand des Verfassungsrechts nicht gewährleisten.[607]

An dieser Stelle sollte man erwähnen, dass es Divergenzen zwischen den konstitutionellen Artikeln für den Aufbau der südamerikanischen Integration und der Gestaltung der Integration des Mercosur gibt. Der Mercosur ist eine intergouvernementale Organisation, in der die Mitgliedstaaten einen Teil ihrer Souveränität nicht abtreten müssen, das heißt, dass für die Mitwirkung im Mercosur die Abtretung von Souveränität nicht notwendig ist. Obwohl in allen nationalen Verfassungen der Mitgliedstaaten des Mercosur Klauseln für eine tiefergehende Integration bestehen würden, würden sie von Mercosur für die Konstruktion des Integrationsprozesses nicht benutzt, weil der Mercosur eine reine intergouvernementale Organisation ist, für die eine weitergehende konstitutionelle Integrationsklausel schlicht nicht nötig ist. In diesem Sinne wird darauf hingewiesen, dass die Tatbestände vom Art. 75 Abs. 24 der argentinischen Verfassung und Art. 145 der Verfassung Paraguays den Verträgen des Mercosur nicht entsprechen, weil der Mercosur eine intergouvernementale Organisation ist, in der die Übertragung von Hoheitsrechten abgelehnt wird.[608]

Wenn eine supranationale Integration im Rahmen des Mercosur begründet werden soll, sollten die nationalen konstitutionellen Integrationsartikel an die Supranationalität anpasst werden. In der Doktrin des Mercosur herrscht die Auffassung, dass es notwendig ist, die Verfassung von Brasilien und Uruguay zu ändern, damit eine supranationale Integration ermöglicht werden, und sich die bisherige Integration somit weiter entwickeln kann.[609] In diesem Sinne wurde in dem zweiten Treffen der Präsidenten der Gerichtshöfe der Mitglieder und Assoziiertenmitglieder des Mercosur[610] erklärt, dass es angebracht wäre, die Verfassungen von Brasilien und Uruguay entsprechend zu ordnen, damit die Hierarchie der Verträge abgesichert werden und damit die Übertragung von

607 Ramos da Silva, E. (2002). S. 177.

608 Klein, L. (2012). S. 5.

609 Klein, L. (2012). S. 5. Rocha, M. (2011). S. 21.

610 Bei dem Treffen wurde durch die Carta de Brasilia das ständige Forum der Gerichtshöfe des Mercosur für die rechtlichen und wichtigen Fragen der lateinamerikanischen und Mercosur Integration institutionalisiert. Carta de Brasilia. 30 de Noviembre de 2004.

Hoheitsrechten auf supranationale Organe vorgesehen werden kann. Trotzdem wurde damals auch gesagt, dass solche Veränderungen weder hinreichende noch zwingend gebotene Voraussetzungen für die supranationale Weiterentwicklung des Mercosur sind, weil die Verfassung von Brasilien und die Verfassung von Uruguay Platz für eine konstruktive Auslegung der Integration lassen.[611]

Darüber hinaus reichen die konstitutionellen Normen von Argentinien und Paraguay für die Gründung und Gewährleistung einer supranationalen Integration nicht aus. Deswegen müssen auch diese Verfassungen reformiert werden.[612] Somit deutet Klein Vieira an, dass die Staaten die klassische Bedeutung der Souveränität hinter sich lassen sollten, damit die Integrationsverträge Verfassungsrang erhalten können. Solche Verfassungsänderungen sind sehr wichtig für die Neuordnung der Organstruktur des Mercosur.[613] Schließlich verlangt die Durchsetzung der Verpflichtungen des Mercosur, dass die nationalen Verfassungen den regionalen Integrationsverträgen Verfassungsrang verleihen. Diese Rangstufe fördert die Erreichung der Zielsetzungen und die Rechtssicherheit des Integrationsprozesses.[614]

5.3 Die Grundprinzipien des südamerikanischen Integrationsrechts

Die Grundprinzipien des SIR sind im Verhältnis zwischen den Organisationen der Integration, nämlich dem Mercosur und der AGN, und den Mitgliedstaaten zu suchen. Sie finden sich im Primärrecht und sind durch die südamerikanische Gerichtsbarkeit, die Doktrin und die Rechtsvergleichung mit dem europäischen Unionsrecht entwickelt worden. Im Rahmen des SIR kann nicht von Verfassungsprinzipien (wie in Europa) gesprochen werden, sondern lediglich von Grundprinzipien, weil die Entwicklung der südamerikanischen Integrationsprozesse nicht so weit wie in Europa geht. Weder der Mercosur noch die AGN können als Konstitutionalisierungsprozesse bezeichnet werden. Daraus folgt, dass es in Südamerika keine integrationsrechtliche-transnationale Verfassungsprinzipien gibt. Von den südamerikanischen Teilregimen entwickeln sich die Grundprinzipien, welche einerseits in den nationalen Rechtsordnungen wurzeln und sich andererseits dort noch stärker verwurzeln sollen.

611 Garcia, R. (2009). S. 627.
612 Klein, L. (2012). S. 6.
613 Klein, L. (2012). S. 6.
614 Klein, L. (2012). S. 4.

Im Folgenden werden die Grundprinzipien des SIR näher betrachtet, erklärt und geprüft. Für die nähere Betrachtung der Grundprinzipien des SIR wird zunächst einmal in erster Linie auf die Bedeutung der Grundprinzipien im europäischen UR eingegangen und anschließend die Bedeutung der Prinzipien in der AGN und im Mercosur analysiert. Es handelt sich um eine Rechtsvergleichung zwischen dem europäischen UR, dem MR und dem AGR untereinander. Die rechtsdogmatische Gestaltung der europäischen Grundprinzipien bzw. Verfassungsprinzipien ist sehr hilfreich, um die südamerikanischen Grundprinzipien zu begreifen, zu erklären und zu verstehen.

Die einzelnen Grundprinzipien des SIR sind: die Eigenständigkeit, die unmittelbare Anwendbarkeit und unmittelbare Wirkung, der Anwendungsvorrang, das Prinzip der loyalen Zusammenarbeit, das Prinzip der begrenzten Einzelermächtigung, und das demokratische Prinzip. Hier ist darauf zu verweisen, dass die Prinzipien der unmittelbaren Anwendbarkeit und Wirkung und des Anwendungsvorrangs, welche in der Beziehung zwischen den Mitgliedsstaaten und einer supranationalen Organisation Anwendung finden,[615] innerhalb des Mercosur nicht entwicklelt worden sind. In der Absenz dieser Prinzipien gelten im Mercosur die Prinzipien des Umsetzungsbedarfs und des Anwendungsvorrangs nach der Rechtsumsetzung in den nationalen Rechtsordnungen. Letztendlich geht es in dieser Dissertation nicht um eine endgültige Prinzipienliste -die es angesicht offener Finalität auch gar nicht geben könnte-, sondern es werden bestimmte Prinzipien identifiziert, die in den südamerikanischen Teilregimen zu finden sind. Dadurch wird die Existenz weiterer Grundprinzipien des SIR nicht ausgeschlossen.

5.4 Eigenständigkeit in der EU

Das Integrationsrecht ist eine eigenständige und unabhängige Rechtsordnung, welche eigene Merkmale, Quellen, Prinzipien und ein eigenes Rechtsprechungsorgan zur Auslegung der gemeinsamen Normen besitzt.[616] Das Integrationsrecht hat Selbststand, es ist von den nationalen Rechtordnungen unterschieden. Das Integrationsrecht besitzt seine eigene Autorität und eigene Verfahren zur Rechtssetzung.[617] Die Integrationsprozesse verlangen, dass die Staaten untereinander eine

615 Perez, L. (2000). S. 35. Rocha, M. (2011). S. 6.

616 Fernández, J. (2006). S. 32.

617 San Martino de Dromi, M. (1997). De la nueva historia del derecho – A propósito del objeto, método y fuentes del derecho del Mercosur. Ediciones Ciudad Argentina. Buenos Aires. S. 100.

Rechtsordnung aufbauen, die sich vom klassischen Völkerrecht und vom nationalen Recht unterscheidet.[618] Beispielsweise wird das Recht der Europäischen Union (EU) als eine Rechtsordnung betrachtet, in Abgrenzung zu den mitgliedstaatlichen Rechtsordnungen auf der einen Seite und zum Völkerrecht auf der anderen.[619] Die Eigenständigkeit des Gemeinschaftsrechts gegenüber dem Völkerrecht und dem nationalen Recht ist bereits 1963 und 1964 vom EuGH im Urteil Van Gend & Loos[620] und im Urteil Costa-Enel[621] postuliert worden.

Mit den Gründungsverträgen haben die Mitgliedstaaten der EU zwar zunächst ein völkerrechtliches Vertragsregime gegründet. Im Gegensatz zu gewöhnlichen internationalen Verträgen hat der EWG-Vertrag aber eine eigene Rechtsordnung geschaffen, die mit ihrem Inkrafttreten in die Rechtsordnungen der Mitgliedstaaten aufgenommen wurde und von deren Gerichten zu beachten ist. Die Mitgliedstaaten haben ihre eigene Souveränität beschränkt und dadurch einen eigenständigen Rechtskörper geschaffen, der für die Mitglieder sowie intern bindend entscheiden kann.[622] Insoweit entsteht das Unionsrecht aus der Vereinigung der europäischen Staaten und aus der Gründung von gemeinsamen Institutionen, die Kompetenzen und regulative Aufgaben unmittelbar übernehmen.[623] Darüber hinaus betonte der EuGH, dass der EWG Vertrag mehr als ein Abkommen ist, das nur wechselseitige Verpflichtungen zwischen den vertragsschließenden Staaten begründet.[624] Mit der Übertragung von Hoheitsrechten haben die Mitgliedstaaten ihre eigene Souveränität beschränkt und so einen eigenständigen Rechtskörper geschaffen, der für ihre Angehörigen und sie selbst verbindlich ist.[625] Die Rechtssubjekte dieser Rechtsordnung sind nicht nur die Mitgliedstaaten, sondern auch die Einzelnen.[626]

Das Gemeinschaftsrecht ist in der Gründungsphase Völkerrecht.[627] So wurde die Europäische Union durch völkerrechtlichen Vertrag begründet und die

---

618 Fernández, J. (2006). S. 28.

619 Von Bogdandy, A. (2009). S. 33.

620 EuGH, (van Gend & Loss). Rs. 22/62. Slg. 1963.

621 EuGH, (Costa-Enel). Rs 6/64. Slg. 1964, 1251.

622 Laufs, A. (2006). S. 502.

623 De Sousa Santos, B. (1998). La Globalización del Derecho – Los nuevos caminos de la regulación y de la emancipación. ILSA. Bogota. S. 91.

624 EuGH, (van Gend & Loss). Rs. 22/62. Slg. 1963.

625 EuGH, (van Gend & Loss). Rs. 22/62. Slg. 1963. EuGH, (Costa-Enel). Rs 6/64. Slg. 1964, 1251.

626 EuGH, (van Gend & Loss). Rs. 22/62. Slg. 1963.

627 Arnau, L. (2002). S. 37.

Träger dieser Rechtsordnung sind die Mitgliedstaaten. Trotzdem hat sich die Rechtsnatur des Gemeinschaftsrechts mit seinem Inkrafttreten zu einem relativ autonomen System gewandelt.[628] Schon in der Zeit der EWG führte das BVerfG aus, dass „das europäische Gemeinschaftsrecht weder Völkerrecht noch staatliches Recht sei; durch den Vertrag sei eine eigenständige Rechtsordnung geschaffen worden; die Gemeinschaft selbst sei eine im Prozess fortschreitender Integration stehende Gemeinschaft eigener Art“ (BVerfG 37, 277 – Solange I).[629]

Die Normen des Unionsrechts lassen sich grundsätzlich zwei Stufen zuordnen, dem primären oder dem sekundären Unionsrecht.[630] Das primäre Unionsrecht entsteht durch völkerrechtliche Verträge zwischen den Mitgliedsstaaten,[631] nämlich aus den Gründungsverträgen der Europäischen Union und den gleichgestellten Vorschriften. Zu den Vorschriften zählen die Vertragsannexe, Anlagen, Anhänge und Protokolle.[632] Ferner rechnen dazu die allgemeinen Rechtsgrundsätze und auch das allgemeine Völkerrecht. Als sekundäres Unionsrecht wird das von den Unionsorganen geschaffene Recht bezeichnet.[633] Das sekundäre Unionsrecht wird auch als Organrecht oder Folgenrecht charakterisiert.[634] Dieses Recht ergibt sich nach Maßgabe der Gründungsverträge bzw. des Primärrechts aus der Rechtsetzungskompetenz der Unionsorgane. Gemäß Art. 288 AEUV nehmen die Organe für die Ausübung der Zuständigkeiten die folgende Rechtsakte an: Verordnungen; Richtlinien; Beschlüsse; Empfehlungen und Stellungnahmen.

Schließlich sollte man betonen, dass das Prinzip isolierter Eigenständigkeit des Unionsrechts unter den Postulaten der Lehre des europäischen Verfassungsrechts nicht mehr zu vertreten ist. Die Auffassung, dass das Gemeinschaftsrecht eine vom Völkerrecht und vom nationalen Recht unabhängige Rechtsordnung ist, verliert an Bedeutung, weil im Verfassungsrecht das Unionsrecht und das nationale Recht als Teilverfassungen oder Komplementärverfassungen begriffen worden sind. „Die Teilverfassungen bilden gemeinsam mit den mitgliedstaatlichen Verfassungen einen europäischen Verfassungsraum“.[635] „Europäische und

---

628 Haltern, U. (2007b). S. 171.
629 Geiger, Khan, Kotzur. (2010). S. 10.
630 Geiger, R. (2010). S. 206. Streinz, R. (2008). S. 2.
631 Streitz, R. (2008). S. 3.
632 Ipsen, H.P. (1972). S. 6.
633 Geiger, R. (2010). S. 206.
634 Ipsen, H.P. (1972). S. 6.
635 Von Bogdandy, A. (2009). S. 30.

nationale Verfassungen stellen Teilordnungen eines einheitlichen Systems dar, das für jeden Einzelfall letztlich eine rechtliche Lösung produziert“.[636]

5.4.1 Eigenständigkeit in der AGN

Die AGN ist eine regionale Organisation mit eigener Völkerrechtspersönlichkeit (Art. 48 AC). Daraus folgt, dass die AGN eine eigene rechtliche Organisationsstruktur und eine eigene Rechtsordnung besitzt. Das Recht der AGN ist eigenständig und unabhängig von anderen Rechtsordnungen und ergibt sich aus einem Primärrecht, und zwar hat es seine eigenen Quellen und seine eigene Anwendung und Durchsetzung.[637] Die volle Geltung des Eigenständigkeitsgrundsatzes des Andenrechts wurde 1980 von der Kommission der AGN deklariert und betont.[638] Die Autonomie des Andenprozesses und des Andenrechts wurde am 12.05.1987 durch das Protokoll von Quito bestätigt.

Das AGR besteht aus Primärrecht und aus Sekundärrecht bzw. abgeleitetem Recht. Das Primärrecht hat einen höheren Rang als das Sekundärrecht, genauer gesagt, steht das Primärrecht an der Rangstufenspitze des Gemeinschaftsrechts.[639] Als Primärrecht gelten das Abkommen von Cartagena (AC) und seine zusätzlichen oder ergänzenden Protokolle, während das sekundäre Recht aus den vom Rat und der Kommission erlassenen Entscheidungen (Decisiones) (Art. 17 y 21 AC), den Beschlüssen des Anden-Generalsekretariats (AGS) sowie aus den Vereinbarungen über industrielle Ergänzung und den weiteren von den Staaten angenommenen Abkommen im Rahmen des Integrationsprozesses (Art. 1 des Vertrags über die Gründung des Gerichtshofs der Andengemeinschaft VGAGH und Art. 2 SAGH) besteht.[640]

Die Normen des Sekundärrechts dienen der Entwicklung der entworfenen verschiedenen Programme des AC. In vielen Fällen bedarf das Primärrecht einer zusätzlichen Regulierung bzw. normativen Konkretisierung, damit es innerhalb der Mitglieder durchgesetzt werden und effektive Anwendung finde kann. Diese Normen machen das Sekundärrecht aus, welches vom Andenrat und der Kommission verabschiedet wird.[641] Die Entscheidungen ergeben sich aus den

636 Pernice, I. (2001). S. 172.

637 Tremolada, E. (2007). S. 338. Arnau, L. (2002). S. 24.

638 Pronunciamiento de la Comisión del Acuerdo de Cartagena aprobado durante su XXIX periodo de Sesiones Ordinarias (Lima, 29 mayo – 05 junio 1980).

639 Tribunal de Justicia de la Comunidad Andina. Proceso N° 07-AI-99.

640 Tremolada, E. (2007). S. 318.

641 Tribunal de Justicia de la Comunidad Andina, Proceso 01-AN-97.

Kompetenzen und Befugnissen des AC, das heißt, dass die Entscheidungen die im AC etablierten Grundnormen weiter entwickeln. Dementsprechend haben die Entscheidungen einen Rang unter dem Andenprimärecht.[642] Die Entscheidungen sind für die Gemeinschaft das, was ein Gesetz für einen Nationalstaat ist.[643]

Die Beschlüsse[644] des AGS haben doppelte Rangstufe. Zum einen sind sie gleichrangig mit den Entscheidungen, wenn die Beschlüsse sich aus einer Kompetenz des AC ergeben.[645] Dies ist der Fall bei Beschlüssen, die gemäß Art. 74 der AC erlassen werden. Diese Beschlüsse befinden sich auf der gleichen Stufe wie die Entscheidungen, weil sie sich aus einer direkten Kompetenz des AC ergeben. Zum anderen haben die Beschlüsse einen niedrigeren Rang als die Entscheidungen der Kommission bzw. des Auswärtigen Ministerrats, wenn sie als Entwicklung einer Entscheidung erlassen worden sind.[646] In diesem untersten Rang stehen auch die sogenannten Vereinbarungen über industrielle Ergänzung.[647]

Schließlich muss darauf hingewiesen werden, dass, obwohl das AGR als eine unabhängige und autonome Rechtsordnung bezeichnet wird, es dennoch Bestandteil der nationalen Rechtsordnung ist.[648] Umgekehrt sind die nationalen konstitutionellen Integrationsartikel Bestandteil des Gemeinschaftsrechts. Entsprechend könnte man behaupten, dass beide Rechtsordnungen Teilordnungen sind, weil es zwischen dem nationalen Recht und dem Gemeinschaftsrecht einen engen Zusammenhang, Interdependenzen und Überlappungen gibt.

5.4.2 Eigenständigkeit im Mercosur

Das MR ist keine eigenständige Rechtsordnung nach dem Muster des europäischen Unionsrechts, weil keine Rechtsakte, seien es generelle oder individuelle, unmittelbar verbindlich in den Rechtsordnungen der Mitgliedstaaten des Mercosur wirken, wie es bei den in Art. 288 AEUV festgelegten Verordnungen der

642 Tribunal de Justicia de la Comunidad Andina, Proceso 01-AN-97.

643 Pico, G. (2004). S. 6.

644 Die Beschlüsse sind supranationale Verwaltungsakte für die Realisierung des Anden-Integrationsprozesses und sie sind von der Jurisprudenz und der Doktrin als Verwaltungsakten bezeichnet worden. Tribunal de Justicia de la Comunidad Andina, Proceso 01-AN-97.

645 Tremolada, E. (2007). S. 322f.

646 Tribunal de Justicia de la Comunidad Andina, Proceso 01-AN-97.

647 Tribunal de Justicia de la Comunidad Andina. Proceso 01-AN-97. Dazu noch: Tremolada, E. (2007). S. 322.

648 Tribunal de Justicia de la Comunidad Andina. Proceso 01-AN-97.

Fall ist.[649]. Trotzdem ist das MR eine eigenständige Rechtsordnung mit ihren eigenen Quellen, Organen und Verfahren.[650] Darüber hinaus hat das MR wegen seiner Grundlagen und seiner Ziele ganz eigenständige Merkmale.[651] Die Eigenständigkeit des MR ergibt sich aus der Unabhängigkeit und Rechtspersönlichkeit des Mercosur. Insofern wird die Annahme des POP als entscheidender Moment für die Entstehung der Rechtspersönlichkeit und der (völkerrechtlichen) Handlungsfähigkeit des Mercosur bezeichnet (Art. 34 POP).[652]

Die Eigenständigkeit des MR war bei der Gründung des Mercosur nicht selbstverständlich, weil die nationalen Behörden der Mitgliedstaaten sowie die Bürger das MR als Völkerrecht wahrnahmen.[653] Die Notwendigkeit der Umsetzung des sekundären MR in die nationalen Rechtsordnungen ergibt sich aus der intergouvernementalen Natur der Mercosurorgane und deutet darauf hin, dass das abgeleitete MR tatsächlich Ähnlichkeiten mit dem Völkerrecht hat.[654] Daher könnte das MR als herkömmliches Völkerrecht bezeichnet werden.[655] Das MR hat gemäß Art. 41 des POP die folgenden Rechtsquellen, welche zwei rechtliche Rangstufen bilden. An erster Stelle stehen der VA, seine Protokolle und die angenommenen zusätzlichen oder ergänzenden Instrumente. Sie machen das Primärrecht des Mercosur aus. An zweiter Stelle steht das sekundäre bzw. abgeleitete Recht, nämlich die von den Organen angenommenen Entscheidungen, Beschlüsse und Richtlinien.[656]

Aufgrund der rein intergouvernementalen Gestaltung des Mercosur kann man nicht sagen, dass das Mercosurrecht und die nationalen Rechtsordnungen zwei Teilordnungen der regionalen Integration sind. Zwar ist das Primärrecht des Mercosur von der Doktrin als Verfassungsnormen der Gemeinschaft bezeichnet worden.[657] Trotzdem kann dieser Meinung nicht zugestimmt werden,

---

649 Olivares, J (2006). Das Vorabentscheidungsverfahren des EuGH als Vorbild des Mercosur. 1. Aufl., Nomos. Baden-Baden. S. 73.

650 Rocha, M. (2011). S. 4.

651 Olivar, M. (2009). El Derecho del Mercosur y el Derecho Internacional – La lucha por independencia, in: Revista Electrónica de Estudios Internacionales N° 18. S. 3.

652 Ventura, D. (2005). S. 102. Ramos da Silva, E. (2002). S. 32. Garnelo, V. (1997). S. 5. Pastorino, A. (2006). S. 33.

653 Olivar, M. (2009). S. 2.

654 Olivar, M. (2009). S. 5.

655 Ventura, D. (2005). S. 54. Olivares, J. (2006). S. 73.

656 Olivares, J. (2006). S. 70. Dazu noch: Deluca, S. (2012). El Mercosur necesita su Maastricht. In: Revista Pensar en Derecho, Universidad de Buenos Aires. S. 248.

657 Deluca, S. 2012. S. 249. Dazu noch: Deluca, S. (2013). El Mercosur tras la suspensión de Paraguay y el ingreso de Venezuela: Ponderación del Laudo TPR n°1/2012, in: Papeles de Derecho Europeo e Integración Regional, WP IDEIR n° 16. S. 2.

weil sich das Primärrecht des MR nicht in Richtung einer Konstitutionalisierung entwickelt. Würde es als Verfassungsrecht apostrophiert, würde der Verfassungsbegriff auf ein bloßes Organisationsstatut verengt.

5.5 Unmittelbare Wirkung und Anwendbarkeit in der EU

Die unmittelbare Anwendbarkeit des europäischen UR besteht, wenn eine Norm in einem Mitgliedstaat rechtlich wirksam ist, ohne dass der Staat einen Umsetzungsakt durchführt, das heißt, eine solche Norm bedarf keiner Inkorporation in die nationalen Rechtsordnungen. Die unmittelbare Wirkung bedeutet, dass eine klare, präzise und selbstgenügsame Norm als Recht der Mitgliedstaaten im Anwendungsbereich des Unionsrechts betrachtet werden muss.[658] Die unmittelbare Wirkung besteht in der Anerkennung des Gemeinschaftsrechts als Erzeuger von Rechten und Pflichten für natürliche und juristische Personen sowohl in den Beziehungen mit den Staaten (vertikale Wirkung) als auch zwischen den Einzelnen (horizontel Wirkung). Das UR muss von der nationalen und der Unionsgerichtsbarkeit gewahrt und gewährleistet werden.[659] Entsprechend müssen die nationalen Richter das UR anwenden,[660] Sie sind auf ihre Weise auch Unionsrichter.

Unmittelbar anwendbares Unionsrecht gilt nicht nur objektiv in den mitgliedstaatlichen Rechtsordnungen, es begründet auch unmittelbare Rechte und Pflichten für die Bürger.[661] Nach der Jurisprudenz des EuGH gibt es zwei Voraussetzungen, damit eine Norm unmittelbare Wirkung besitzt. Erstens, muss die Norm klar und genau sein, so die konkrete Verpflichtung zu erkennen ist. Zweitens, muss die Regelung bedingt sein. Sie darf den mitgliedstaatlichen Behörden keinen Ermessensspielraum belassen.[662] Eine unionsrechtliche Norm ist unmittelbar anwendbar, wenn sie auf Rechtsverhältnisse des Einzelnen angewendet werden kann, ohne dass der Erlass von Durchführungsvorschriften (der Union oder Mitgliedstaaten) erforderlich wäre. Der EuGH umschreibt

---

658 Weiler, J.H.H. (1992). S. 2413.

659 EuGH, (van Gend & Loss). Rs. 22/62. Slg. 1963.

660 Pérez, L. (2000). S. 34. Dazu noch: Caligiuri, E. und Figueroa, A. (2006). Los Principios de Primacia y Operatividad en el Derecho Comunitario como fundamento para la integración latinoamericana. Verfügbar: http//:www.monografias.com. Zugang: 23.05.2014.

661 Vargas, M. (2012). Los Principios Generales del Derecho Comunitario y Andino, in: Revista de Derecho Comunitario, Internacional y Derechos Humanos, N° 2. Maestría en Derecho Comunitario y Derechos Humanos, Universidad de Costa Rica. S. 92.

662 EuGH, (van Gend & Loss). Rs. 22/62. Slg. 1963.

diese Qualifikation einer unionsrechtlichen Norm damit, dass der Einzelne sich vor Gericht auf diese Norm berufen könne.[663] Unmittelbar anwendbar sind deshalb nicht nur unionsrechtliche Vorschriften, die sich ausdrücklich an den Marktsbürger wenden. Auch Bestimmungen, die sich nach ihrem Wortlaut allein an die Mitgliedsstaaten richten, können unmittelbar anwendbar sein.[664]

Im Urteil Simmenthal hat das EuGH ausgeführt: „die unmittelbare Geltung bedeutet unter diesem Blickwinkel, dass die Bestimmungen des Unionsrechts ihre volle Wirkung einheitlich in sämtlichen Mitgliedstaaten vom Zeitpunkt ihres Inkrafttretens und während der gesamten Dauer ihrer Gültigkeit entfalten müssen". „Diese Bestimmungen sind somit unmittelbare Quelle von Rechten und Pflichten für alle diejenigen, die sie betreffen, einerlei, ob es sich um die Mitgliedstaaten oder um solche Einzelpersonen handelt, die an Rechtsverhältnissen beteiligt sind, welche dem Unionsrecht unterliegen".[665] „Ob eine unmittelbar anwendbare Unionsrechtsnorm dem Einzelnen darüber hinaus ein subjektives Recht (einen Anspruch) gibt, hängt von ihrem Inhalt ab".[666] Außerdem betrifft „die Frage nach der unmittelbaren Anwendbarkeit einer unionsrechtlichen Norm die Auslegung des Unionsrechts, über die letztlich der EuGH verbindlich entscheidet, denn dieser „sichert die Wahrung des Rechts bei der Auslegung und Anwendung der Verträge" (Art. 19 Abs. 1 EUV)".[667]

5.5.1 Unmittelbare Wirkung und Anwendbarkeit in der AGN

Die unmittelbare Anwendbarkeit ist die notwendige Bedingung für die Gründung einer supranationalen Rechtsordnung im Rahmen der AGN.[668] Demzufolge wird die Charakterisierung des AGR als Gemeinschaftsrecht in Frage gestellt, wenn die Rechtsakte der AGN stets zwingend in die nationalen Rechtsordnungen inkorporiert werden müssten.[669] Mit dem Inkrafttreten vom Gründungsvertrag des Andengerichtshofes erhalten die Entscheidungen des Rates und der Kommission allgemeine bindende Wirkung und Geltung im nationalen Recht der Mitgliedstaaten ohne Umsetzungsakte (Art. 2 und 3 VGAGH). Die Entscheidungen sind unmittelbar anwendbar vom Zeitpunkt ihrer Verkündung im

663 Geiger, R. (2010). S. 222.
664 Geiger, R. (2010). S. 222.
665 EuGH, Rs 106/77 (Simmenthal). Slg. 1978.
666 Geiger, R. (2010). S. 222.
667 Geiger, R. (2010). S. 222.
668 Tribunal de Justicia de la Comunidad Andina. Proceso 07-AI-99.
669 Tribunal de Justicia de la Comunidad Andina. Proceso 3-AI-96. Dazu noch: Pérez, L. (2000). S. 34.

Anden-Amtsblatt, sofern sie kein anderes Datum aufweisen (Art. 3 VGAGH). Nur wenn eine konkrete Entscheidung es vorsieht, wird die Umsetzung in nationales Recht nötig.[670]

Die Entscheidungen sind für die Staaten vom Zeitpunkt ihres Erlasses durch den Andenrat oder den auswärtigen Ministerrat oder durch die Kommission verpflichtend (Art. 3 VGAGH) und verbindlich (Art. 2 VGAGH).[671] Die sekundäre Rechtsordnung ist für die Organe, die Mitgliedstaaten, die Beamten und sogar noch für die Einzelnen verbindlich.[672] Insoweit deutete der Andengerichtshof bereits in einer Entscheidung aus dem Jahr 1987 an, dass das Gemeinschaftsrecht der AGN imperativ und verbindlich für die Mitgliedstaaten sowie für die gemeinsamen Organe und die Beamten ist.[673]

Das AGR ist in jedem Mitgliedstaat und für seine Einwohner anwendbar (Art. 3 SAGH).[674] Darüber hinaus sind die Entscheidungen unmittelbar anwendbar und verbindlich (Art. 2 und 3 VGAGH). In diesem Sinne sind diese Entscheidungen vergleichbar mit den Verordnungen der EU, da sie verbindlich sind, allgemeine Wirkung besitzen und unmittelbare Anwendung finden (vgl. Art. 288 Abs. 2 des AEUV). Deshalb ist ihre Rechtswirkung keinen anderen Bedingungen unterworfen als denen des gemeinsam geschaffenen Rechts.[675]

Während das Prinzip der unmittelbaren Anwendbarkeit sich auf die Norm selbst bezieht, handelt es sich bei der unmittelbaren Wirkung um den Anspruch der Empfänger der gemeinsamen Norm, und zwar erzeugen die gemeinsamen Normen Rechte und Pflichten für die Einzelnen, welche vor Gericht in Anspruch genommen werden können.[676] Darüber hinaus erlangt das Gemeinschaftsrecht eine unmittelbare Wirkung, weil es nicht in die nationalen Rechtsordnungen umgesetzt werden muss. Deswegen sind die nationalen Richter dazu verpflichtet, das Gemeinschaftsrecht anzuwenden.[677]

---

670 Tribunal de Justicia de la Comunidad Andina. Proceso 2-IP-88.

671 Tratado de Creación del Tribunal de Justicia de la Comunidad Andina, modificado por el Protocolo modificatorio del Tratado de Creación del Tribunal de Justicia del Acuerdo de Cartagena. Hecho en la ciudad de Cochabamba, Bolivia, a los 28 días de mayo de 1996.

672 Tribunal de Justicia de la Comunidad Andina. Proceso N° 30-IP-98.

673 Tribunal de Justicia de la Comunidad Andina. Proceso N° 1-N-86.

674 Decisión 500 CAN – Estatuto del Tribunal de Justicia de la Comunidad Andina.

675 Pico, G. (1992). Derecho Andino, 2. Aufl., Tribunal de Justicia del Acuerdo de Cartagena. S. 39.

676 Tribunal de Justicia de la Comunidad Andina, Proceso 07-AI-99 und Proceso 03-AI-96.

677 Pérez, L. (2000). S. 34.

5.5.2 Umsetzungsbedarf im Mercosur

Im Gegensatz zum UR und zum AGR ist das MR innerstaatlich nicht unmittelbar anwendbar,[678] weil es der Umsetzung in die nationale Rechtsordnung nach den innerstaatlichen Verfahren bedarf. Das heißt, dass das Sekundärrecht entsprechend der nationalen Verfahren in den Mitgliedstaaten umgesetzt werden muss. Art. 38 und Art. 40 des POP allein sehen keine unmittelbare Geltung der Normen vor. Die überwiegende Anzahl der Autoren kommt aufgrund der Formulierung in Art. 38 und 40 des Protokolls und entgegen der Formulierung in Art. 42 des Protokolls zu der Schlussfolgerung, dass man nicht von einer unmittelbaren Geltung ausgehen kann.[679]

Das POP etablierte den Mechanismus für die Inkorporation des regionalen Rechts in die nationalen Rechtsordnungen.[680] Das Sekundärrecht des Mercosur muss gemäß Art. 42 POP durch die entsprechenden nationalen Verfahren umgesetzt werden,[681] Das heißt, dass das Sekundärrecht nach dem vorgesehenen parlamentarischen Verfahren in die nationalen Rechtsordnungen inkorporiert werden muss. Dementsprechend gibt es Ähnlichkeiten zwischen dem abgeleiteten MR und dem allgemeinen Völkerrecht, weil beide in nationale Rechtsordnungen umgesetzt werden müssen.[682]

Die Entscheidungen des Rates (Art. 9), die Beschlüsse der Gruppe des gemeinsamen Marktes (Art. 15) und die Richtlinien der Handelskommission (Art. 20) sind verbindlich[683] Art. 42 POP betont erneut die Verbindlichkeit des sekundären Rechts des Mercosur. Die Mercosur-Rechtsakte sind nach ihrer Inkorporation in die nationalen Rechtsordnungen verbindlich und anwendbar.[684] Dieser bindende Charakter bedeutet, dass die von den Organen des Mercosur erlassenen Rechtsakte in die nationalen Rechtsordnungen umzusetzen sind,[685] weil sie keine unmittelbare Anwendbarkeit besitzen. Die Redaktion des Art. 42 POP deutet darauf hin, dass einige Rechtsakte keiner Inkorporation bedürfen,

678 Pastrana, E. (2000). Institucionalización de las Relaciones Económicas Internacionales; Globalización vs Regionalización de la economía, Universidad Santiago de Cali. Cali. S. 549f.

679 Fuders, F. (2008). S. 108.

680 Pastorino, A. (2006). S. 33.

681 Neves, M. (2009). S. 74.

682 Olivar, M. (2009). S. 3.

683 Deluca, S. (2013). S. 4.

684 Bizzozero, L. und Vera, T. (1995). S. 11.

685 Fuders, F. (2008). S. 108. Olivares, J. (2006). S. 73.

obwohl Art. 42 keine weiteren ausführlichen Informationen darüber liefert.[686] Das Sekundärrecht des MR tritt, anders als das europäische Unionsrecht oder das AGR, nicht ab der Verkündigung im Mercosur-Amtsblatt in Kraft (Art. 39 POP), weil diese Verkündigung nur die Verbreitung der Rechtsakte bestrebt.[687] Daraus folgt, dass die Information über den richtigen Anfang der Normengültigkeit nicht einfach festgestellt werden kann.[688]

Die Inkorporation und das Inkrafttreten der sekundären Normen sind komplexe Prozesse. Das POP schuf ein komplexes System für das Inkrafttreten der Rechtsakte des Mercosur.[689] Art. 40 POP reguliert das Inkrafttreten des sekundären MR durch drei Phasen. Diese betreffen die Gewährleistung des gleichzeitigen Inkrafttretens. Die erste Phase verlangt, dass die Staaten die Rechtsakte in die nationalen Rechtsordnungen umsetzen und diese Umsetzung an das Sekretariat kommunizieren. In der zweiten Phase informiert das Sekretariat alle Mitgliedstaaten über die gegenseitige Umsetzung in jedem Land. Die dritte Phase besteht im Inkrafttreten der Rechtsakte, und zwar dreißig Tage nachdem die Kommunikation an alle Staaten erfolgt ist. Im Laufe dieser Frist sollten die Staaten in ihren Amtsblättern das Inkrafttreten der Normen bestätigen.[690] Übrigens verleiht dieses Verfahren den Staaten ein echtes Vetorecht, weil sie die Inkorporation in jeder Phase stoppen können.[691] Die staatliche Souveränität ist vielfach geschützt.

Art. 38 und Art.40 POP enthalten keine Frist für die Umsetzung der Rechtsakte in die nationalen Rechtsordnungen. Diesbezüglich legte der siebte Schiedsspruch des Mercosur aus, dass die rechtliche Lücke mit dem rechtlichen Begriff der angemessenen Frist ausgefüllt werden sollte.[692] Art. 38 und 40 des POP sehen allein keine unmittelbare Geltung der Normen vor. Die überwiegende Anzahl der Autoren kommt aufgrund der Formulierung in Art. 38 und Art. 40 des Protokolls und entgegen der Formulierung in Art. 42 des Protokolls zur Schlussfolgerung, dass man nicht von einer unmittelbaren Geltung des MR ausgehen kann.[693]

686 Olivar, M. (2009). S. 6.
687 Olivar, M. (2009). S. 6.
688 Olivar, M. (2009). S. 6.
689 Pastorino, A. (2006). S. 35.
690 Olivar, M. (2009). S. 7.
691 Rocha, M. (2011). S. 8.
692 Séptimo Laudo, Tribunal Arbitral del Mercosur Asunto 2/02.
693 Fuders, F. (2008). S. 108.

Die Phasen des Art. 40 POP über die Inkorporation wurden von der Decisión 23/00 CMC[694] bestätigt. Art. 5 dieser Decisión führt eine Ausnahme der Inkorporationsregeln des Art. 40 POP ein. Er besagt, dass die Normen über interne Angelegenheiten der Organisation oder über die auswärtigen Beziehungen nicht umgesetzt werden sollten, da sie unmittelbar in Kraft treten. In diesem Sinne ist die Decisión 23/00 ein anschauliches Beispiel einer Norm, die nicht umgesetzt werden muss.[695] Anschließend wurde durch Art. 10 Decisión 20/02 CMC[696] eine neue Ausnahme von der Inkorporation eingeführt. Diese greift dann, wenn ein Staat der Überzeugung ist, dass die Durchsetzung der Rechtsakte keiner förmlichen Umsetzung in seine nationale Rechtordnung bedarf. In diesem Fall wird das Sekretariat vom Staat darüber informiert, dass die Norm als in die nationale Ordnung inkorporiert betrachtet werden kann. Art. 14 Decisión 20/02 normierte die Inkorporation durch den Verwaltungsweg. Es geht um die Normen, die nach den nationalen Rechtsordnungen durch die Verwaltung umgesetzt werden können.

Die Umsetzung der Normen des Mercosur stellt ein erhebliches Problem für die Entwicklung und den Fortschritt des Integrationsprozesses dar.[697] Dies kann als eine tatsächliche Beschränkung der Entwicklung des MR betrachtet werden, weil die Inkorporation der Rechtsakte des Mercosur den Mitgliedstaaten obliegt.[698] Die effektive Inkorporation der Rechtsakte hängt vollkommen von der Handlung des Staates ab.[699] Die Mitglieder behalten die Entscheidungsmacht innerhalb der gemeinsamen Organisation. Insofern spricht man von einem maßlos engen Intergouvernementalismus, welcher im Fehlen einer unabhängigen gemeinsamen Gesetzgebung sowie einer Auslegungskontrolle und einer gleichmäßigen Durchsetzung der Verträge erweist.[700]

Das POP führte ein kompliziertes System des Inkrafttretens ein, das die effektive Gültigkeit des sekundären Rechts (weiterhin) in den Händen der Mitglieder belässt. Diese Komplexität sowie die asymmetrischen konstitutionellen

---

694 Decisión 23/00 CMC Relanzamiento del Mercosur – Incorporacion de la normativa al ordenamiento juridico de los Estados partes.

695 Der Art 10 Decisión 23/00 besagt ausdrücklich, dass sie (die Decisión 23/00) nicht nach dem Art. 42 POP umgesetzt werden muss.

696 Decisión 20/02 CMC. Perfeccionamiento del sistema de incorporación de la normativa Mercosur a los ordenamientos jurídicos de los Estados partes.

697 Olivar, M. (2009). S. 23.

698 Rocha, M. (2011). S. 7.

699 Olivar, M. (2009). S. 8.

700 Ventura, D. (2005). S. 137.

Normen der Mitglieder erzeugen ein Defizit in der Inkorporation des abgeleiteten Rechts.[701] Entsprechend stellt der Bedarf der Inkorporation des abgeleiteten Mercosurrechts eine gewaltige Beschränkung sowie ein Problem für die Wahrung der Rechtssicherheit im Integrationsprozess dar. So hat das MR bisher keine effektive Inkorporation in den nationalen Rechtsordnungen gefunden, da viele Normen in den Mitgliedstaaten nicht implementiert und durchgesetzt worden sind.[702]

5.6 Der Anwendungsvorrang in der EU

Der Vorrang ergibt sich aus der Übertragung mitgliedstaatlicher Souveränitätsrechte. Die auf dieser Grundlage entwickelte neue Rechtordnung geht dem nationalen Recht vor.[703] Die Rangfrage stellt sich immer dann, wenn Unionsrecht und mitgliedstaatliches Recht denselben Sachverhalt regeln.[704] Das Vorrangprinzip ist als Kollisionsnorm bezeichnet werden, weil die Einheit des Rechtssystems die Anerkennung einer Kollisionsnorm für die Konflikte zwischen europäischem und nationalem Normbefehl bedingt. In Streitfällen haben die Integrationsnormen Vorrang gegenüber den nationalen Normen.

Der Anwendungsvorrang als Grundsatz des UR wurde zum ersten Mal in der berühmten Entscheidung Costa/Enel herausgearbeitet.[705] In diesem Urteil wurde ausgeführt, dass das Gemeinschaftsrecht einen Anwendungsvorrang gegenüber den nationalen Rechtsordnungen jeglichen Ranges besitzt.[706] Der Vorrang des damaligen Gemeinschaftsrechts wird durch den Art. 189 EG (heute Art. 288 AEUV) bestätig; ihm zufolge ist die Verordnung „verbindlich" und „gilt unmittelbar in jedem Mitgliedstaat". Die Verordnungen gelten allgemein und unmittelbar, also ohne weiteren mitgliedstaatlichen Umsetzungsakt in allen Mitgliedstaaten. In dieser unmittelbaren und gleichen Geltung in allen Mitgliedstaaten liegt einer der Gründe, warum das Gemeinschaftsrecht Anwendungsvorrang vor jedem nationalen Recht beanspruchen muss.[707] Art. 189 EG (heute Art. 288 AEUV), der durch nichts eingeschränkt wird, wäre ohne Bedeutung, wenn die

701 Pastorino, A. (2006). S. 35.
702 Olivar M. (2009). S. 1.
703 EuGH, Rs 6/64 (Costa-Enel), slg. 1964, 1253. Dazu noch: Kilian, W. (2010). Europäisches Wirtschaftsrecht, 4. Auf. C.H. Beck Verlag, München. S. 27.
704 Geiger, R. (2010). S. 223.
705 Vargas, M. (2012). S. 83.
706 EuGH, Rs 6/64 (Costa-Enel), slg. 1964, 1253.
707 Laufs, A. (2006). S. 501.

Mitgliedstaaten einseitig durch einen nationalen Gesetzgebungsakt das Gemeinschaftsrechts seiner Wirksamkeit berauben könnten.[708] Es kommt noch hinzu, dass die Verpflichtungen, die die Mitgliedstaaten im Vertrag zur Gründung der Union eingegangen sind, keine unbedingten Verpflichtungen mehr wären, „wenn sie durch spätere Gesetzgebungsakte der Signatarstaaten in Frage gestellt werden könnten".[709] „Ohne einen uneingeschränkten Vorrang vor mitgliedstaatlichen Normen wäre das Entstehen einer europäischen Gemeinschaft in Sinne einer Rechtsgemeinschaft nicht möglich gewesen".[710]

Das Prinzip des Anwendungsvorranges wurde in der Entscheidung Simmenthal weiter entwickelt.[711] Hier wurde angedeutet, dass die unmittelbar anwendbaren Bestimmungen der Verträge und die Rechtsakte der Institutionen die Wirkung haben, entgegen stehendem nationalem Recht unanwendbar zu machen. Die mitgliedstaatliche Vorschrift ist ohne weiteres außer Acht zu lassen. Ein wirksames Zustandekommen neuer staatlicher Gesetzgebungsakte wird insoweit verhindert, als diese mit Unionsrechts unvereinbar wären.[712] An dieser Stelle ist es wichtig hervorzuheben, dass alle Mitgliedstaaten der EU den Vorrang des Gemeinschaftsrechts, wie es in Simmenthal postuliert wurde, über die infrakonstitutionellen Normen inklusive der Gesetze angenommen haben.[713] Der EuGH hat das Gebot des Vorrangs des Unionsrechts aus Art. 10 Abs. 2 und aus Art. 249 EGV (jetzt: Art. 4 Abs. 3 EUV und Art. 288 AEUV) in Verbindung mit dem Grundsatz der einheitlichen Anwendung des Unionsrechts entnommen.[714]

Der Anwendungsvorrang ist dann ein Grundpfeiler der Verfassungsarchitektur der EU.[715] Prinzipien wie Vorrang und unmittelbare Wirksamkeit bilden den Schlüssel zur Konstitutionalisierung des Gemeinschaftsrechts.[716] Das Prinzip des Vorrangs stiftete keine vollständige Einheit; viel mehr findet sich am zentralen Punkt des Verfassungsverbunds aufgrund der konkurrierenden Regelungsansprüche ein „ungeregeltes" Verhältnis.[717]

---

708 EuGH, Rs 6/64 (Costa-Enel). slg. 1964, 1253.

709 EuGH, Rs 6/64 (Costa-Enel). slg. 1964, 1253.

710 Wehlau, A. (1996). Die Rechtsprechung des Gerichtshofes der Europäischen Gemeinschaft zur Staatshaftung der Mitgliedstaaten nach Gemeinschaftsrecht. S. 18.

711 Tremolada, E. (2005). S. 160.

712 EuGH, Rs 106/77 (Simmenthal). Slg. 1978.

713 Garcia, R. (2009). S. 583.

714 Geiger, R. (2010). S. 224.

715 Pernice, I. (2001). S. 182.

716 Stein, E. zitiert in: Von Bogdandy, A. (2009). S. 24.

717 Von Bogdandy, A. (2009). S. 42.

Der Vorrang des Unionsrechts untersteht nicht vollständig gerichtlicher Kontrolle. „Dies gilt insbesondere für Maßnahmen unter Titel V EU: Die europäische Außen-, Sicherheits- und Verteidigungspolitik ist, auch unter dem Vertrag von Lissabon, als ein „gubernatives Arcanum" konzipiert, ohne hinreichende gerichtliche und parlamentarische Kontrolle".[718] Durch den Vertrag von Maastricht (1992), der die Europäische Union und ihre drei Säulen einführte, wurde der Intergouvernementalismus verstärkt. Die Regelungen der Säulen über die Gemeinsame Außen- und Sicherheitspolitik (GASP) sowie über die polizeiliche und justizielle Zusammenarbeit in Strafsachen (PJZS) entfalten sich vor allem in einer intergouvernementalen Kooperation der EU-Mitgliedstaaten.[719] Darüber hinaus bleibt gemäß der Fassung des Vertrages von Lissabon die GASP „intergouvernemental" organisiert. Der Rat entscheidet einstimmig, der Erlass von Gesetzgebungsakten ist ausgeschlossen (Art. 24, 31 EUV) und der EuGH ist für die Entscheidungen auf diesem Gebiet nicht zuständig (Art. 24 EUV).[720]

5.6.1 Anwendungsvorrang in der AGN

Die AGN übernimmt das europäische Vorbild einschließlich der Doktrin des EuGH als qualifizierte Inspirationsquelle.[721] Die in der Entscheidung Costa/Enel und Simmenthal aufgestellten Prinzipien des Vorrangs, der unmittelbaren Wirkung und des Anwendungsvorrangs des Gemeinschaftsrechts wurden vom Andengerichtshof auch in seine Judikatur übernommen, da nach der Auffassung des Gerichts diese Prinzipien im Rahmen der AGN auch zu finden sind.[722] Der AGH war der Meinung, dass solche Prinzipien die Existenz eines echten Integrationsrechts ermöglichen.[723] Der AGH führte aus, dass das Gemeinschaftsrecht der AGN den nationalen Rechtsnormen vorgeht, weil dies eine unabdingbare Voraussetzung für die Konstruktion der Integration ist.[724] Für die Existenz des Integrationsrechts ist die Anerkennung des Prinzips des Anwendungsvorrangs vor dem nationalen Recht unentbehrlich. Hieraus ergibt sich eine automatische Verschiebung von Kompetenzen vom nationalen auf den gemeinschaftsrechtlichen

718 Von Bogdandy, A. (2009). S. 44.
719 Novak, C. (2011). S. 60.
720 Geiger, R. (2010). S. 193.
721 Garcia, R. (2009). S. 611.
722 Tribunal de Justicia de la Comunidad Andina. Proceso 1-IP-87; Proceso 2-IP-88 und Proceso 2-IP-90.
723 Vargas, M. (2012). S. 91. Dazu noch: Pico, G. (2009). Jurisprudencia Andina. S. 40.
724 Tribunal de Justicia de la Comunidad Andina. Proceso 1-IP-87.

Gesetzgeber.[725] Die Gesetzgebungskompetenz bezüglich der Integration kommt der Gemeinschaft (AGN) zu, deswegen geht das Integrationsrecht dem nationalen Recht im Rang vor.[726]

Der AGH übernimmt die Schlussfolgerungen der Entscheidung Simmenthal, dass alle nationalen Richter, wenn sie einen Fall entscheiden müssen, verpflichtet sind, das Gemeinschaftsrecht gänzlich durchzusetzen und die verliehenen Rechte der Einzelnen zu bewahren.[727] So müssen die nationalen Richter die dem Gemeinschaftsrecht widersprechenden nationalen Normen nicht anwenden, sondern die Gemeinschaftsnormen.[728] Der mögliche Zusammenstoß zwischen einer nationalen und einer gemeinschaftsrechtlichen Norm sollte in allen Fällen und ohne Zweifel zugunsten der gemeinschaftsrechtlichen Norm gelöst werden.[729]

Der Anwendungsvorrang des Andenrechts bedeutet allerdings nicht, dass ein entgegenstehender nationaler Rechtsakt nichtig wird, sondern dieser vielmehr lediglich als unanwendbar betrachtet wird.[730] Diese Lehre von Anwendungsvorrang hat sich auch im Unionsrecht durchgesetzt. Die nationale Norm bleibt gültig, aber unanwendbar, weil sie in einen Latenzzustand verfällt, bis die Gemeinschaftsnorm abgeschafft oder modifiziert wird und den Platz für die Anwendung der nationalen Normen frei lässt.[731] So bleibt die nationale Norm für den innerstaatlichen Bereich wirksam.[732] Durch das Integrationsrecht könnte man die nationale Norm nicht abschaffen oder verändern, weil es um verschiedene und autonome Rechtsordnungen geht, die ihre eigenen Verfahren für die Abschaffung oder die Modifikationen ihrer Normen haben.

Der Anwendungsvorrang betrifft insbesondere auch die „lex posterior“ der nationalen Rechtsordnung und versucht, die einheitliche und uneingeschränkte Anwendung der Gemeinschaftsrechtsordnung in der Andenregion zu gewährleisten. Diese Rechtsordnung kann durch die Nationalstaaten nicht modifiziert werden,[733] weil das Andenrecht nur durch einen geeigneten Rechtsakt der AGN

---

725 Tribunal de Justicia de la Comunidad Andina. Proceso 03-AI-96.
726 Tribunal Andino de Justicia. Proceso 2-IP-88.
727 EuGH, Rs 106/77 (Simmenthal). Slg. 1978.
728 Tribunal de Justicia de la Comunidad Andina. Proceso N° 2-IP-88.
729 Tribunal de Justicia de la Comunidad Andina. Proceso N° 2-IP-88.
730 Tribunal de Justicia de la Comunidad Andina. Proceso N° 2-IP-88. Dazu noch: Vargas, M. (2012). S. 85.
731 Tribunal de Justicia de la Comunidad Andina. Proceso N° 2-IP-88.
732 Wehlau, A. (1996). S. 18.
733 Tribunal de Justicia de la Comunidad Andina. Proceso 2-IP-88.

verändert werden kann. Der nationale Gesetzgeber hat nicht die Kompetenz, um das Gemeinschaftsrecht zu modifizieren, zu ersetzen oder abzuschaffen.[734] Jedoch kann der nationale Gesetzgeber das AGR durch das nationale Recht ergänzen, wenn es tatsächlich notwendig wäre.[735]

5.6.2 Der Anwendungsvorrang im Mercosur ab der Umsetzung der Rechtsakte

Das Mercosurrecht erhält den Anwendungsvorrang nicht ab dem Zeitpunkt seiner Erlassung und Verkündigung, sondern ab dem Zeitpunkt seiner Umsetzung in den nationalen Rechtordnungen. Im ersten Gutachten *(Opinión Consultiva)* N° 01/2007 des SRG wurde betont, dass die umgesetzten Mercosurnormen den nationalen Normen im Rang vorgehen. Darüber hinaus ergibt sich der Vorrang aus der eigenen Natur des Mercosur. Aufgrund des Konzepts, der Natur und der Finalität des Integrationsrechts sollte dieses über den nationalen Rechtsordnungen stehen. Trotzdem gilt der Vorrang des Mercosurrechts, wie er in dem Gutachten N° 1/2008 und dem Gutachten N° 1/2009 präzisiert wurde, nur vom Zeitpunkt seiner Ratifikation, Inkorporation oder Implementierung gemäß den nationalen Rechtsordnungen.[736] Schließlich besagte das SRG im Gutachten N° 01/2007, in Einklang mit der europäischen und andengemeinschaftlichen Jurizprudenz, dass das Wesen des Integrationsrechts und der Integrationsprozesse denaturiert wird, wenn das MR keinen Vorrang besitzt. Ohne das Prinzip des Anwendungsvorrangs wären die rechtlichen Grundlagen der Integration in Frage zu stellen.[737]

5.7 Das Prinzip der loyalen Zusammenarbeit in der EU

Das Prinzip der loyalen Zusammenarbeit wird auch als Prinzip der Gemeinschafts- bzw. der Unionstreue bezeichnet. Im Vertrag von Lissabon wird der Grundsatz der loyalen Zusammenarbeit gemäß Art. 4. Abs. 3 des EUV eindeutig als gegenseitige Verpflichtung von EU und Mitgliedstaaten formuliert.[738] Das Loyalitätsprinzip begründet auch Pflichten der Unionsorgane gegenüber den

---

734 Tribunal de Justicia de la Comunidad Andina. Proceso 03-AI-96.

735 Tremolada, E. (2006). S. 65.

736 Opinion Consultiva N° 1/2008 und Opinión Consultiva N° 1/2009 del Tribunal Permanente de Revisión del Mercosur. Dazu noch: Deluca, S. (2013). S. 5.

737 Opinión Consultiva N° 01/2007 emitida por el TPR a solicitud de un Juez de Primera Instancia de Paraguay, a través de la Corte Suprema. Asunción 03 de Abril de 2007.

738 Schoeder, W. (2009). S. 69.

Mitgliedstaaten, so ausdrücklich Art. 4 Abs. 3 EUV.[739] Die Mitgliedstaaten sind nach dieser Vorschrift verpflichtet, an der Durchsetzung des EU-Rechts und der Verwirklichung der Ziele mitzuwirken und zu diesem Zweck mit den EU-Organen loyal zusammenarbeiten. Dieses Prinzip stützt zahlreiche Rechtsinstitute, die von großer Bedeutung sind, etwa die rechtsstaatlichen Vorgaben für die gerichtliche Kooperation oder die nationale Durchführung des Unionsrechts.[740] Übrigens wurde dieser Grundsatz vom EuGH oftmals benutzt, um die praktische Wirksamkeit des Unionsrechts und dessen Vorrang zu gewährleisten oder um die Pflicht zur Umsetzung von Richtlinien zu begründen.[741]

Die grundsätzliche institutionelle und verfahrensmäßige Autonomie der Mitgliedstaaten wird überlagert durch unionsrechtliche Vorgaben, die materiell im Vorrang des Unionsrechts begründet sind und prozedural durch Konkretisierungen der im Art. 5 des EUV fundierten Pflicht zur loyalen Zusammenarbeit (Loyalitätsgrundsatz) zu realisieren sind.[742] Außerdem hat der EuGH in seiner Rechtsprechung darauf hingewiesen, dass es „Aufgabe aller Stellen der Mitgliedstaaten" ist, im Rahmen ihrer jeweiligen Zuständigkeiten die Einhaltung des Gemeinschaftsrechts zu gewährleisten.[743] Der EuGH entwickelte Art. 5 EUV nicht zu einer Pflicht der Mitgliedstaaten, in den Organen der Union im Sinne des Unionsinteresses zusammenzuarbeiten. Das Prinzip der loyalen Zusammenarbeit verlangt nicht, im Rat Kompromisse zu schließen oder gar die Möglichkeit der Mehrheitsentscheidung zu nutzen, wenn eine Minderheit sich einem Rechtssetzungsprojekt nicht anschließt.[744] Die Unionstreue verlangt allein, im politischen Prozess der Union mitzuwirken.[745]

„Ein Großteil des europäischen Rechts, insbesondere Rechtsnormen an die Adresse der Mitgliedstaaten, ist noch nicht einmal symbolisch zwangsbewehrt. Entsprechend kommt der freiwilligen Befolgung und Unterstützung, kurzum: der Loyalität, eine zentrale, ja fundierende Rolle im europäischen Recht zu".[746] Das Prinzip der Loyalität erscheint so als ein weiterer Schlüssel zum Verständnis

739 Von Bogdandy, A. (2009). S. 55.
740 Von Bogdandy, A. (2009). S. 55.
741 Schoeder, W. (2009). S. 68.
742 Streinz, R. (2004). Europarecht – Auswirkungen des Vorrangs des EG-Recht auf Bestandskraft. JuS 6/2004. S. 518.
743 Streinz, R. (2004). S. 518.
744 Von Bogdandy, A. (2009). S. 49.
745 Hajte, A. zitiert in: Von Bogdandy, A. (2009). S. 49.
746 Von Bogdandy, A. (2009). S. 54.

der Union. Die europäische Rechtsordnung beruht in letzter Instanz aus freiwilligem Gehorsam und damit auf der „Loyalität der Mitgliedstaaten".[747]

Art. 4 Abs. 3 EUV verpflichtet die Mitgliedstaaten dazu, alle Maßnahmen allgemeiner oder besonderer Art zur Erfüllung der Verpflichtungen zu ergreifen, die sich aus den Verträgen oder den Handlungen der Organe der Union ergeben. Daraus folgt, dass es den Staaten unmöglich ist, gegen die von ihnen auf der Grundlage der Gegenseitigkeit angenommene Rechtsordnung nachträgliche einseitige Maßnahmen ins Feld zu führen.[748] Darüber hinaus ist es in der internationalen Judikatur und in der Völkerrechtslehre ein allgemein anerkannter Grundsatz, dass ein Vertragsstaat der Erfüllung seiner völkerrechtlichen Pflichten keinen irgendwie gearteten Satz des innerstaatlichen Rechts entgegenhalten darf.[749] Die Staaten müssen die durch die Verträge vereinbarten Normen und Verpflichtungen nach dem Prinzip *Pacta Sunt Servanda* (Art. 27 WVK) und dem Prinzip der *Bona Fides* (Art. 26 WVK) erfüllen. Nach diesen Prinzipien sind die Staaten dazu verpflichtet, die von Ihnen angenommenen Verträge in gutem Glauben zu erfüllen.[750]

5.7.1 Das Prinzip der loyalen Zusammenarbeit in der AGN

Eine ähnliche Bestimmung wie in Art. 4 Abs. 3 EUV findet man in Art. 4 des VGAGH, und zwar dahingehend, dass die Mitgliedstaaten alle Maßnahmen für die Entwicklung und den Vollzug des Gemeinschaftsrechts treffen müssen. Art. 4 VGAGH erlegt den Mitgliedstaaten sowohl Pflichten, aktiv zu werden, als auch Unterlassungspflichten auf.[751] Einerseits bestimmt Art. 4 Abs. 1, dass die Mitgliedstaaten verpflichtet sind, alle nötigen Maßnahmen zur Befolgung des Andenrechts zu treffen. Andererseits verpflichtet Art. 4 Abs. 2 die Mitgliedstaaten dazu, keine mit dem Andenrecht unvereinbaren Maßnahmen zu ergreifen. Art. 4 VGAGH bedeutet, dass die Mitgliedstaaten von Vorbehalten gegen die Anwendung der Gemeinschaftsnormen Abstand nehmen oder sich nicht hinter Bestimmungen des innerstaatlichen Rechts oder Gewohnheitsrechts verstecken

---

747 Von Bogdandy, A. (2009). S. 55.

748 EuGH, (Costa-Enel). Rs 6/64. Slg. 1964, 1251.

749 Knief, S. (1995). Der Regress im Bundestaat, zur innerstaatlichen Haftung für gemeinschaftsrechtlichen Sanktionen, Dissertation zur Erlangung des Grades eines Doktors des Rechts. Köln. S. 25.

750 Terz, P. (1999). S. 180.

751 Tribunal de Justicia de la Comunidad Andina. Proceso 16-AI-2000 zitiert in: Proceso 52-AI-2002. Dazu noch: Pico, G. (1992). S. 46.

können. Im Gegenteil verpflichtet Art. 4 dazu, diejenigen Maßnahmen zu ergreifen, die notwendig sind, um die Normen zu erfüllen.[752]

Der AGH betont, dass Art. 2 und Art. 3 VGAGH in Einklang mit Art. 5 (heute Art. 4 VGAGH) stehen. Art. 5 (heute Art. 4) verpflichtet die Mitgliedstaaten dazu, alle für die Entwicklung und den Vollzug des Gemeinschaftsrechts notwendigen Maßnahmen zu treffen.[753] Die Mitgliedstaaten dürfen weder unilaterale Vorbehalte gegen das Gemeinschaftsrecht formulieren noch seine Anwendung in Frage stellen. Darüber hinaus dürfen die Mitgliedstaaten keine nationale gültige Vorschrift oder innere Praxis in Kraft setzen, um das Gemeinschaftsrecht nicht zu beachten.[754] Entsprechend dient Art.4 VGAGH als Dreh- und Angelpunkt für die Durchsetzung des AGR und für die Begründung der Pflichten der Mitglieder, das AGR anzuwenden und zu respektieren. Entsprechend kann man sagen, dass die Wirksamkeit des Gemeinschaftsrechts vor allem vom normativen, administrativen und judiziellen Tätigwerden der Mitgliedstaaten abhängt.[755]

Hier muss erwähnt werden, dass die Beachtung des Loyalitätsprinzips von großer Bedeutung für die südamerikanische Integration ist, weil die Einheit der Region von der Anwendung und der Durchsetzung des Integrationsrechts abhängig ist. Im Allgemeinen ist bekannt, dass die Gestaltung und die Entwicklung der Integration der effektiven Umsetzung des Rechts bedürfen. Trotzdem scheint es so zu sein, dass die nationalen Regierungen nicht bereit sind, das SIR durchzusetzen. Dies ist in erster Linie der Grund dafür, weshalb die Rechtsnormen in der AGN durch die Regierungen nicht erfüllt werden. Es ist darauf hinzuweisen, dass den Staaten der politische Wille fehlt, um die Ziele und Normen der Verträge durchzusetzen. Beispielsweise werden von den Regierungen oft die grundlegenden Prinzipien des Gemeinschaftsrechts mit dem Argument der vorangingen nationalen Souveränität nicht anerkannt.[756]

Die Mitgliedstaaten der AGN haben sich in verschiedenen Erklärungen[757] dazu geäußert, dass die Einhaltung des AGR eine entscheidende Maßnahme für

---

752 Tribunal de Justicia de la Comunidad Andina. Proceso 5-IP-89 und Proceso 2-IP-91. Dazu noch: Marwege, R. (1995). Der Andengerichtshof. Das Rechtsschutzsystem des Andenpaktes mit vergleichenden Bezügen zum Recht der Europäischen Gemeinschaft. Verlag Duncker & Humboldt. Berlin. S. 104.

753 Tribunal de Justicia de la Comunidad Andina. Proceso 2-IP-88.

754 Tribunal de Justicia de la Comunidad Andina. Proceso 2-IP-88.

755 Isaac, G. (1997). Manual de Derecho Comunitario General. Ariel. S. 229.

756 Pérez, L. (2000). S. 35.

757 Declaración de Quirama, XIV Reunión del Consejo Presidencial Andino, 27 de junio de 2003.

die Entwicklung des Integrationsprozesses ist und dass gemeinsame Strategien zur Gewährleistung der Wirksamkeit des AGR eingeführt werden müssen.[758] Eine andere wichtige politische Erklärung zum Thema Nichterfüllung des AGR ist der „Präsidentielle Dialog über die Zukunft des Andenintegrationsprozesses und seine südamerikanische Projektierung“ von 2004.[759] Hier wird gesagt: „Wir erkennen an, dass es immer noch eine maßgebliche Nichteinhaltung des AGR von den Mitgliedern gibt, die den Integrationsprozess betrifft. Daher betrachten wir es als notwendig, die Streitbeilegung insbesondere die Strafmaßnahmen zu perfektionieren und zu verstärken, damit die Entscheidungen des Gerichts automatisch gewährleistet werden können“.[760] Trotzdem ist im Rahmen der südamerikanischen Integration zwischen den in den Deklarationen geäußerten guten Vorsätzen und der Realität streng zu unterscheiden, weil es traditionell eine große Kluft zwischen der Rechtsschöpfung einerseits und der Rechtsrealisierung andererseits gibt. Die Mitgliedstaaten sind selten bereit, die im Rahmen der AGN übernommenen vertraglichen Verpflichtungen gewissenhaft zu erfüllen. Deshalb bleiben viele der vertraglichen Verbürgungen reine Semantik.

Schließlich sollte man erwähnen, dass die Nichterfüllung des Rechts in Lateinamerika als eine Kultur bezeichnet wurde, die aus der Zeit der spanischen und portugiesischen Kolonien stammt.[761] Die Nichtbeachtung des Gemeinschaftsrechts ist ein Teil eines allgemeinen Problems, und zwar der -jedenfalls zu Teil- mangelnden Bereitschaft in Lateinamerika, das Recht zu befolgen und seine Geltung nicht in Frage zu stellen.[762] Darüber hinaus sollte man hervorheben, dass die lateinamerikanischen Staaten die ersten offensichtlichen Übertreter der Normen sind.[763]

5.7.2 Das Prinzip der loyalen Zusammenarbeit im Mercosur

Art. 38 POP ebenso wie Art. 4 Abs. 3 EUV und Art. 4 VGAGH verpflichtet die Mitgliedstaaten dazu, alle erforderlichen Maßnahmen für die Befolgung des von den Organen erlassenen Rechts zu treffen und diese Maßnahmen an das

758 Palabras del Presidente de la República de Colombia, Álvaro Uribe Vélez, en la ceremonia de instalación del XIV Consejo Presidencial Andino Quirama, 27 de junio de 2003.

759 Diálogo Presidencial sobre el Futuro del Proceso Andino de Integración y su Proyección en Sudamérica. XV Consejo Presidencial Andino, Quito 12 de Julio de 2004.

760 Diálogo Presidencial sobre el Futuro del Proceso Andino de Integración y su Proyección en Sudamérica. XV Consejo Presidencial Andino, Quito 12 de Julio de 2004.

761 García, M. (2011). S. 161.

762 García, M. (2011). S. 161.

763 García, M. (2011). S. 177.

Verwaltungssekretariat zu kommunizieren. Art. 38 POP legt den Mitgliedstaaten sowohl Handlungs- als auch Unterlassungspflichten auf. Die Staaten müssen die Rechtsakte in die nationalen Rechtordnungen umsetzen, wobei sie keine Maßnahmen treffen dürfen, die die Wirksamkeit des Rechts erschweren könnten.[764] Die Beachtung des Loyalitätsprinzips durch die Mercosurmitglieder ist entscheidend für die Realisierung des Integrationsprozesses. Damit die Zielsetzungen des Vertrages von Asunción erreicht werden können, ist es notwendig, dass die Staaten die angenommenen Kompromisse tatsächlich auch erfüllen.[765] Übrigens ergibt sich aus den in Art. 38 POP normativen Pflichten die theoretische Möglichkeit, die Staaten aufgrund der Nichterfüllung des MR zur Verantwortung zu ziehen.[766]

Schließlich sollte man hervorheben, dass die Mitgliedstaaten des Mercosur genauso wie in der AGN nicht immer die Pflichten des Vertrages erfüllen. Insofern sind die Integrationsprozesse in Lateinamerika nach wie vor durch die Differenz zwischen der politischen Rhetorik und den unterschriebenen Verträgen einerseits und dem tatsächlichen Verhalten der nationalen Akteure und deren Interpretation der Verträge andererseits gekennzeichnet.[767] Daher ist der Mercosur nicht das, als was er in den offiziellen Reden der Mitgliedstaaten dargestellt wird. Es gibt einen Unterschied zwischen dem, was gesagt wird, und der Wirklichkeit. Diese eklatante Differenz zwischen Sein und Sollen beschädigt den Ruf des Mercosur und bringt seine Nützlichkeit in Gefahr.[768]

5.8 Das Prinzip der begrenzten Einzelermächtigung in der EU

Die Union verfügt nach dem Prinzip der begrenzten Ermächtigung („compétences d´ atribution"), wie es seit jeher anerkannt und seit dem Maastrichter Vertrag ausdrücklich in Art. 5 EGV festgelegt ist (heute in Art. 5 Abs. 1 EUV), nur über die Regelungsbefugnisse, die ihr in den Gemeinschaftsverträgen übertragen worden sind.[769] Art. 5 Abs. 1. S. 1 EUV normiert, dass für die Zuständigkeiten der Union der Grundsatz der begrenzten Einzelermächtigung gilt. Nach diesem Grundsatz wird die Union nur innerhalb der Grenzen der Zuständigkeiten tätig,

764 Perotti, D. (2002). El control de legalidad de las normas del Mercosur por el juez nacional, in: Agenda Internacional año XIII, N° 24.

765 Klein, L. (2012). S. 4.

766 Olivar, M. (2009). S. 5.

767 Sangmeister, H. (2009). S. 116.

768 Malamud, A. (2012). S. 182.

769 Everling, U. (2000). S. 226.

die die Mitgliedstaaten ihr in den Verträgen zur Verwirklichung der darin niedergelegten Ziele übertragen haben (Art. 5 Abs. 2 EUV).

Aus dem Prinzip folgt vor allem, dass die Union „keine Allzuständigkeit besitzt", und dass „eine globale Übertragung staatlicher Befugnisse sowie (Kompetenz-Kompetenz) eine Selbstermächtigung der Union ausgeschlossen sind".[770] Der Grundsatz der begrenzten Einzelermächtigung bezeichnet die EU als eine internationale Organisation, die auf die Kooperationsbereitschaft ihrer Mitglieder angewiesen ist und im Gegensatz zu Staaten nicht über die „Kompetenz – Kompetenz" verfügt, also die Fähigkeit, den eigenen Kompetenzkatalog selbsttätig zu erweitern.[771] Die EU verfügt nach wie vor über „keine Staatsgewalt und keine unbegrenzte Herrschaftsmacht, sondern nur über die Befugnisse, die ihr von den Mitgliedstaaten durch Vertrag übertragen worden sind".[772]

Mit der Einzelermächtigung wurde der präföderale Charakter des europäischen Unionsrechts verstärkt. Insoweit betont der Vertrag von Lissabon die föderalismusähnliche Architektur noch stärker, insbesondere in Art. 4 Abs. 1 des EUV, der eine Zuständigkeitsvermutung zugunsten der Mitgliedstaaten enthält.[773] Die föderale Ausrichtung der EU zeigt sich auch in der (vertikalen) Kompetenzverteilung im Verhältnis zwischen der EU und den Mitgliedstaaten. Diese ist geprägt von einer Zuständigkeitsvermutung zugunsten der Mitgliedstaaten, die sich dem Prinzip der Ermächtigung in Art. 5 Abs. 1, Art. 7 Abs. 1. S. 2 und Art. 249 Abs. 1 des EGV entnehmen lässt.[774] Das Einzelermächtigungsprinzip ist auch als Prinzip der Kompetenzordnung bezeichnet worden, das zunehmend in der Perspektive der Wahrung mitgliedstaatlicher Interessen formuliert ist. Diese Tendenz setzt der Vertrag von Lissabon fort.[775]

Das BVerfG betonte in seiner Judikatur,[776] dass die Europäische Union über keine allgemeine Ermächtigung, wie sie im Rahmen eines Bundes üblich ist, verfügt. Die Staaten haben zwar Souveränitätsrechte auf die Organisation übertragen, jedoch bedeutet dies nicht, dass die Staaten allgemeine Kompetenzen übertragen haben. Mit Hilfe des Ermächtigungsprinzips begründet das Gericht seine Auffassung, dass die Union keine selbständige und eigenständige Entität ist

770 Everling, U. (2000). S. 226.
771 Degenhart, C. (2009). S. 4. Dazu noch: Schmidt, S. und Schünemann, W. (2009). Europäische Union – Eine Einführung. Nomos. Baden-Baden. S. 181.
772 Degenhart, C. (2009). S. 4.
773 Schoeder, W. (2009). S. 66.
774 Schoeder, W. (2009). S. 66.
775 Von Bogdandy, A. (2009). S. 47.
776 BVerfG, 2 BvE 2/08 vom 30.6.2009.

und legt nachdrücklichen darauf, dass die Union sich dem souveränen Wollen ihrer Mitgliedstaaten verdankt. Trotzdem ist die Auffassung des BverfG in Frage zu stellen, weil die EU als supranationale Organisation aufgrund der intendierten vertieften Integration zwischen den beteiligten Staaten tendenziell eine Fülle von Einzelzuständigkeiten aufweisen könnte.[777]

Insofern kann die *Kompetenz-Kompetenz* auch in beschränktem Sinne als eine Befugnis einer Institution verstanden werden, ihren Kompetenzbereich selbst zu bestimmen.[778] Außerdem ist der Europäische Gerichtshof mit Gerichtsbarkeit ausgestattet worden, um verbindliche Auslegungen des Unionsrechts zu geben (Art. 267 AEUV) und um die Grenze zwischen der mitgliedstaatlichen Gerichtsbarkeit einerseits und der Unionsgerichtsbarkeit andererseits zu bestimmen. Offensichtlich macht sich das BVerfG Sorgen, dass die Auslegungskompetenz des EuGH als Hüter des Unionsrechts den Vertrag von Lissabon mit verbindlicher Wirkung in den Mitgliedstaaten in Sinne eine schleichende Kompetenz-Kompetenz deuten könnte.[779]

5.8.1 Das Prinzip der begrenzten Einzelermächtigung in der AGN

Wie das Beispiel der europäischen Prinzipien zeigt, gehört das Prinzip der begrenzten Einzelermächtigung zu einer vertieften supranationalen Integration, in welcher die Kompetenzen zwischen den gemeinsamen Organen und den Mitgliedstaaten klar aufgeteilt und ausgestaltet sind. Dieses Prinzip ist ganz wichtig im Rahmen der EU, weil es die Autonomie und Zuständigkeit der Staaten gegenüber den Unionsorganen Souveränität schonend gewährleistet. Das Prinzip beschränkt die Kompetenzen der EU und verhindert, dass die Organe sich selbst und einseitig neue Kompetenzen geben können. Bezüglich der AGN muss erwähnt werden, dass es im AC keine ausdrückliche Regelung über die begrenzte Einzelermächtigung in Rahmen der AGN gibt. Dies könnte darauf zurückzuführen sein, dass in der AGN keine komplexe Verteilung von Kompetenzen zwischen den Organen und den Mitgliedstaaten besteht. Darüber hinaus kontrollieren die nationalen Regierungen die Gesetzgebungsorgane der AGN, das heißt, dass die Staaten ohnehin die Entscheidungsmacht behalten und damit das Risiko des Autonomieverlusts in der AGN gering ist. Für eine explizite Kompetenzregel besteht deshalb kein Bedarf.

---

777 Schöbener, W. (2009). S. 255.

778 Schmitt (1928). S. 336 zitiert in: Tomuschat, C. (2010). S. 259.

779 Tomuschat, C. (2010). S. 253.

Die AGN ist eine supranationale Organisation mit einer gemeinsamen Rechtsordnung, das heißt, dass die Mitglieder ein Teil der Souveränität freiwillig übertragen, damit die Zielsetzungen der Integration realisiert werden können.[780] Es gibt eine Übertragung von Hoheitsrechten, damit das Gemeinwohl erreicht werden kann.[781] Daraus folgt, dass die Gemeinschaftsorgane mit bestimmten Kompetenzen bzw. Aufgaben ausgestattet sind. Beispielsweise sind die Zuständigkeiten und Funktionen des Auswärtigen Ministerrates in Art.15 AC und Art. 6 dessen Satzung[782] sowie die Zuständigkeiten und Funktionen der Kommission in Art. 22 AC und in Art. 11 deren Satzung[783] geregelt.

An dieser Stelle ist hervorzuheben, dass, obwohl es keine ausdrückliche Regel über das Prinzip der Einzelermächtigung gibt, die gemeinsamen Organe nicht über ihre konkreten Kompetenzen hinausgehen dürfen, weil in diesem Fall die Rechtsakte vom AGH als nichtig erklärt werden können (sog Handeln ultra vires). In diesem Sinne steht die Nichtigkeitsklage in Art. 17 bis zum Art. 22 des VGAGH zu Verfügung, um die Gültigkeit der Rechtsakte zu überprüfen. Dieses Verfahren bezweckt, dass der AGH die Nichtigkeit der sogar noch mit Ermessensüberschreitung angenommenen Entscheidungen, Beschlüsse oder Vereinbarungen, die das Gemeinschaftsrecht verletzen, feststellt (Art. 101 SAGH).[784] Die Nichtigkeitsklage dient der Legalitätskontrolle des Sekundärrechts gegenüber dem Primärrecht.[785] Durch die Nichtigkeitsklage wird die Legalität der Rechtsakte der Organe der AGN überprüft. Die Rechtsakte müssen vereinbar mit dem Primärrecht sein und ist dies nicht der Fall, kann der AGH ihre Nichtigkeit erklären.

Die Entscheidungen, Beschlüsse und Vereinbarungen können von einem Mitglied,[786] vom Rat, von der Kommission, vom Generalsekretariat oder von natürlichen oder juristischen Personen, deren subjektive Rechte oder legitime Interessen betroffen sind, angefochten werden. Hier muss man hinweisen, dass die

780 Tribunal de Justicia de la Comunidad Andina. Proceso 07-AI-99.

781 Vargas, M. (2006). S. 99.

782 Decisión 407, Reglamento del Consejo de Ministros de Relaciones Exteriores, 25 de Junio de 1997.

783 Decisión 471, Reglamento de la Comisiónde Comunidad Andina, 12 de Agosto de 1999.

784 Tribunal de Justicia de la Comunidad Andina. Proceso 05-AN-97. Dazu noch: Tremolada, E. (2007). S. 339.

785 Tremolada, E.(2007). S. 339.

786 Die Mitglieder können die Nichtigkeitsklage nur versuchen, wenn der Rechtsakt ohne ihre Übereinstimmung angenommen worden ist (Art. 18 VGAGH).

bloße Klage gegen die Gültigkeit eines Rechtsakts die Wirkung und die Gültigkeit solches Rechtsakts nicht betrifft (Art. 21 Abs. 1 VGAGH), und zwar bedarf man zunächst der vom AGH Erklärung, dass der Rechtsakt gesamt oder teilweise ungültig ist. Trotzdem kann das Gericht, wenn es notwendig wäre, auf Antrag des Klägers die Durchsetzung der Normen vorläufig unterbrechen (Art. 21 Abs. 2 VGAGH).[787] Es besteht also die Möglichkeit einstweiliges Rechtsschützes.

5.8.2 Das Prinzip der begrenzten Einzelermächtigung im Mercosur

Das Prinzip der Einzelermächtigung existiert nicht im Rahmen des Mercosur, weil das MR eine rein intergouvernementale Rechtsordnung ist. Die Mitgliedstaaten haben weder Hoheitsrechte auf die Organisation übertragen noch gemeinsame supranationale Organe gegründet. Darüber hinaus enthalten weder der Vertrag von Asunción noch das Protokoll von Ouro Preto ausdrückliche Vorschriften, die eine Verteilung von Kompetenzen zwischen dem Mercosur und den Mitgliedstaaten vorsehen.[788] Trotzdem muss man erwähnen, dass den intergouvernementalen Organen des Mercosur bestimmte Kompetenzen zukommen. Beispielsweise sind die Zuständigkeiten und Funktionen des Rats des Gemeinsamen Markts (Art. 8 POP), der Gruppe des Gemeinsamen Markts (Art. 13 VA und 14 POP) und der Kommission (Art. 19 POP) ausdrücklich geregelt.

Es ist davon auszugehen, dass die Organe des Mercosur ihre Kompetenzen nicht überschreiten können und falls sie ohne Kompetenz einen Rechtsakt erlassen, sollte dieser als „ultra vires" für nichtig erklärt werden. Trotzdem gibt es innerhalb des MR kein Nichtigkeitsklageverfahren, durch welches die Rechtsgeltung der Normen überprüft werden kann, das heißt, dass keine Legalitätskontrolle vorgesehen ist, um die abgeleiteten Normen des SRG und der Ad-hoc Gerichte des Mercosur zu überprüfen.[789]

5.9 Das demokratische Prinzip in der EU

Im Rahmen der EU wurde die Demokratie als ein tragendes Verfassungsprinzip entwickelt. In den ersten 30 Jahren der Integration hatte die europäische Rechtswissenschaft ihren Fokus nicht auf die Demokratie, sondern auf das

787 Arnau, L.(2002). S. 95.
788 Ramos da Silva, E. (2002). S. 37.
789 Perotti, A. (2007). S. 102.

Rechtsstaatsprinzip gelegt.[790] Die Anforderung, dass die europäische Union einer demokratischen Legitimation bedarf, war von Anfang an präsent. Gerade die Europäischen Föderalisten reklamierten demokratische Herrschaftsorganisation nicht nur als ein rechtliches, sondern auch als ein politisches Prinzip.[791] Die demokratische Legitimationsfrage steht im Zentrum der Erörterung in der EU. Man spricht von einem demokratischen Defizit,[792] fehlender Transparenz und übermäßigem Zentralismus.[793] Darüber hinaus mindern die Europäisierung und die Internationalisierung die Bedeutung der nationalen Parlamente. Diese Entparlamentarisierung erfolgt nicht nur zugunsten der nationalen und transnationalen Exekutiven einschließlich der Ministerialbürokratie, sondern auch zugunsten der nationalen und internationalen Gerichtsbarkeit. „Europäisierung und Internationalisierung gefährden damit die parlamentarische Demokratie innerhalb der Nationalstaaten".[794] Sie können Verwertungen der Gewaltenbalance bedingen.

Hinzu kommt die Auffassung des BverfG, dass eine echte Demokratie nur innerhalb eines Staates wachsen kann. Weiterhin bekräftigt das Gericht seine Rechtsauffassung, dass die strukturell bedingte Unverhältnismäßigkeit bei der Zusammensetzung des Europäischen Parlaments ein grundlegender Fehler der Verfassungsordnung der Union ist. Das Gericht spricht von einer doppelten Legitimation,[795] und zwar wird die demokratische Legitimation über eine zweifache Legitimationskette hergestellt: zum einen über das Europäische Parlament, dessen Abgeordnete in den einzelnen Mitgliedstaaten direkt gewählt werden; zum anderen über den Rat, dem die Vertreter der Regierungen der Mitgliedstaaten aus Ministerebene angehören.[796] Gleichwohl verbleiben demokratische Defizite. An dieser Stelle ist darauf hinzuweisen, dass die Zusammensetzung des Europäischen Parlaments nach wie vor diskutiert wird. Beispielsweise ist für das europäische Parlament die Wahlrechtsgleichheit nur unvollkommen verwirklicht: „die kleineren

---

790 Von Bogdandy, A. (2009). Una idea controvertida se convierte en Derecho: consideraciones acerca de la democracia europea como principio jurídico. S. 634.

791 Von Bogdandy, A. (2009). Una idea controvertida se convierte en Derecho: consideraciones acerca de la democracia europea como principio jurídico. S. 634.

792 Degenhart, C. (2009). S. 49. Laufs, A. (2006). S. 500.

793 Pastrana, E. und Duarte, J. (2009). El Estancamiento del Proceso de Profundización de la Unión Europea ¿un Proyecto neoliberalizado?, in: Dialogo de Saberes, Revista N° 30. Universidad Libre, Bogotá. S. 199.

794 Kokott, J. (2004). S. 38.

795 BVerfG, 2 BvE 2/08 vom 30.6.2009.

796 Degenhart, C. (2009). S. 49.

Mitgliedstaaten entsenden proportional deutlich mehr Vertreter in das europäische Parlament".[797]

Das BVerfG kommt zu dem Schluss, dass das Europäische Parlament nicht fähig ist, die erforderliche Legitimation der Handlungen der Union zu gewährleisten.[798] Außerdem stellte es klar, dass die Legitimationsquelle der öffentlichen Gewalt nur von der *pouvoir constituant* eines klassischen Staatsvolkes ausgehen darf.[799] Die Auffassung des BVerfGs, dass eine reale demokratische Legitimation nur innerhalb eines Staates, in dem die demokratische Gleichheit auf zählwert- und erfolgswertgleiche Sitzverteilung im Parlaments abzielt, existieren kann, wurde scharf kritisiert und als ein grundsätzlicher Irrtum des Gerichts bezeichnet.[800] Darüber hinaus wird kritisiert, dass die Entscheidung auf eine fragwürdige Versubjektivierung des Art. 38 Abs. 1 GG zurück zu führen ist und damit aus verfassungsrechtlichen Gründen den angeblich bestehenden Grenzen der europäischen Integration größten Raum gibt und dabei von einem tiefen Misstrauen nicht nur gegenüber dem demokratisch gewählten Gesetzgeber in Deutschland, sondern vor allem auch gegenüber der europäischen Integration und den EU-Organen einschließlich des Gerichtshofs geprägt ist.[801]

Die Entwicklung der demokratischen Legitimation auf EU-Ebene Strukturanalog zum Modell des Nationalstaates ist nicht vorstellbar. Das gilt insbesondere, weil die europäische Ebene über keine ausgeprägte politische und gesellschaftliche Infrastruktur wie ein Nationalstaat verfügt. „Die Parteien, Gewerkschaften, Berufs- und Wirtschaftsverbände sind, selbst wenn sie europäische Dach- Organisationen gebildet haben, nach wie vor hauptsächlich auf den nationalen politischen Prozess ausgerichtet. Es gibt folglich auch kein europäisches Parteiensystem, in dem sich im Gegenüber von Regierung und Opposition

---

797 Degenhart, C. (2009). S. 49.

798 BVerfG, 2 BvE 2/08 vom 30.6.2009. S. 51. Dazu noch: Tomuschat, C. (2010). S. 275.

799 Tomuschat, C. (2010). S. 256.

800 Tomuschat, C. (2010). S. 275.

801 Es muss betont werden, dass das BVerfG sowohl in der Maastrichter als auch in der Lissaboner Entscheidung eine Ultra Vires – Kontrolle reklamiert. Diese Situation könnte in dogmatischer Hinsicht dann dazu führen, dass das Unionsrecht in Deutschland für unanwendbar erklärt wird. Ferner betont Nowak, dass die Lissaboner Entscheidung die diametral entgegengesetzten Auffassungen vom BVerfG und vom EuGH über das Verhältnis zwischen Europarecht und dem mitgliedstaatlichen Verfassungsrecht sowie über die damit unauflösbar verbundene Frage nach der Letztentscheidungskompetenz im Hinblick auf die Rechtmäßigkeitskontrolle sekundäres Unionsrecht erneut bestätigt. Dazu: Novak, C. (2011). S. 71ff.

die Optionen europäischer Politik abbilden können".[802] Zusammenfassend lässt sich sagen: es bleiben Defizite bei der politischen Öffentlichkeit Europas.

An dieser Stelle ist der Hinweis von Bogdandy wichtig, dass das demokratische Prinzip auf europäischer Ebene nicht wie das demokratische Prinzip innerhalb der Nationalstaaten ausgestaltet werden kann. Dies gilt für das Verständnis der Demokratie als Herrschaft des Volkes, soweit dieses Volk holistisch verstanden wird. Die Voraussetzungen eines solchen Verständnisses sind auf europäischer Ebene kaum nachzuweisen.[803] „Das demokratische Prinzip erlangt auf der europäischen Ebene schrittweise an Gehalt, es knüpft an etablierte Konzeptionen an, weist jedoch zugleich innovative Akzentuierungen auf". Die Union geht konstitutiv von dem Bestand unterschiedlicher, staatlich organisierter Völker aus.[804] In diesem Sinne spricht Pernice von einer doppelten Identität der Bürger. „Sie sind Staats- und Unionsbürger, von ihnen geht in der Mehrebenendemokratie die Legitimation für beide Ebenen aus".[805] Die Union beruht auf einer dualen Legitimationsstruktur: der Gesamtheit der Unionsbürger und der mitgliedstaatlichen Völker. Diese Konzeption zeigt sich in Art. 10 Abs. 2. EUV deutlich.[806]

Schon der Maastrichter Vertrag positivierte den Begriff „Demokratie", sprach jedoch von seiner Maßgeblichkeit für die Union nur in der 5. Präambelerwägung. Art. F Abs. 1 EU- Vertrag (Maastrichter Vertrag) hingegen nutzte den Demokratiebegriff nur mit Blick auf die Mitgliedstaaten. Erst der Amsterdamer Vertrag wagte in Art. 6 EU den Sprung und verpflichtete auch die Union auf das Demokratieprinzip.[807] „Danach gab es eine rasche Entwicklung in zwei grundsätzliche Linien: zum einen die Bürgerschaft der Union und zum anderen die Legitimation der organisatorischen Gestaltung der Union".[808] Mit dem Vertrag von Lissabon wird zum ersten Mal ausdrücklich das Ziel verfolgt, die demokratische Legitimität zu erhöhen.[809] Die Arbeitsweise der EU beruht auf der repräsentativen Demokratie (Art. 10 Abs. 1 EUV). Entsprechend findet das demokratische Prinzip seine bedeutendste Verwirklichungsstrategie in

802 Weidenfeld, W. (1995). Reform der Europäischen Union, Materialen zur Revision des Maastrichter Vertrages 1996. Verlag Bertelsmann Stiftung. Gütersloh. S. 39.

803 Von Bogdandy, A. (2009). S. 63.

804 Von Bogdandy, A. (2009). S. 68.

805 Pernice, I. (2001). S. 176.

806 Näher: Von Bogdandy, A. (2009). S. 64.

807 Von Bogdandy, A. (2009). S. 63.

808 Von Bogdandy, A. (2009). Una idea controvertida se convierte en Derecho: consideraciones acerca de la democracia europea como principio jurídico. S. 634.

809 BVerfG, 2 BvE 2/08 vom 30.6.2009.

repräsentativen Institutionen (Art. 10 Abs. 1 EUV),[810] die durch Elemente der partizipativen, assoziativen und direkten Demokratie, etwa durch eine Bürgerinitiative, ergänzt werden (Art. 11 EUV). Darüber hinaus sind insbesondere die Transparenz, die Betroffenenbeteiligung, die Deliberation und die Flexibilität, die in Art. 11 EUV erwähnt sind, für die Demokratie von Bedeutung.[811]

5.9.1 Das demokratische Prinzip in der AGN

Innerhalb der AGN gibt es keine Entwicklung eines demokratischen Prinzips, auf deren Grundlage die Gesetzgebungsorgane der AGN eigenständig legitimiert werden könnten. Es existiert im AGR kein Hinweis über die Art und Weise, wie die Bürger an der Konstruktion der Integration mitwirken sollen. Gewiss erwähnt die Präambel des AC die Demokratie als ein Grundprinzip der AGN. Trotzdem bezieht sich dieses Prinzip vor allem auf die Demokratie innerhalb der Mitgliedstaaten und weniger auf die Demokratie innerhalb der AGN. Das heißt, dass die AGN die Entwicklung und Verstärkung der Demokratie innerhalb der Mitgliedstaaten fördert. Entsprechend muss man zwischen der Gewährleistung der Demokratie innerhalb eines Staates als eine Bedingung für die Teilnahme der Mitgliedstaaten am Integrationsprozess einerseits und der demokratischen Legitimation der AGN andererseits differenzieren.

Gewiss wurde das Andenparlament (1979) gegründet, damit die Bürger durch die repräsentative Demokratie an der Konstruktion des Prozesses teilnehmen können, da die Abgeordneten dieses Organs direkt von den Bürgern der Mitgliedstaaten gewählt werden konnten. Trotzdem wurde im Laufe eines Umbildungsprozesses innerhalb der AGN von Experten vorgeschlagen, dass das Andenparlament in das Unasurparlament eingegliedert werden soll.[812] Daraus folgte, dass der Auswärtige Ministerrat am 21.09.2013 entschied, das Andenparlament aufzulösen und eine Umbildung des AIS durchzuführen.[813] Trotzdem wird hervorgehoben, dass die Auflösung des Parlaments einer Reform des AC bedarf, das heißt, dass durch einen bloßen Rechtsakt des Ministerrats das Andenparlament nicht aufgelöst wer-

810 Von Bogdandy, A. (2009). S. 65.

811 Von Bogdandy, A. (2009). S. 67.

812 Dazu: Informe del Grupo de Trabajo para la elaboración de una propuesta sobre la nueva visión, los linemaientos estrategicos y la priorización de los ámbitos de acción de la Comunidad Andina de Naciones, 12 de julio de 2013.

813 Decisión 792, Implementación de la Reingeniería del Sistema Andino de Integración, 19 de septiembre de 2013. Gaceta Oficial 2238 de 23 desetiembre de 2013.

den kann, weil die Gründung und Arbeitsweise des Parlaments durch Primärrecht reguliert ist.[814]

Die Rechtfertigung für die Auflösung des Parlaments besteht darin, dass es tatsächlich ein kostspieliges Organ ist, vor allem, weil alle Mitglieder der AGN auch Teil der Unasur sind. Aus diesem Grund kann das Unasurparlament die Aufgaben des Andenparlaments übernehmen,[815] und somit wäre das Andenparlament mit der Existenz des Unasurparlaments nicht mehr erforderlich. Gegen diese Rechtfertigung können Einwände erhoben werden, weil es zweifelhaft ist, dass durch das Unasurparlament die demokratische Legitimation der AGN gewährleistet werden kann. Es handelt sich um zwei verschiedene Projekte. Diese Rechtfertigung wäre akzeptabel, wenn die gesamte AGN Organisation von der Unasur übernommen werden würde, aber dies ist nicht der Fall, weil die AGN und die Unasur verschiedene und unabhängige Organisation bleiben. Im Übrigens deutet die Auflösung des Andenparlaments darauf hin, dass die AGN allmählich abgebaut wird.

Das Andenparlament hat keine Gesetzgebungskompetenz.[816] Die Kompetenz des Parlaments zur Gesetzgebung besteht lediglich darin, den anderen Organen des AIS Projekte für den Erlass und die Einführung von Normen empfehlen, die gemeinsamen Interessen berühren (Art. 43 der AC). Das AP hatte keine zweckmäßige Verbindung mit den übrigen Organen des AIS. Das AP kann Informationen anfordern, aber kein anderes Organ ist verpflichtet, ihm diese Informationen zu geben oder es bezüglich einer Entscheidung zu konsultieren.[817] Unter diesen Bedingungen kann man behaupten, dass die demokratische Legitimation innerhalb der AGN immer noch in der Entwicklung begriffen ist. Die Legitimation der Integration sollte nicht nur eine Sache der Regierungen sein, sondern auch der Gemeinschaftsorgane und vor allem der Bürger. Es bedarf der mittelbaren und unmittelbaren Mitwirkung der Bürger am Integrationsprozess und eines Parlaments, das Gesetzgebungskompetenzen und politische Kontrollrechte besitzt.

Schließlich spielt die AGN eine wichtige Rolle für die Entwicklung der Demokratie und auch für den Respekt vor der Demokratie innerhalb ihrer Mitgliedstaaten. Im Rahmen der AGN wurde das Protokoll über den demokratischen

---

814 Tratado Constitutivo del Parlamento Andino, 25 de Octubre de 1979.
815 Parlamento Andino, (2013). Documento de la Mision de Observación Electoral MOE.
816 Saraiva, M. (2010). S. 165.
817 Bustamante, A. (2004). S. 25.

Kompromiss erlassen.[818] Dieses Protokoll gehört zum Primärrecht und fördert die volle Gültigkeit der demokratischen Institutionen und der Rechtsstaatlichkeit in den Mitgliedstaaten (Art. 1). Das Protokoll ist anwendbar, wenn es zu einer Betrachtung der Demokratie in einem beliebigen Staat der AGN kommt. Durch das Protokoll können die Mitglieder ein Land von der AGN ausschließen, beispielsweise wenn dort einen Putsch erfolgt.[819]

5.9.2 Das demokratische Prinzip im Mercosur

Das demokratische Prinzip bezieht sich im Rahmen des Mercosur genauso wie in der AGN eher auf die Gewährleistung der Demokratie innerhalb der Staaten und weniger auf die Mitwirkung der Bürger am Integrationsprozess. Im Primärrecht des Mercosur ist das Parlament des Mercosur (Parlasur) ein für die Völker repräsentatives Organ.[820] Bereits 1994 gründete das POP die Gemeinsame Parlamentarische Kommission als ein repräsentatives Organ der nationalen Parlamente der Mitgliedstaaten (Art. 22 POP). Die Kommission wurde als eine Verbindung zwischen den exekutiven und gesetzgebenden Gewalten der Mitglieder verstanden.[821] Die Kommission war ein konsultatives Organ, das dem Rat Empfehlungen geben konnte. Die Kommission ist verantwortlich für die Beschleunigung der Inkorporation des Integrationsrechts sowie die Förderung der Rechtsangleichung (Art. 25 POP).[822]

Im Jahr 2006 ist diese Kommission durch das Parlasur ersetzt worden.[823] Dieses Organ hat nur begrenzte Kompetenzen bei der Gesetzgebung und bei der politischen Kontrolle. Das Parlasur hat tatsächlich keine Gesetzgebungskompetenz,[824] keine Aufsichtsbefugnisse, es kennt keine bürgerschaftliche Repräsentation und keine transnationalen politischen Parteien. Deswegen wird angenommen, dass das Parlasur Ergebnis eines politischen Lobbying ist (nationale Gesetzgeber),

818 Protocolo Adicional al Acuerdo de Cartagena – “Compromiso de la Comunidad Andina con la Democracia”, 17de Octubre de 1998.

819 Fuente, A. (2007). Situación actual y perspectivas de la Comunidad Andina, in: Revista Oasis N° 12, Bogotá, Universidad Externado de Colombia. S. 364.

820 Art. 1 Abs 2. Protocolo Constitutivo del Parlamento del Mercosur, 09 de diciembre de 2005.

821 Pastorino, A. (2006). S. 31.

822 Pastorino, A. (2006). S. 33.

823 Art. 1 Abs 2 del Protocolo Constitutivo del Parlamento del Mercosur, 09 de didiembre de 2005.

824 Saraiva, M. (2010). S. 165.

aber keine Legitimationsquelle.[825] Entsprechend könnte man über ein demokratisches Defizit im Mercosur sprechen, weil die Völker nicht in den Integrationsprozess einbezogen werden. Die demokratische Legitimation durch die Beteiligung des Volkes ist eine Notwendigkeit, weil die Mitwirkung des Volkes dem Integrationsprozess Legitimität verleiht. Daraus folgt, dass dem Mercosur die demokratische Legitimation für einen erfolgreichen Integrationsprozess weithin fehlt. Daher muss das Parlasur weiterentwickelt werden. Zum Beispiel sollte das Parlament bestimmte Gesetzgebungs- sowie politische Kontrollkompetenzen haben. Dies bedeutet zugleich, dass das Entscheidungsmonopol der Regierungen erheblich eingeschränkt und der Weg zu einer partizipativen Mehrebenendemokratie gebahnt würde.

Um die demokratischen Verpflichtungen innerhalb der Mitgliedstaaten zu regeln, wurde 1998 das Protokoll von Ushuaia (PU) von den Mercosurmitgliedern sowie Bolivien und Chile erlassen.[826] Dieses Protokoll gehört zum Mercosurprimärrecht[827] und legt für die Mitgliedsstaaten und die Mitgliedskandidaten die unvermeidliche Bedingung der Demokratie fest. Die Demokratie ist eine politische Bedingung, die wenig mit den ökonomischen Zielsetzungen des Mercosur zu tun hat. Deswegen ist das Protokoll eine politische Norm des Primärrechts.[828] Die durch das Protokoll eingeführte politische Dimension des Mercosur war schon zu Beginn des Integrationsprozesses präsent. Schließlich sollte nicht vergessen werden, dass die Konstruktion des Mercosur nur dank der demokratischen Transformation in den Ländern der Region möglich gewesen ist.[829] Insoweit erzählt er durchaus eine demokratische Erfolgsgeschichte.

Das PU etabliert die volle Gültigkeit der demokratischen Institutionen als grundsätzliche Bedingung für die (Weiter-) Entwicklung des Integrationsprozesses (Art. 1). Im PU ist ein Verfahren vorgesehen, das bei Abbruch der demokratischen Ordnung in einem Mitgliedstaat zur Suspension der Teilnahme dieses Mitgliedstaates am Mercosur führen kann.[830] Wenn in einem Land die demokratische Ordnung abgebrochen wurde, sollen laut Protokoll die anderen Mitglieder des PU

825 Malamud, A. (2012). S. 181.

826 Protocolo de Ushuaia sobre el Compromiso Democrático en el Mercosur. La República de Bolivia y la República de Chile. Hecho en la ciudad de Ushuaia, República Argentina, a los veinticuatro días del mes de julio del año mil novecientos noventa y ocho.

827 Deluca, S. (2012). S. 256.

828 Deluca, S. (2013). S. 6.

829 Pastorino, A. (2006). S. 36.

830 Pastorino, A. (2006). S. 36.

sowohl untereinander als auch mit dem betroffenen Mitgliedsstaat Konsultationen durchführen (Art. 3 und 4). Nach den Konsultationen können Maßnahmen getroffen werden, wie etwa die Beendigung/Suspendierung der Mitwirkung in den Organen, sowie die Absetzung der sich aus den Integrationsprozessen ergebenden Verpflichtungen und Rechte (Art. 5). Das Protokoll führt eine unerlässliche Voraussetzung für die Mitgliedsstaaten und für die möglichen neuen Mitglieder ein.[831] Art. 9 des PU deutet an, dass das Protokoll bei künftigen Vereinbarungen zwischen den Mitgliedern angewendet werden muss. Das bedeutet, wenn ein Land sich in den Mercosur eingliedern lassen will, sollte dieses eine demokratische Regierung als unbedingte Voraussetzung haben.[832] Darüber hinaus betont Deluca, dass durch das PU ein Verfassungskern des Mercosur eingeführt worden ist, weil das PU einen politischen Charakter besitzt[833] und auf demokratische Verfasstheit hin abzielt.

Das Verfahren des PU wurde gegen Paraguay angewendet als der paraguayische Kongress am 22.07.2012 eine politische Verhandlung gegen den Präsidenten Lugo durchführte, wodurch dieser innerhalb von 24 Stunden von seiner Macht enthoben wurde. Diese Entscheidung des Kongresses wurde vom Mercosur als ein „parlamentarischer Putsch“[834] und als ein Abbruch der demokratischen Rechtsordnung wahrgenommen und damit zu einem Verstoß gegen Art. 5 des PU erklärt. Daraufhin wurde die Mitwirkung Paraguays in den Organen und an den Überlegungen des Mercosur suspendiert, solange bis sich die Situation durch eine Neuwahl wieder normalisiert.[835] Im diesem Sinne wurde Paraguay am 15.08.2013 wieder als Vollmitglied des Mercosur eingegliedert, da zu diesem Zeitpunkt die Voraussetzungen des Art. 7 des PU wieder erfüllt wurden.[836]

Im Übrigen wurde Paraguay auch von der Unasur ausgeschlossen. Der Präsidentenrat der Unasur nimmt das Geschehen im paraguayischen Kongress als einen Bruch der demokratischen Ordnung wahr. Das Land wurde von der Unasur

---

831 Deluca, S. (2012). S. 256.

832 Garnelo, V. (1997). S. 47.

833 Deluca, S. (2012). S. 257.

834 Deluca, S. (2013). S. 2.

835 Decisión sobre la suspensión de Paraguay en el Mercosur en aplicación del Protocolo de Ushaia sobre Compromiso Democrático. Mendoza. 29 de Julio de 2012. Reguliert durch: Mercosur CMC/DE N° 28/2 Reglamentación de los aspectos operativos de la suspensión de la República de Paraguay, Brasilia 30/VII/2012.

836 Decisión sobre el cese de la suspensión de Paraguay en el Mercosur en aplicación del Protocolo de Ushaia sobre el compromiso democrático. Montevideo. 12 de junio de 2013.

suspendiert, solange bis der Rat diese Entscheidung widerruft.[837] Dafür wurden das zusätzliche Protokoll der Unasur zur demokratischen Klausel[838] sowie die Erklärung von Moneda (2008) implementiert. Diese Erklärung betont, dass die Probleme der Demokratie innerhalb eines südamerikanischen Staates auch alle anderen Staaten betreffen.[839] Es gibt so etwas wie eine gemeinsame demokratische Verantwortung.

Letztendlich hat Paraguay durch ein Dringlichkeitsverfahren vor dem Ständigen Gericht des Mercosur die Legalität der Einstellung eingeklagt.[840] Trotzdem hat der SRG die paraguayische Klage einstimmig als unzulässig erklärt, weil die Voraussetzungen für ein solches Verfahren nicht gegeben sind.[841] Die große Bedeutung des Schiedsspruches ist die Auslegung des Art. 1.1 des PO. Der SRG beschäftigte sich zum ersten Mal mit der Auslegung des Art. 1.1 des PO und erweiterte die primär ökonomischen Dimensionen des Mercosur um andere Aspekte, die schrittweise reguliert worden sind.[842] Der SRG führte aus, dass die Demokratie ein Wert des PU ist und eine *conditio sine qua non* für die Entwicklung der Integration zwischen den Mitgliedern. Das Protokoll von Ushuaia hat große Bedeutung für das MR, weil die Legitimität der Normen des MR sich aus der Gültigkeit der demokratischen Institutionen der Mitglieder ergibt. Ohne einen demokratischen Kompromiss würde es weder VA noch PO noch Mercosur geben.[843]

837 Decisión Nr. 26/2012 Reunión Extraordinaria del Consejo de Jefes y Jefas de Estado de Unasur, 29.jul.2012.

838 Nachweis: Protocolo Adicional sobre la Cláusula Democrática de la Unasur.

839 Nachweis: Declaración de la Moneda. Reunion de las Jefas y Jefes de Estado y de Gobierno de la UNASUR, reunidos en el Palacio de La Moneda, Chile 15.10.2008.

840 Deluca, S. (2013). S. 2.

841 Laudo N° 01/2012 del Tribunal Permanente de Revisión en el procedimiento excepcional de urgencia solicitado por la república de Paraguay en relación con la suspensión de su participación en los órganos dle Mercado Común del Sur (Mercosur) y la incorporación de Venezuela como miembro pleno, 21 de julio de 2012.

842 Deluca, S. (2013). S. 15.

843 Laudo N° 01/2012, párrafo 31b.

6. Die Weiterentwicklung der Teilregime des südamerikanischen Integrationsrechts

6.1 Das Ziel eines lateinamerikanischen Gemeinsamen Markts

6.1.1 Das Beispiel des Europäischen Binnenmarkts

Zunächst einmal ist es an dieser Stelle sehr hilfreich auf das Beispiel des europäischen Gemeinsamen Markts bzw. Binnenmarkts[844] einzugehen, um einen Gemeinsamen Markt zu begreifen und zu erklären. Der europäische Markt ist ein Vorbild für die Realisierung der Integration in Lateinamerika, und wesentliche Regelungen können aus ihm übernommen werden. Der Binnenmarkt gilt bis heute als das Herz des europäischen Einigungsprozesses[845] und seine Verwirklichung steht nach wie vor im Mittelpunkt des europäischen Integrationsprojekts (Art. 3. Abs. 3 S. 1 EUV).[846] Somit ist die Realisierung des Binnenmarktes angefangen von den Römischen Verträgen bis zum Vertrag von Lissabon stets der Kern der EU gewesen.

Der Binnenmarkt ist schrittweise ausgebaut worden. Die Errichtung und Weiterentwicklung des gemeinsamen Marktes stellt seit der Gründung der Europäischen Wirtschaftsgemeinschaft durch die Römischen Verträge 1957 eines der wichtigsten Gemeinschaftsziele, heute Unionsziele dar. Die tatsächliche Realisierung des GM wurde (1987) durch die Einheitliche Europäische Akte (EEA) eingeführt, konnte aber erst am 1. Januar 1993 durchgesetzt werden, nachdem der damalige Kommissionspräsident Jacques Delors Mitte der 80er Jahre ein großes Programm zur Realisierung des Binnenmarkts angestoßen hatte, das in

---

844 Die Bezeichnung Binnenmarkt ist durch den Vertrag von Lissabon die synonyme ältere Bezeichnung „Gemeinsamer Markt" ersetzt worden. Die Begriffe Gemeinsamer Markt und Binnenmarkt werden oftmals gleichbedeutend verwendet, wobei die genaue juristische Abgrenzung strittig ist. Mit dem Vertrag von Lissabon ist primärrechtlich nur noch vom Binnenmarkt die Rede. Dazu: Kilian, W. (2010). S. 15. Weidenfeld, W. (2010). S. 172. Dazu noch: Herdegen, M. (2010). Europarecht 12. Aufl., C.H. Beck Verlag. München. S. 277.

845 Weidenfeld, W. (2010). S. 171. Dazu noch: Schwarze, J. (2007). Europäisches Wirtschaftsrecht; Grundlagen, Gestaltungsformen, Grenzen. Verlag Nomos, Baden-Baden. S. 31.

846 Ruffert, M. (2009). Die Grundfreiheiten im Recht der Europäischen Union, JuS 2. S. 101.

die EEA aufgenommen wurde.[847] Zur Überzeugung der Staaten von der Notwendigkeit eines Binnenmarkts leistete der von der Kommission vorgelegte Cecchini Bericht (1988),[848] der in konkreten Zahlen die Vorteile einer Binnenmarktvollendung für das Wirtschaftswachstum und den Arbeitsmarkt in Europa prognostizierte, einen großen Beitrag.[849]

Ein Gemeinsamer Markt respektiver Binnenmarkt könnte im Sinne des Art. 26 Abs. 2 AEUV verstanden werden. Es geht dabei um einen Raum ohne Binnengrenzen, in dem der freie Verkehr von Waren, Personen, Dienstleistungen und Kapital gewährleistet ist. Die Basis des Binnenmarkts wird von den Grundfreiheiten gebildet. Diese lassen sich in vier Gruppen typisierend einordnen: den freien Warenverkehr, den freien Personenverkehr (Arbeitnehmerfreizügigkeit und Niederlassungsrecht), die Dienstleistungsfreiheit und schließlich den freien Zahlungs- und Kapitalverkehr.[850] Die Grundfreiheiten gewähren die Freiheit wirtschaftlicher Betätigung nicht im umfassenden Sinn, sondern sie versuchen lediglich das Schutzdefizit des transnationalen Wirtschaftsverkehrs im Binnenmarkt auszugleichen. Ihr Schutz erfasst daher allein den grenzüberschreitenden Teil eines weitaus umfassenderen wirtschaftlichen Vorgangs.[851] Demnach setzen die Grundfreiheiten grenzüberschreitende Sachverhalte voraus.[852]

---

847 Weidenfeld, W. (2010). S. 171.

848 Im Cecchini Bericht wurde besagt, dass der einheitliche Binnenmarkt ungeheure Möglichkeiten für die künftige wirtschaftliche Entwicklung eröffne: Wachstum, neue Arbeitsplätze, Ausnutzung von Skalenerträgen, höhere Produktivität und Rentabilität, mehr Wettbewerb, stabile Preise, mehr Auswahl für die Verbraucher. Kurz gesagt: „die Aussicht auf hohes inflationsfreies Wachstum und die Schaffung von Millionen neuer Arbeitsplätze". Trotzdem meinte Schlieper, dass, obwohl zusätzliche Arbeitsplätze und höhere Wachstumsraten sich aus einer Beseitigung der wirtschaftlichen Grenzen ergeben könnten, der einheitliche Binnenmarkt allein nicht für eine bestimmte (niedrige) Inflationsrate sorgt. Näher: Schlieper, U. (1992). Europäischer Markt: Ein Markstein auf dem Weg zu einem europäischen Zentralismus? In: Schritte zum Europäischen Binnenmarkt. Erwin Dichtl (Hrsg.) Deutscher Tagesbuch Verlag. München. S. 240.

849 Weidenfeld, W. (2010). S. 172.

850 Kotzur, M. (2010b). Die Grundfreiheiten, in: Die Unionsgrundordnung – Handbuch zur Europäischen Verfassung. S. 476.

851 Büchele, M. (2008). Diskriminierung, Beschränkung und Keck–Mithouard: die Warenverkehrsfreiheit, in: Roht–Hilpold (Hrsg.). Der EuGH und die Souveränität der Mitgliedstaaten: eine kritische Analyse richterlicher Rechtsschöpfung auf ausgewählten Rechtsgebieten, Linde Verlag. Wien. S. 340.

852 Ruffert, M. (2009). S. 97.

Der Binnenmarkt und die Durchsetzung der Grundfreiheiten sind die eigentliche Erfolgsgeschichte des Unionsrechts.[853] Die unmittelbar anwendbaren Grundfreiheiten[854] gehören zu den wichtigsten Unionsrechten, die den Unionsbürgern verliehen werden.[855] Dementsprechend erfasst der persönliche Schutzbereich der eben auch subjektiv-rechtlich strukturierten Grundfreiheiten ohne jeden Zweifel alle Unionsbürger.[856] Darüber hinaus schützen die Grundfreiheiten die Unionsbürger und Unternehmen vor vertragswidrigen Beschränkungen seitens der Mitgliedstaaten.[857] Die Grundfreiheiten eröffnen keine umfassende freiheitsrechtliche Schutzsphäre wie die Grundrechte, sie wollen vielmehr, funktional begrenzt, den zwischenstaatlichen Austausch von Wirtschaftsgütern materieller und immaterieller Art erleichtern. Die Grundfreiheiten eröffnen zwar kein Teilhaberecht, aber eine vergleichbare Dimension ergibt sich aus der konsequenten Anwendung des Diskriminierungsverbotes.[858]

Die Grundfreiheiten waren ursprünglich als Diskriminierungsverbote konzipiert. Der diskriminierungsfreie Wettbewerb zwischen den Mitgliedstaaten sollte durch wirtschaftliche Liberalisierung, konsequente Marktöffnung und berufliche Mobilität sichergestellt werden.[859] Nach Art. 18 Abs. 1 AEUV ist jede Diskriminierung (offene und verdeckte) aus Gründen der Staatsangehörigkeit verboten. Überdies sind die Grundfreiheiten auch als Beschränkungsverbote konzipiert.[860] Der EuGH hat diese konzeptionelle Erweiterung in seiner Rechtsprechung ganz konsequent angelegt und schrittweise ausgebaut. Schließlich ist darauf hinzuweisen, dass die EU-Mitgliedstaaten in die Grundfreiheiten eingreifen könnten. Es gibt sowohl geschriebene als auch ungeschriebene Schranken. In den Art. 36, 45 Abs. 3, 52, und 65 AEUV wird ermöglicht, die Grundfreiheiten aus Gründen der öffentlichen Sicherheit, der Ordnung, der Sittlichkeit, zum Gesundheitsschutz, zum Schutz nationalen Kulturguts und zum Schutz geistigen Eigentums sowie bestimmter kapitalverkehrsrechtlicher (namentlich steuerlicher) Belange zu beschränken. Die ungeschriebenen Schranken beruhen auf

853 Ruffert, M. (2009). S. 97.
854 Der EuGH hat schon frühzeitig die unmittelbare Anwendbarkeit der Grundfreiheiten bejaht. Dazu: EuGH, (van Gend & Loss). Rs. 22/62. Slg. 1963.
855 Eckhard, P. (2010). S. 383.
856 Ruffert, 2009, 97.
857 Schwarze, J. (2007). S. 41.
858 Kotzur, M. (2010b). S. 477 ff.
859 Kotzur, M. (2010b). S. 475.
860 Eckhard, P. (2010). S. 387.

dem zwingenden Erfordernis des Gemeinwohls.[861] Auch sie sind vom EuGH in weit ausdifferenzierter Rechtsprechung entwickelt worden.

Der Binnenmarkt besteht nicht nur aus den Grundfreiheiten, sondern auch aus einer Zollunion (Art. 30–32 AEUV). Die ursprünglichen Römischen Verträge sahen eine sukzessive Umsetzung der Zollunion innerhalb der EWG vor, die 1968 fristgerecht vollendet werden konnte.[862] Die Zollunion ist durch die Beseitigung der Binnenzölle bei gleichzeitiger Errichtung eines gemeinsamen Außenzolls und einheitlicher Zollgesetzgebung gekennzeichnet.[863] Die Zollunion sieht neben der Abschaffung der Binnenzölle auch einen gemeinsamen Außenzoll gegenüber Drittstaaten vor. Anderes weiteres wesentliches Element des Binnenmarkts ist das Wettbewerbsrecht (Art. 101–109 AEUV), da ohne wirksamen Wettbewerb die Bildung eines grenzübergreifenden einheitlichen Marktes mit binnenmarktähnlichen Verhältnissen nicht zu erreichen ist.[864] Die Vorschriften über die Wettbewerbsfreiheit (Art. 101 ff AEUV) stellen sicher, dass die Märkte für alle Wettbewerber offen bleiben und ein freier und fairer Wettbewerb stattfinden kann.[865] Darüber hinaus bedarf der Binnenmarkt der Angleichung der ökonomischen Politik der Staaten sowie der Schaffung einer Binnenmarktgesetzgebung (Art. 114 i.V.m. Art. 115 AEUV), die den Binnenmarkt näher ausgestaltet.[866] Die entsprechenden Rechtssetzungsakte beziehen sich darauf, den Binnenmarkt zu verwirklichen und dessen Funktionieren zu gewährleisten (Art. 26. Abs. 1, 114 bis 118 AEUV).[867] Schließlich bedarf ein erfolgreicher Binnenmarkt einer weitgehenden Harmonisierung der Standards im Bereich des Verbraucherschutzes, des Umweltschutzes sowie des Sozialstandards, insbesondere zum Schutz der Arbeitsnehmerinnen und Arbeitsnehmer.[868]

Darüber hinaus wird der Binnenmarkt durch die Rechtsangleichung hergestellt. Die Supranationalität der EU fördert die Rechtsangleichung der nationalen Rechtsordnungen vor allem im wirtschaftlichen Bereich.[869] Insofern spielt das Unionsrecht eine herausragende Rolle für die Errichtung und das Funktionieren

---

861 Ruffert, M. (2009). S. 102.
862 Weidenfeld, W. (2010). S. 171.
863 Eckhard, P. (2010). S. 380.
864 Eckhard, P. (2010). S. 380.
865 Borchardt, K. (2010) Die rechtlichen Grundlagen der Europäischen Union, 4 Auf., Facultas Verlag. Wien. S. 355.
866 Schwarze J. (2007) S. 37.
867 Kilian, W. (2010). S. 15.
868 Weiler, J.H.H. (1991). S. 2478.
869 Rueda, F (2009). S. 75.

des Binnenmarktes mittels der Rechtsangleichung der Rechts- und Verwaltungsvorschriften der Mitgliedstaaten zur effektiven Umsetzung und zur Gewährleistung der Grundfreiheiten.[870] Im Sekundärrecht leistet die Rechtsangleichung gemäß Art. 114 i.V.m. Art. 115 und Art. 352 AEUV einen wesentlichen Beitrag zur Verwirklichung des Binnenmarkts. Die Generalklausel des Art. 114 AEUV gestattet der Union, Maßnahmen zur Angleichung der Rechts- und Verwaltungsvorschriften der Mitgliedstaaten zu ergreifen, welche die Errichtung und das Funktionieren des Binnenmarkts zum Gegenstand haben.[871] Art. 115 AEUV erlaubt, dass der Europäische Rat gemäß eines besonderen Gesetzgebungsverfahrens einstimmig und nach Anhörung des Europäischen Parlaments und des Wirtschafts- und Sozialausschusses Richtlinien für die Angleichung derjenigen Rechts- und Verwaltungsvorschriften der Mitgliedstaaten erlässt, die sich unmittelbar auf die Errichtung oder das Funktionieren des Binnenmarkts auswirken.

Die Richtlinien rühren von der Supranationalität des europäischen Integrationsprozesses her und sind sehr wichtig für die Angleichung des Rechts zwischen den Mitgliedstaaten. Die Rechtsangleichung in der EU hat ein privilegiertes Verfahren, und zwar kann der Rat auf Vorschlag der Kommission Richtlinien erlassen, die den Angleichungsprozess zu fördern vermögen.[872] Die EU-Richtlinien überlassen den innerstaatlichen Stellen die Wahl der Form und der Mittel für die Umsetzung. Die Staaten dürfen nicht innerstaatliche Bestimmungen erlassen oder eine entgegenstehende Praxis entwickeln, um die Umsetzungspflicht zu vermeiden.[873] Es ist wichtig hervorzuheben, dass aufgrund der Nichtumsetzung einer Richtlinie vom EuGH in der Francovich-Entscheidung 1991 ein Staatshaftungsanspruch der Mitgliedstaaten für legislatives Unterlassen erstmals richterrechtlich begründet bzw. anerkannt und seitdem in ständiger Rechtsprechung bestätigt wurde.[874] Damit hat der EuGH die EU-Mitgliedstaaten als Glieder der

---

870 Kotzur, M. (2010b). S. 470.

871 Schwarze, J. (2007). S. 38.

872 Ventura, D. (2005). S. 80.

873 Pérez, C. (2000). Sobre la Responsabilidad del Estado frente a los particulares por la no transposición de las directivas comunitarias (Comentario de la Sentencia TJCE de 8 de Octubre de 1996. Asuntos acumulados C-178/94, C-179 (94, C-188/94, C-189/94 y C-190/94. Erich Dillenkofer, Christian Erdmann, Hans-Jürgen Schulte, Anke Heuer, y Werner, Ursula y Torsten Knor v. Bundesrepublik Deutschland). Tesis Doctoral. S. 271.

874 Böhm, M. (2010). Haftung § 12. In: Schulze, Zuleeg und Kundelbach (Hrsg). Europarecht, Handbuch für die deutsche Rechtpraxis, 2. Aufl., Nomos. Baden-Baden. S. 474. Dazu noch: Henrichs, C. (1995). Haftung der EG-Mitgliedstaaten für Verletzung von Gemeinschaftsrecht. Nomos. Baden-Baden. S. 14.

Union für die Verletzung unionsrechtlicher Pflichten haftbar gemacht[875] -und zwar hinsichtlich aller drei Gewalten-. Das bedeutet, dass die Mitgliedstaaten ihre Verpflichtungen einhalten und ausnahmslos die Richtlinien umsetzen müssen.[876] Die Missachtung von Umsetzungspflichten zieht die rechtliche Verantwortlichkeit nach sich.[877]

Nun muss betont werden, dass ein Gemeinsamer Markt nicht nur ein technokratisches Programm ist, um die Beschränkungen des freien Verkehrs von Produktionsfaktoren zu beseitigen, sondern auch ein politisches Gebilde geprägt durch Ethos, Ideologie und politische Kultur, nämlich eine „Kultur des Markts".[878] Insofern betont Kotzur, dass die Grundfreiheiten, das Wettbewerbsrecht, die wechselseitige Anerkennung und die Rechtsangleichung das Binnenmarktkonzept nicht erschöpfen, denn der Markt ist kein ökonomisch verengter Selbstzweck, sondern instrumental in den Dienst des Menschen und seiner wirtschaftlich abzusichernden Freiheit gestellt.[879] Hierbei will die EU durch den Binnenmarkt die soziale Gerechtigkeit und den soziale Schutz sowie Solidarität in der Gesellschaft und zwischen den Mitgliedstaaten fördern. Schließlich soll das kulturelle Erbe Europas geschützt und entwickelt werden.[880]

Letztendlich kann man konstatieren, dass es in Südamerika immer noch keinen Gemeinsamen Markt bzw. Binnenmarkt im oben genannten (europäischen) Sinne gibt. Gleichwohl ist es das Ziel sowohl der AGN als auch des Mercosur, allmählich einen Gemeinsamen Markt zu gründen. Entsprechend gründen die südamerikanischen Integrationsprozesse in maßgeblichen Rechtsentwicklungen, die zur Etablierung des Gemeinsam Markts beitragen sollen. Im Folgenden wird diese Rechtsentwicklung dargestellt.

---

875 Nach der Rechtsprechung des EuGH die Voraussetzungen einer Staatshaftung sind die folgende: a) Verstoß gegen eine Norm des Unionsrecht, die dem Einzelnen bestimmte Rechte verleihen muss; b) Der Verstoß muss hinreichend qualifiziert sein und c) muss ein Kausalzusammenhang zwischen der Rechtverletzung und dem entstandenem Schaden bestehen. Dazu ausführlich: Oppermann, T. (2009). S. 278. Geiger, R. (2010). S. 226.

876 Kotroni, L. (2004). S. 215.

877 Thym, D. (2006). Die völkerrechtlichen Verträge der Europäischen Union, in: ZaöRV 66. S. 864.

878 Weiler, J.H.H. (1991). S. 2477.

879 Kotzur M, (2010). S. 470.

880 Geiger, R. (2010). S. 191.

6.1.2 Der Gemeinsame Markt in der AGN

Der allmähliche Aufbau eines lateinamerikanischen Gemeinsamen Markts ist das Ziel der AGN (Art. 1 AC). Die Gründung eines Gemeinsamen Andenmarktes (AGM) wird im AC nicht ausdrücklich vorgesehen. Trotzdem ist die Etablierung eines AGM als Ziel der AGN erstmals in der Akte von Guayaquil 1998 formuliert.[881] Im darauf folgenden Jahr, im Rahmen des XI. Gipfels des Anden Präsidentialrats (1999), wurde der politische Wille zum Aufbau eines AGM bis 2005 geäußert.[882] Darüber hinaus wurde durch die Akte von Lima (2000) wieder der Stellenwert der Etablierung des Gemeinsamen Markts betont.[883] Der Wille zum Aufbau eines AGM wurde am 30.01.2002 vom Präsidentialrat durch die „Erklärung von Santa Cruz de la Sierra"[884] bestätigt. Danach wurde beim Gipfeltreffen in Quirama 2003 der Gemeinsame Markt als ein wirksames Instrument für den innergemeinschaftlichen Austausch und für die Entwicklung der Vertragsparteien hin zum freien Verkehr von Waren, Dienstleistungen, Kapital und Personen hervorgehoben.[885] Darüber hinaus führen die Erklärungen von Santa Cruz de la Sierra und von Quirama aus, dass das Andenrecht entwickelt werden sollte, um die Anforderungen eines AGM zu erfüllen.

Das AC ist ein programmatischer Vertrag, der selbst keinen GM gründet, sondern die Zielsetzungen und Strategien für die Verwirklichung der Integration und des Gemeinsamen Marktes reguliert.[886] Entsprechend ist die rechtliche Entwicklung des AGM die wichtigste Aufgabe der AGN. In diesem Sinne bestehen wichtige und maßgebliche gemeinschaftliche Normen, die die Grundfreiheiten, die Zollunion, den Zolltarif und die Rechtsangleichung regulieren.

Die Entwicklung rechtlicher Normen zu den Grundfreiheiten innerhalb der AGN ist unzureichend gewesen. Nur die Warenverkehrsfreiheit ist durch den AC ausdrücklich indes vorgesehen, wohingegen die übrigen Grundfreiheiten erst durch Sekundärrecht geregelt sind. Das Liberalisierungsprogramm zum Warenverkehr (Art. 72 AC) bezweckt die Beseitigung aller Belastungen und

881 Acta de Guayaquil 1998. X Consejo Presidencial Andino. Guayaquil 4 y 5 de Abril de 1998.

882 Acta de Cartagena 1999. XI Consejo Presidencial Andino. Cartagena 27 de mayo de 1999.

883 Nachweis: Acta de Lima 2000. XII Consejo Presidencial Andino. Lima 10 de Junio de 2000.

884 Nachweis: Declaración de Santa Cruz de la Sierra. Bolivia, 30 de Enero de 2002.

885 Nachweis: Declaración de Quirama. XIV Reunión del Consejo Presidencial Andino. 27 de junio de 2003.

886 Tremolada, E. (2007). S. 320.

Beschränkungen, die die Einfuhr der Produkte der Mitgliedstaaten beeinträchtigen können. Diese Vorschrift wird jedoch nicht immer von den Staaten respektiert, so bestehen immer noch Beschränkungen des Handelns, wodurch die Entwicklung der Warenverkehrsfreiheit behindert wird. Wie erwähnt sind die Dienstleistungen, der Zahlungsverkehr und Personenverkehr lediglich durch das sekundäre Recht, nämlich durch Entscheidungen geregelt. Diese Entscheidungen stellen ferner eine Art Rahmengesetz dar, da sie nur die allgemeinen Rahmenbedingungen der Grundfreiheiten normieren.

Die Entscheidung 439[887] über die Liberalisierung der Dienstleistungen und die Entscheidung 510[888] über die Identifizierung und die Beseitigung der Beschränkungen in den verschiedenen Sektoren sowie über die Form der Leistungen regulieren, dass die Zwecke der Liberalisierung schrittweise erfüllt werden sollten. In Bezug auf die Investitionen besteht die Entscheidung 291,[889] welche ein offenes System für den Zahlungsverkehr begründete.[890] Die Normen lassen den nationalen Behörden einen weitgehenden Ermessensspielraum, um Maßnahmen im Bereich der Investitionen zu treffen.[891] Hierzu wurden zwischen den Mitgliedstaaten sowie zwischen den Mitgliedstaaten und den USA bereits sieben Abkommen geschlossen.[892] Der freie Personenverkehr innerhalb der AGN ist durch die Decisión 503[893] geregelt, in der die Freizügigkeit der Bürger in dem Gebiet der Gemeinschaft nur mit Vorlage des Personalausweises bis zu drei Monaten (und noch einmal für drei Monate bei Verlängerung) gewährleistet ist. Venezuela war der letzte Staat, der diese Entscheidung übernommen hat. Dank der Entscheidung konnten die Bürger ohne Visum innerhalb der Andenstaaten reisen. Das war ein Fortschritt, wenn auch ein unzureichend. Schließlich sollte

887 Decisión 439 del 11.06.1998. Marco general de principios y normas para la liberalización del comercio de servicios en la Comunidad Andina. Gaceta Oficial Año XIV – Número 347, 17 de junio de 1998.

888 Decisión 510 de 30.10.2001. Adopción del inventario de medidas restrictivas del comercio de servicios. Gaceta Oficial Año XVIII – Número 734, 22 de noviembre de 2001.

889 Decisión 291 del 22.03.1991. Regimen común de tratamiento a los capitales extranjeros y sobre marcas, patentes, licencias y regalías. Gaceta Oficial Año VIII – Número 80, 04 de abril de 1991.

890 Fuentes, A. (2007). S. 362.

891 Salgado, G. (1995). S. 30.

892 Documentos Informativos SG/di 657, (2004). Secretaría General de la Comunidad Andina. S. 34.

893 Decisión 503 del 22.06.2001. Reconocimiento de documentos nacionales de identificación. Gaceta Oficial Año XVII – Número 680, 28 de junio de 2001.

hervorgehoben werden, dass der freie Verkehr von Kapital, der Personen und Dienstleistungen immer noch ein unerfüllter Traum ist.[894]

Das AC legte fest, dass die Rechtsangleichung ein Ziel der AGR ist. Insofern heißt es in Art. 3 Abs. a AC, dass die Angleichung der nationalen Rechtsordnungen in geeigneten Bereichen ein Mechanismus zur Erreichung der Ziele des Vertrages sei. So führt der AGH aus, dass der innere Zweck des Integrationsrechts die Gestaltung einer einheitlichen Rechtsordnung für alle Mitglieder der Gemeinschaft ist.[895] Trotzdem muss man betonen, dass es im AGR keine geeigneten Rechtsakte für die Rechtsangleichung, wie etwa die EU-Richtlinien gibt. Das heißt, das AGR besitzt keine Rechtsakte (wie die EU-Richtlinien) für die Angleichung des nationalen Rechts, wie es im AC reguliert ist. Dieses infrastrukturelle Defizit erschwert die Harmonisierungsbemühungen.

Letztendlich ist die Entwicklung und Durchsetzung eines Zolltarifs und einer Zollunion eine sehr schwierige Aufgabe für die AGN gewesen. Die Etablierung eines AGM ist tatsächlich beschränkt, weil die Perspektiven für die Realisierung einer Zollunion und eines Zolltarifs innerhalb der AGN immer schlechter werden. Vor diesem Hintergrund sollen die Entstehung, die Entwicklung und die Hindernisse der Zollunion und des Zolltarifs dargestellt werden.

6.1.2.1 Behinderung der rechtlichen Entwicklung der Zollunion und des Zolltarifs in der AGN

Die Etablierung eines gemeinsamen Zolltarifs war bereits ein ausdrückliches Ziel des AC. Der Zolltarif wurde als ein Mechanismus und eine entscheidende Maßnahme zur Erreichung der Vertragsziele verstanden (Art. 3 a AC). Die Regulierung eines Zolltarifs kannte Fortschritte und Rückschritte. In den ersten Jahren der Andengruppe begannen die Verhandlungen über den Zolltarif, jedoch mussten diese aufgrund der negativen Einstellung Chiles bezüglich der Zollunion abgebrochen werden. Nach dem militärischen Putsch in Chile 1973, der Pinochet an die Macht brachte, waren die Vereinbarungen über den Zolltarif nicht mehr möglich, weil Chile andere Vorstellungen für seine Internationalisierung hatte. Schließlich trat Chile 1976 aus dem AC aus, woraus endgültig folgte, dass ein gemeinsamer Zolltarif nicht erreicht werden konnte.[896] Dementsprechend

894 Quispe, F. (2010). S. 271.
895 El Tribunal Andino define como el objetivo propio de derecho de la integración, "lograr un régimen uniforme para todos los países de la Comunidad". Tribunal de Justicia de la Comunidad Andina.Proceso 2-IP-88.
896 Salgado, G. (1995). S. 6.

wurde die Etablierung des gemeinsamen Zolltarifs durch das Protokoll von Lima 1976 und das Protokoll von Arequipa verschoben.[897] Die Andengruppe begann die achtziger Jahre ohne Zolltarif,[898] weil die Annahme eines gemeinsamen Zolltarifs für die Mitglieder mit relativ besserer ökonomischer Entwicklung bis 1984 und für die Mitglieder mit relativ geringerer ökonomischer Entwicklung bis 1989 verschoben worden ist. Die Etablierung des Zolltarifs wurde zusätzlich noch durch die Krise der Auslandsschuld, die die Länder zur Erlassung des Protokolls von Quito 1987[899] gezwungen hat, erschwert. Dieses Protokoll (Art. 3 d) hat keine Frist für die Schaffung des gemeinsamen Zolltarifs festgesetzt.[900]

Die Zollunion wurde 1994 durch die Annahme der Entscheidung 370[901] über den gemeinsamen Zolltarif endlich etabliert. Trotzdem ließ diese Entscheidung den Staaten einen weitgehenden Ermessensspielraum für die Gestaltung des Zolltarifs.[902] Beispielweise konnte jedes Land einzeln den Zolltarif auf Importe aus dritten Ländern definieren, weshalb die Zollunion als unvollkommen bezeichnet worden ist.[903] Aufgrund des Starts der Verhandlungen über den Marktzugang im Rahmen der ALCA haben die Mitglieder die Entscheidung 535[904] über den Zolltarif erlassen. Diese Entscheidung konnte jedoch nicht rechtzeitig in Kraft treten. Deswegen wurde ihr Inkrafttreten durch die Entscheidung 580[905] bis zum 10.05.2005. verschoben. Außerdem wurde sogar noch im Rahmen der AGN aufgrund der Entscheidung 669[906] (2007) bezüglich der Zollpolitik der AGN festgelegt, dass die Mitgliedstaaten die Vorschriften über den gemeinsamen Zolltarif nicht erfüllen müssen, da der Art. 1 regelt, dass die Zolltarife bis zum 31.12.2008 suspendiert bleiben. Seitdem ist die Ordnung über den Zolltarif

897 Arellano, F. (2004). Comunidad Andina: de la Zona de Libre Comercio a la Unión Aduanera. Los Nuevos Temas, in: Aldea Mundo, San Cristóbal Venezuela. S. 7.

898 Salgado, G. (1995). S. 7.

899 Protocolo de Quito modificatorio del Acuerdo de Cartagena. 12 de mayo de 1987.

900 Salgado, G. (1995). S. 8.

901 Decisión 370, Arancel Externo Común, Comunidad Andina, 26 de noviembre de 1994. Gaceta Oficial Nr. 166, 2 de diciembre de 1994.

902 Arellano, F. (2004). S. 10.

903 Salgado, G. (1995). S. 12.

904 Decisión 535, Arancel Externo Común, Comunidad Andina, 14 de octubre de 2002. Gaceta Oficial Nr. 854, 16 de octubre de 2002.

905 Decisión 580, modificación de la Decisión 535 y otras disposiciones, Comunidad Andina, 04 de mayo de 2004. Gaceta Oficial Nr. 1063, 05 de mayo de 2004.

906 Decisión 669, Política Arancelaria de la Comunidad Andina, Comunida Andina, 13 de julio de 2007. Gaceta Oficial Nr. 1520, 16 julio de 2007.

verschoben worden. Aktuell wird das Thema durch die Entscheidung 771[907] (2011) geregelt, mit der die Normen über den Zolltarif bis zum 31.12.2014 suspendiert werden.

Man kann demnach konstatieren, dass die Suspendierung des Zolltarifs sich innerhalb der AGN allmählich verfestigt. Arellano spricht von einer politischen Krise innerhalb der AGN, die die Existenz der AGN in Frage stellen könnte. Es handelt sich hierbei nicht um eine vorübergehende Krise, da beispielsweise die Verpflichtungen im Rahmen der Zollunion seit vielen Jahren immer wieder verschoben worden sind, was einen Fortschritt in Richtung eines Gemeinsamen Markts nahezu unmöglich erscheinen[908] und die Aussichten auf die Gründung eines gemeinsamen Marktes in weite Ferne rücken lässt. Die Annahme des Zolltarifs wird in der AGN permanent verschoben. Daher scheint der Aufbau einer Zollunion innnerhalb der AGN eine nicht durchführbare, obwohl für einen gemeinsamen Markt prioritäte Aufgabe zu sein. Eine mögliche Erklärung für die Paralyse der AGN könnte sein, dass das Projekt, also die Etablierung eines Gemeinsamen Markts, sehr ehrgeizig war, und dass die Staaten in der Praxis letztlich nicht bereit waren, um die ökonomische Liberalisierung zu konsolidieren, eine Zollunion und einen Zolltarif sowie eine gemeinsame Handelspolitik zu vereinbaren.[909] Hieraus kann man ableiten, dass die AGN tatsächlich nur eine Freihandelszone konsolidieren kann, weil die Etablierung eines Zolltarifs und einer Zollunion als Voraussetzung zur Konstruktion eines Gemeinsamen Markts politisch noch eine Utopie bleibt.

Schließlich könnten die Bestimmungen über den Zolltarif und die Zollunion ein unabwendbar totes Recht sein, weil es nicht durchgesetzt werden kann. Diese Normen konnten keine Rechtspraxis finden, weil sie immer verschoben werden mussten. Dies bedeutet, dass das AGR unwirksam ist, weil die im AGR festgelegte Zollunion nicht etabliert werden konnte. Dieser Misserfolg ist auf die Unfähigkeit respektive den politischen Unwillen Mitgliedstaaten, Vertragsverpflichtungen und die gemeinsam geschaffenen Normen zu erfüllen, zurück zu führen. Dementsprechend kann man behaupten, dass das AGR hinsichtlich der Etablierung einer Zollunion ein *totes Recht* ist: das positiv niedergelegte Recht wird nicht durchgesetzt, es bleibt reine Semantik.[910] Eine Norm wird als wirksam angesehen, wenn sie entweder eingehalten (Verhaltensgeltung) oder wenn ihre

---

907 Decisión 771, Política Arancelaria de la Comunidad Andina, Comunidad Andina, 7 de diciembre de 2011. Gaceta Oficial Nr. 2003, 09 de diciembre de 2011.

908 Arellano, F. (2004). S. 5.

909 Arellano, F. (2004). S. 7.

910 Rehbinder M. (2009). Rechtssoziologie. 7. Auf., Verlag C.H. Beck. München. S. 2.

Nichteinhaltung sanktioniert wird (Sanktionsgeltung), als unwirksam hingegen, wenn sie nicht eingehalten und wenn dies nicht sanktioniert wird.[911] Die Defizite im Sein berauben das Sollen letztlich seiner normativen Substanz.

6.1.2.2 Die Zerschlagung der AGN durch die Freihandelszoneabkommen

Bereits in den neunziger Jahren wurde darauf hingewiesen, dass die zahlreichen Abkommen zwischen den südamerikanischen Ländern als positiv und negativ zugleich wahrgenommen werden könnten. Die zahlreichen Abkommen könnten positiv sein, weil sie darauf hinweisen, dass die Länder, gleich ob auf bilaterale oder multilaterale Weise, für die enge Zusammenarbeit offen sind. Die Abkommen könnten zu einer authentischen Integration der ganzen Region oder von Teilen der Region führen, soweit sie sich gegenseitig nicht widersprechen und soweit sie die schrittweise Vereinheitlichung ihrer Normen vorsehen.[912] Wenn es gelingen würde, die verschiedenen Vereinbarungen anzugleichen, wäre es möglich, eine lateinamerikanische oder zumindest eine südamerikanische Freihandelszone zu schaffen.[913] Dann wäre es möglich, aus einem hybriden Regelungsgeflecht einheitsstiftende Momente zu gewinnen.

Darüber hinaus könnten die zahlreichen Abkommen aber auch negativ für die Integration sein, weil die Koexistenz von mehreren Rechtsordnungen die Konstruktion der Integrationsprozesse in der Region erschwert. Die Hybride gefährdet Kohärenz und Konsistenz. Durch die zahlreichen Abkommen entsteht eine Auseinandersetzung im Integrationsprozess, weil die Staaten einerseits die Entwicklung eines gemeinsamen Raums mit den Nachbarstaaten bezwecken, aber andererseits Handelsabkommen mit Drittstaaten schließen, welche unvereinbar mit dem jeweiligen regionalen Engagement sein könnten. Deshalb werden die Chancen und Vorteile der regionalen Integration durch die Abkommen letztlich verkleinert.[914] Die zahlreichen Abkommen tragen dazu bei, die Normen der Integration zu überlagern, was dazu führt, dass eine gewisse rechtliche Unsicherheit in den regionalen Organisationen der Integration entsteht.[915] In diesem Sinne deutet Insignares an, dass die Annahme von bilateralen Abkommen abgelehnt werden sollte, damit die AGN überleben kann. Auf diese Weise stellen die

---

911 Rehbinder, M. (2009). S. 2. Dazu noch: Bobbio, N. (2002). Teoría General del Derecho, 2. Aufl, Temis. Bogotá. S. 22.

912 Salgado, G. (1995). S. 16.

913 Salgado, G. (1995). S. 34.

914 Vieira, E. (2008). S. 128.

915 Salgado, G. (1995). S. 34.

bilateralen Vereinbarungen ein Hindernis für die Entwicklung und Vertiefung der Andenintegration dar.[916] Die Annahme des Bilateralismus generiert Probleme für die Arbeitsweise und die Zukunft der latinoamerikanischen Integration.[917]

Der Auswärtige Ministerrat der AGN erließ am 11.07.2004 die Entscheidung 598 über die Beziehungen mit Drittstaaten.[918] Die Entscheidung reguliert in Art.1, dass die Mitgliedstaaten erst gemeinsam und nur ausnahmsweise einseitig Handelsabkommen mit Drittstaaten erlassen dürfen. Wenn die Staaten nicht gemeinsam verhandeln könnten, dürfen die Mitgliedstaaten mit dritten Ländern bilaterale Verhandlungen führen (Art. 2). In diesem Fall müssen die Mitglieder der AGN das Gemeinschaftsrecht in den Beziehungen zwischen den Mitgliedstaaten der AGN bewahren (Art. 2a). An dieser Stelle muss erwähnt werden, dass die Ausnahme der Entscheidung 598 die Regel geworden ist, weil die Andenländer diese Ausnahme kontinuierlich genutzt haben, um Freihandelsabkommen mit dritten Ländern zu abzuschließen. In diesem Sinne gestalten sowohl Kolumbien als auch Peru ihre ökonomische Internationalisierung durch die Schaffung von Freihandelszonen wie etwa mit den USA, mit der EU oder Südkorea usw., und zwar nicht durch die AGN, sondern durch eine unilaterale Politik. Dementsprechend öffnete die Entscheidung 598 den Mitgliedstaaten der AGN die Tür, damit sie einseitig, das heißt außerhalb der AGN, Freihandelsabkommen mit dritten Staaten annehmen können. Daraus folgt, dass die Entwicklung einer gemeinsamen wirtschaftlichen Außenpolitik behindert wird.

Nun erzeugen die zahlreichen Handelsabkommen ein unübersichtliches Nebeneinander von Verträgen, die die gleichen Materien regulieren und die sich widersprechende Regeln über die Integration enthalten können. Entsprechend ist die Anwendung der Entscheidung 598 über den Schutz des Andenrechts im Rahmen der internationalen Vereinbarungen mit Drittstaaten (Art. 2a) schwer umzusetzen. Die Interpretation der Anwendung dieser Entscheidung ist nicht ohne Probleme erfolgt. Beispielsweise betonte Venezuela, dass sowohl Peru als auch Kolumbien mit der Erlassung des FHZA mit den USA die AGN beschädigt und damit ihre im Rahmen der AGN angenommenen Verpflichtungen verletzt haben. Ihrerseits haben Kolumbien und Peru die Annahme der FHZA anhand

916 Insignares, S. (2007). El Derecho Comunitario Andino, ¿obstáculo en la Integración?, en: Revista de Derecho N° 27, Universidad del Norte. Barranquilla. S. 305.

917 Salgado, G. (1995). S. 16.

918 Nachweis: Decisión 598 del 11.07.2004. "Relaciones con Terceros Países". Consejo Andino de Ministros de Relaciones Internacionales. Gaceta Oficial de la Comunidad Andina Nr. 1092, Julio 16. 2004.

der Entscheidung 598 gerechtfertigt und meinten dagegen, dass Venezuela diese Entscheidung verletzt hat, als es sich in den Mercosur einbinden ließ.[919]

Kolumbien und Peru haben FHZA mit den USA angenommen. In den Präambeln dieser Abkommen wurde das Mandat der Entscheidung 598 über die Bewahrung des AGR in den wechselseitigen Beziehungen der Mitgliedstaaten eingefügt. An dieser Stelle ist hervorzuheben, dass der kolumbianische Verfassungsgerichtshof anlässlich der Prüfung der Verfassungsmäßigkeit des FHZA Kolumbien-USA meinte, dass die Normen des FHZA sowie des AGR die gleiche Rangstufe besitzen und dass sie im Falle einer Kollision anzugleichen sind, damit beide Rechtsordnungen eine vollständige Entwicklung und einen effektiven Vollzug erlangen können.[920] Für das Gericht ist es ausreichend, dass das Mandat der Decisión 598 in die Präambel des FHZA eingeführt wurde, deswegen sind das FHZA und das AGR miteinander vereinbar. In diesem Sinne betont Insignares, dass die Entscheidung 598 den Staaten erlaubt, mit Drittstaaten gemeinsam oder einseitig Handelsabkommen zu erlassen. Daraus zieht Insignares den Schluss, dass die FHZA von Peru und Kolumbien mit der EU weder Missachtung noch Widerspruch mit den geltenden Normen der AGN darstellt.[921]

Nun kann man weder der Meinung des Gerichts noch der Meinung von Insignares zustimmen, weil der bloße Verweis auf die Bewahrung des AGR in den Präambeln der FHZA die Vereinbarkeit dieser Rechtsordnungen selbst nicht sichert. Die Kompatibilität zwischen dem FHZA und der AGN ist nicht mit der bloßen Annahme der Entscheidung 598 in der Präambel garantiert, weil mit dem FHZA zwischen USA-Kolumbien und zwischen USA-Peru neue Rechtsordnungen entstanden sind, die mit der AGR unvereinbar sein könnten. Das kann ein schlichter Kohärenzappell in der Präambel nicht verhindern. Die FHZA verursachen zweifellos maßgebliche Veränderungen in der Struktur, der Gesetzgebung und den Zielen der AGN, weil sie die Schaffung eines AGM behindern. Die Möglichkeit, einen AGM zu etablieren, ist ausgeschlossen, weil die Annahme eines gemeinsamen Zolltarifs verhindert wird. Entsprechend ist die Chance für die Integration der nationalen Ökonomien beschränkt und behindert. Die FHZA haben die Etablierung eines gemeinsamen Zolltarifs beschädigt, weil der Zolltarif mit verschiedenen bilateralen FHZA, die unterschiedliche

919 Malmud, C. (2006). S. 3.

920 Sentencia C-750-08, S. 147. Corte Constitucional Colombiana.

921 Insignares, S. (2012). TLC entre la UE y Colombia – Implicaciones para el ordenamiento jurídico andino y la política exterior de la UE hacia América Latina. En Koch (Eds) Desarrollo e Integration – Reflexiones sobre Colombia y la Unión Europea. Universidad del Norte. Barranquilla. S. 152.

Zollzugeständnisse einführen, umgehen muss.[922] Deshalb kann man behaupten, dass die FHZA die Verwirklichung der Andenintegration beschränken, weil die Festlegung eines gemeinsamen Zolltarifs (allgemeiner: die Errichtung einer Zollunion) ein unerreichbares Ziel geworden ist.[923]

Kolumbien und Peru haben jedoch nicht nur FHZA mit den USA und mit der EU angenommen, sondern gründeten auch mit Mexiko und Chile die AdP. Mit der AdP wird die Krise der AGN vertieft, weil sie die wenigen Perspektiven, die noch für die Etablierung eines gemeinsamen Zolltarifs und einer Zollunion blieben, endgültig begraben. Darüber hinaus ersetzt die AdP die AGN als regionale Plattform für die Regionalisierung und Internationalisierung der Mitgliedstaaten der AGN. Insofern hat sich die AdP auf dem in Santiago de Chile durchgeführten siebten Gipfel zwischen Europa und den lateinamerikanischen Staaten als ein gemeinsamer Block vorgestellt,[924] während die AGN kein Sprecher der Andenländer gewesen ist. Das heißt, dass die AGN und ihre Organisationsstruktur immer weiter an Bedeutung verlieren.

Letztendlich stellen die von den Mitgliedstaaten der AGN erlassenen zahlreichen Abkommen die Geltung des AGR in Frage, weil die Koexistenz von vielfältigen und unvereinbaren Verträgen die effektive Rechtsdurchsetzung des AGR erschweren kann. Die Anwendung des AGR könnte durch die angenommenen Abkommen behindert und damit seine Entwicklung aufgehalten werden. Obwohl die FHZA und die AdP die Rechtsordnung und die Verpflichtungen der AGN zwischen den Mitgliedstaaten bewahren wollen,[925] ist die Anwendung der Normen der AGN nicht garantiert. Hier ist es wichtig zu sagen, dass Art. 30 Abs. 2 Wiener Vertragsrechtskonvention (WVK) betont: „*Bestimmt ein Vertrag, dass er einem früher oder später geschlossenen Vertrag untergeordnet ist oder nicht als mit diesem unvereinbar anzusehen ist, so hat der andere Vertrag Vorrang*". Nach dem Wortlaut des Art. 30 WVK könnte man interpretieren, dass sowohl das FHZA als auch die AdP im Rang dem AGR vorgehen.

922 Rueda, F. (2009). S. 70.

923 Arroyave, M. (2008a). Ineficacia Crónica del Derecho Andino: uno de los factores importantes para el ocaso de la Comunidad Andina de Naciones (CAN), in: Papel Político, vol. 13, núm. 1, Bogotá. S. 309.

924 Gratius, S. und Nolte, D. (2013). S. 4.

925 Das Abkommen der AdP (Art. 1–2) und ihr zusätzliches Protokoll versuchen, das AGR und die Verpflichtungen der Staaten innerhalb der AGN zu wahren. Dazu: Protocolo Adicional al Acuerdo Marco de la Alianza del Pacífico. Cartagena 10 de Febrero de 2014.

6.1.3 Der Gemeinsame Markt im Mercosur

Der Gemeinsame Markt des Südens (Mercosur) entstand durch den Vertrag von Asunción (VA) (26.03.1991). Der VA ist ein Rahmenvertrag, der durch zusätzliche Abkommen und Rechtsakte entwickelt werden muss,[926] genauer gesagt schuf der VA keinen Gemeinsamen Markt, sondern bekräftigte den gemeinsamen Willen der Vertragsstaaten, einen solchen bis zum 31.12.1994 zu etablieren. Entsprechend regelt der VA den ersten Schritt zur Schaffung eines GM zwischen Argentinien, Brasilien, Paraguay, Uruguay und Venezuela.[927] Er stellt den Ausgangspunkt eines zwischenstaatlichen Verhandlungsprozesses in Richtung eines GM dar.[928] Dabei lässt sich das Ziel des GM als programmatisch ansehen.[929]

Das Hauptziel des VA besteht in der Errichtung eines GM, der nach Art. 1 des Vertrages[930] folgendes umfasst: Den freien Verkehr von Waren, Dienstleistungen und Produktionsfaktoren (Kapital und Arbeit),[931] der durch die Beseitigung aller Zölle und nichttarifärer Handelshemmnisse des Warenverkehrs sowie von Maßnahmen gleicher Wirkung zu erreichen ist. Darüber hinaus regelt der Art. 1 VA die Einführung eines gemeinsamen Außenzolls, die Feststellung einer gemeinsamen Handelspolitik gegenüber Drittstaaten oder Staatengruppen (Art. 1 Abs. 3 VA) sowie die Koordinierung der Standpunkte in regionalen sowie internationalen Wirtschaftsforen.[932] Ferner bedarf die Gründung des GM der Koordinierung der Wirtschaftspolitik der Mitglieder in den folgenden Bereichen: Außenhandel, Landwirtschaft, Industrie, Kapital, Fiskalpolitik, Geldpolitik, Wechselkurspolitik, Zolldienst, Transport, Kommunikation sowie der Gewährleistung von angemessenen Wettbewerbsbedingungen und zuletzt der Harmonisierung der Gesetzgebungen der Mitgliedstaaten in den betroffenen Bereichen des Integrationsprozesses.[933]

926 Bizzozero, L. und Vera, T. (1995). S. 7.

927 Olivares, J. (2006). S. 48.

928 Fuders, F. (2008). S. 37.

929 Olivares, J. (2006). S. 50.

930 Tratado de Asunción o Tratado para la Constitución de un Mercado Común entre la República de Argentina, la República federativa del Brasil, la República del Paraguay y la República Oriental del Uruguay. Hecho en la ciudad de Asunción, a los veintiséis días del mes de marzo del año mil novecientos noventa y uno.

931 Als die „factores productivos“ sind sowohl Kapital als auch Arbeit verstanden worden. Ramos da Silva, E. (2002). S. 37. Fuders, F. (2008). S. 26f. Olivares, J (2006). S. 89f.

932 Olivares, J. (2006). S. 89f.

933 Olivares, J. (2006). S. 49ff.

Der VA reguliert ausdrücklich die Warenverkehrsfreiheit, aber die Entwicklung und Umsetzung der übrigen Freiheiten eines GM sind im VA nicht geregelt worden.[934] Das heißt, dass die Marktgrundfreiheiten nur teilweise im VA normiert sind, deswegen bleibt ihre rechtliche Entwicklung offen.[935] An dieser Stelle ist hervorzuheben, dass der Warenverkehr immer noch durch nichttarifäre Handelsbarrieren beeinträchtigt ist.[936] Die Handelsbarrieren und Handelshindernisse waren nie vollständig abgeschafft.[937] Darüber hinaus ist bemerkenswert, dass sowohl die Zucker-, als auch die Kfz-Branche von der Handelsliberalisierung ausgeschlossen sind.[938] Die Fortschritte zur Liberalisierung des Dienstleistungshandels sowie die Regelung der Regierungskäufe haben sich als sehr langsam erwiesen.[939] Außerdem sind aufgrund der Verschuldungskrise Argentiniens im Jahr 2001 keine nennenswerten Fortschritte bei der Liberalisierung des Kapitalverkehrs festzustellen. Es ist offensichtlich, dass eine solche Liberalisierung nicht als Priorität im Mercosur angesehen wurde.[940] Im Mercosur besteht keine vollständige Personenfreizügigkeit, denn man muss die Aufenthaltserlaubnis beantragen, bevor man zur Arbeitssuche oder zur Niederlassung im Aufnahmestaat berechtigt ist. Dementsprechend ist zu konstatieren, dass es im Rahmen des Mercosur kein allgemeines Recht der Personenfreizügigkeit gibt, sondern eine Art Antragsrecht, was von Fall zu Fall von den zuständigen nationalen Behörden entschieden wird.[941]

Der VA erwähnt auch die Schaffung eines Zolltarifs, jedoch nicht wie dieser etabliert werden muss. Die Annahme eines gemeinsamen Zolltarifs ist nur teilweise erledigt, weil es sektorbezogene und nationale Ausnahmen gibt, so werden z.B. Computer Produkte, Telekommunikationsgeräte, Autos und Zucker durch eigene sektorbezogene Normen reguliert.[942] Das heißt, dass jeder Staat nationale Ausnahmelisten besitzt.[943] Aufgrund der ausgeschlossenen Wirtschaftsbranchen hat die Zollunion nur einen partiellen Charakter und ist daher als „unvollkommene

934 Olivares, J. (2006). S. 50 ff.
935 Olivares, J. (2006). S. 49.
936 Olivares, J. (2006). S. 89f.
937 Malamud, A. (2012). S. 181.
938 Olivares, J. (2006). S. 88.
939 Olivares, J. (2006). S. 90.
940 Olivares, J. (2006). S. 93.
941 Olivares, J. (2006). S. 95.
942 Rueda, F. (2009). S. 69.
943 Rueda, F. (2009). S. 69.

Zollunion" bezeichnet worden.[944] Die Schwierigkeiten zur Vereinheitlichung der Zolltarife im Mercosur erklären sich u.a. durch die verschiedenen mitgliedstaatlichen Interessen an den verschiedenen Wirtschaftsbranchen, wie etwa dem Kapital, der Informatik sowie der Telekommunikation. Die für Informationstechnologie und Telekommunikation relevanten Produkte werden insbesondere in Brasilien hergestellt. Daraus resultieren Interessenkonflikte. Alle übrigen Mitgliedstaaten des Mercosur sind an einer Senkung des Zolltarifs interessiert, während Brasilien dagegen ist, weil dadurch die entsprechenden Produktionssektoren Brasiliens beeinträchtigt würden.[945]

Die Unvollständigkeit der Zollunion wird ebenso durch das Problem der doppelten Erhebung der im Mercosur vereinbarten Außenzollsätze deutlich, d.h. die von einem Mitgliedstaat des Mercosur eingeführten Produkte müssen erneut verzollt werden.[946] Das heißt, dass für Produkte, die in den Mercosur eingeführt werden sollen, in einem Mitgliedstaat eine Abgabe bezahlt werden muss und wenn diese Produkte anschließend in einen anderen Mitgliedstaat exportiert werden, wird neuerlich eine Abgabe erhoben. Erst am 03.08.2010 konnte der Mercosur einen gemeinsamen Zollkodex erlassen, durch den die doppelte Besteuerung zwischen den Mitgliedstaaten beseitigt wurde. In diesem Zusammenhang sollte darauf hingewiesen werden, dass der Zollkodex von den Mitgliedstaaten in deren nationale Rechtsordnungen implementiert werden muss. Dies könnte jedoch noch mehrere Jahre dauern.

Art. 1. Abs. 2 VA fördert die Annahme einer gemeinsamen Wirtschaftspolitik gegenüber Drittstaaten oder Staatengruppen und die Koordinierung der Auffassung der Mitglieder in regionalen oder internationalen ökonomischen und kommerziellen Foren. Der VA fördert die Führung der gemeinsamen internationalen Beziehungen durch den Block (Mercosur), was die gemeinsamen Verhandlungen mit anderen internationalen und regionalen Akteuren, sowie die Entwicklung eines gemeinsamen Standpunkts, wenn der Mercosur an einem regionalen bzw. internationalen Forum teilnimmt, ermöglicht.[947] Darüber hinaus erwähnt der Art. 8 Abs. 4 POP die Kompetenz der CMC zur Annahme und Unterzeichnung von Abkommen mit dritten Staaten, Staatengruppen oder internationalen Organisationen im Namen des Mercosur. Trotzdem muss an dieser Stelle betont werden, dass der Mercosur kein Mittel für die Internationalisierung Brasiliens gewesen ist. Gewiss hat Brasilien den Mercosur immer als ein Mittel

944 Olivares, J. (2006). S. 92.
945 Olivares, J. (2006). S. 93.
946 Olivares, J. (2006). S. 93.
947 Pastorino, A. (2006). S. 38.

für seine Internationalisierung betrachtet, jedoch wurde der Mercosur nur selten von Brasilien als Mittel für eine gemeinsame Internationalisierung, benutzt.[948]

Bezüglich der Rechtsangleichung deutet Art. 1 Abs. 4 VA an, dass ein GM bedeutet: „die Verpflichtung der Staaten zur Angleichung ihrer Rechtsordnungen in den geeigneten Bereichen, um die Verstärkung des Integrationsprozesses zu erlangen." Entsprechend spielt die Rechtsangleichung eine wichtige Rolle für die Etablierung eines GM. Trotzdem stehen den Gesetzgebungsorganen des Mercosur (MR) keine geeigneten Rechtsakte, wie etwa die EU-Richtlinien, zur Verfügung, um eine solche Rechtsangleichung durchzusetzen. Das MR besitzt keine Rechtsakte für die Angleichung der nationalen Rechtsordnungen, wie es im VA gefordert ist. Daher sollten die gemeinsamen Organe verbindliche Rechtsakte für die Rechtsangleichung erlassen dürfen, damit die Entwicklung und die Absicherung der Integration innerhalb des Mercosur effektiver und konsequenter fortgeführt werden kann.

Man kann zu dem Schluss kommen, dass die Etablierung eines GM in Rahmen des Mercosur noch eine schwierige Aufgabe ist, weil es immer noch Beschränkungen im gegenseitigen Handeln innerhalb des Mercosur gibt, weil der Mercosur immer noch keinen Zolltarif zustande gebracht hat, weil es Probleme mit der Rechtsangleichung gibt, und weil die Entwicklung der gemeinsamen Handels- und Wirtschaftspolitik sehr langsam abläuft. Die Weiterentwicklung des Mercosur bedarf der Einführung der Supranationalität und der Schaffung von supranationalen Organen, die die Etablierung des GM durchsetzen und garantieren können. Im Folgenden wird nun der Stellenwert der Einführung der Supranationalität innerhalb des Mercosur und damit ein entscheidender Reformansatz analysiert.

6.1.3.1 Supranationalität und Weiterentwicklung des Mercosurrechts

Um einen GM zu etablieren, bedarf es einer supranationalen Organisation, die den Integrationsprozess vorantreiben kann. Die Weiterentwicklung des MR hängt ebenfalls von der Einführung supranationaler Organe innerhalb des Mercosur ab, weil die Integration ohne Supranationalität nicht über eine bloße intergouvernementale Vereinbarung hinausgehen kann. Die mit bestimmten Aufgaben und Gesetzgebungskompetenzen geschaffenen supranationalen Organe könnten die allmähliche Durchsetzung eines GM erleichtern. Die *unabhängige Arbeitsweise* der gemeinsamen Organe ist entscheidend für die Durchsetzung der Integrationsziele. Die Organe sollten Rechtsakte mit unmittelbar bindendem

948 Vigevani, T. und Ramanzini Jr, H. (2009). S. 11.

Charakter in den Mitgliedstaaten erlassen können, damit der Integrationsprozess sich effektiv und dynamisch entfalten kann. Dies bedeutet in erster Linie, dass der Mercosur eine neue supranationale Rechtsordnung schaffen sollte, die in den Mitgliedstaaten unmittelbar anwendbar ist.

Der Mercosur benötigt insbesondere ein exekutives supranationales Organ (wie die europäische Kommission), das ein Garant für die Durchsetzung des GM sein könnte. Ein solches Organ sollte nicht die nationalen, sondern die gemeinsamen Interessen bewahren und dem Integrationsprozess dynamische, von rein nationalen Interessen unabhängig Impulse geben. An dieser Stelle könnten die Kritiker der Supranationalität, insbesondere aus Brasilien, jedoch sagen, dass die Einführung der Supranationalität in den Mercosur die Annahme des Modells der EU und der AGN bedeuten würde. Tatsächlich stellt dieser Vorschlag die partielle Übernahme, dabei eben durchaus eigenständiger Weiterentwicklung des europäischen Modells dar. Dies kann positive Impulse vermitteln, weil die europäische Erfahrung gezeigt hat, dass die gemeinsamen supranationalen Organe ein entscheidender Faktor für die Verwirklichung der wirtschaftlichen Integration in der EU gewesen sind. Die europäische Erfahrung zeigt auch, dass die supranationalen Institutionen eine herausragende Rolle für die Formulierung und die Aufstellung der Regeln, die die verschiedenen Akteure erfüllen müssen, spielen. Die supranationalen Institutionen garantieren eine gewisse Unabhängigkeit von der nationalen Politik der Mitgliedstaaten.[949]

Die Einführung der Supranationalität ist innerhalb der Mitglieder des Mercosur nicht unbedingt als selbstverständlich betrachtet worden, denn die Staaten sind weiterhin nicht bereit, ihre Souveränität zu teilen. Hierdurch wird ein erfolgreicher Integrationsprozess in letzter Konsequenz verhindert. Um die Supranationalität einzuführen, sollte insbesondere Brasilien seine traditionelle Ablehnung der Übertragung souveräner Rechte auf die Organe einer supranationalen Organisation endlich aufgeben, denn es ist zentral zu beachte, dass die Position Brasiliens entscheidend für den möglichen Erfolg des Mercosur ist. Trotzdem hat Brasilien sich bisher für die Förderung eines bloßen intergouvernementalen Mercosur entschieden.

Es wäre wünschenswert, dass Brasilien im Rahmen des Mercosur eine ähnliche Rolle wie Deutschland im Rahmen der EU spielen könnte, obwohl dies immer unwahrscheinlicher wird,[950] denn Brasilien übt die gewissermaßen deutsche Spielart des Regionalismus, nämlich die Übertragung der Souveränität auf supranationale

---

949 Sangmeister, H. (2009) S. 121.

950 Sorj, B. und Fausto, S. (2011). S. 23.

Organe im Austausch gegen die Unterstützung seiner Nachbarn, nicht aus.[951] Unbegreiflicherweise unterstützt Brasilien keine supranationale Integration in Lateinamerika. Verglichen damit, hat Deutschland sogar seine Verfassung geändert, um die Integration durch die Übertragung eines Teils der Souveränität zu ermöglichen. Es sei verwiesen auf die Mitgliedstaaten der Europäischen Union, die trotz der Übertragung von Hoheitsrechten auf die EU-Organe nach wie vor souverän sind. Dies zeigt, dass eine solche Abtretung keinesfalls die vollständige Übergabe der staatlichen Souveränität bedeutet. Schließlich muss man betrachten, dass die Einführung der Supranationalität sich nicht auf die ganze institutionelle Struktur der Integration ausdehnen muss, sondern der für die Konstruktion des GM maßgeblichen Bereichen vorbehalten bleiben darf.

6.2 Die Perspektive der Vereinigung AGN-Mercosur

Die ersten Schritte zur Vereinigung AGN-Mercosur sind bereits getan. Trotzdem haben sich die Mitgliedstaaten dieser Integrationsprozesse immer noch nicht entschieden, die beiden Prozesse kohärenzsichernd zu einem Ganzen zu vereinen. Der Vereinigung stehen viele Hindernisse im Weg. Beispielsweise ist es bisher nicht gelungen, eine gemeinsame Wirtschaftspolitik durchzusetzen, weil die südamerikanischen Länder den internationalen Handel lieber unilateral statt durch regionale Organisationen steuern wollen. Jeder südamerikanische Staat besitzt seine eigene und sehr eigenständige Wirtschaftspolitik, wodurch die Beziehungen der südamerikanischen Staaten vielseitig sind. Es gibt nach wie vor keine Bereitschaft für die Annahme von gemeinsamen ökonomischen und makroökonomischen Politiken.[952] Die Staaten fördern die Vereinigung der Märkte, jedoch ohne eine effektive Harmonisierung der Wirtschaftspolitik,[953] wodurch die Integration behindert wird.

Die Handelsbeziehungen mit Drittstaaten sind für die südamerikanischen Länder unentbehrlich und wichtiger als die Handelsbeziehung innerhalb der Region. Daher sind die amerikanischen und europäischen Märkte für die meisten lateinamerikanischen Ökonomien wichtiger als die lateinamerikanischen Märkte selber.[954] Die Bedingungen für den Erfolg der wirtschaftlichen Integration scheinen

951 Spektor, M. (2011). S. 162.

952 Quispe, F. (2010), S. 270.

953 Rueda, F. (2008). Las debilidades de la subregional en América Latina. In (De Lombaerde, Kochi, Briceño (Eds) Del regionalismo Latinoamericano a la Integración Interregional. Siglo XXI. Madrid. S. 40.

954 Sangmeister, H. (2009). S. 118.

in Südamerika nicht gegeben zu sein, da die wirtschaftliche Struktur und die Bedürfnisse der Nationalstaaten unterschiedlich sind und da es heftige Asymmetrien zwischen den Ländern gibt. Außerdem wollen die Staaten ihre Beziehungen mit Drittstaaten und anderen Organisationen nicht durch die regionale Integration beschränken und behindern.[955]

Darüber hinaus wird das Wachstum der wirtschaftlichen Integration durch die schlechte Infrastruktur im Bereich des Verkehrswesens und der Kommunikation erschwert. Demnach ist es manchmal einfacher und billiger, Waren aus Südamerika an Kunden in Nordamerika oder Europa zu senden, als sie in die südamerikanische Region zu schicken.[956] In diesem Sinne kann man der Meinung Sangmeisters zustimmen, dass eine bewährte Infrastruktur als Bedingung für einen gehaltvollen Fortschritt der wirtschaftlichen Integration notwendig sei.[957]

6.2.1 ALADI: die ursprüngliche Verbindung AGN-Mercosur

Die Lateinamerikanische Integrationsvereinigung (Asociación Latinoamericana de Integración (ALADI) ist die Nachfolgerin der ALALC (Art. 54 Vertrag von Montevideo). Die ALADI entstand durch den Vertrag von Montevideo von 1980 (VM) und sie setzt sich als Ziel, den allmählichen und schrittweisen Aufbau eines lateinamerikanischen Gemeinsamen Markts voran zu treiben (Art. 1 Abs. 2 Vertrag von Montevideo). Trotzdem enthält der Vertrag weder Fristen noch Mechanismen, um die Ziele zu realisieren. Im Allgemeinen fehlen der ALADI ein spezifizierter Plan und die Angabe konkreter Strategien darüber, wann und wie dieses wichtige Ziel verwirklicht werden soll.[958] Damit bleiben die Ziele ohne politischen Willen, ohne Disziplin und Planmäßigkeit, der Aufbau der Integration wurde sozusagen seinem Glück überlassen.[959] Das ist mehr als nur infrastrukturelle Naivität.

Die südamerikanischen Teilordnungen sind eng verbunden, weil beide Integrationsprozesse das Ziel haben, schrittweise und fortschreitend einen lateinamerikanischen Gemeinsamen Markt zu etablieren.[960] Das heißt, dass die Teilregime das Ziel der Gründung eines lateinamerikanischen Gemeinsamen Markts teilen.

---

955 Arroyave, M. (2008a). S. 314.
956 Sangmeister, H. (2009). S. 120.
957 Sangmeister, H. (2009). S. 120.
958 Arnau, L (2002). S. 57.
959 Vieira, E. (2008). S. 104.
960 Quispe, F. (2010). S. 281.

Art. 1. des AC[961] besagt, dass der Integrationsprozess eine Stufe zur Errichtung eines lateinamerikanischen Gemeinsamen Markts ist.[962] Mittlerweile steht in der Präambel[963] des Vertrags von Asunción, dass der Mercosur als ein neuer Fortschritt hinsichtlich der Bemühungen zur allmählichen Entwicklung der lateinamerikanischen Integration betrachtet werden sollte.[964] Entsprechend könnten die südamerikanischen Integrationsprozesse als Kettenglieder der lateinamerikanischen bzw. südamerikanischen Integration betrachtet werden.

Sowohl der Mercosur als auch die AGN sind als *subregionale Integrationsprozesse* der ALADI bezeichnet worden, da beide Integrationsprozesse innerhalb der ALADI entstanden sind.[965] In der ALADI gelten die AGN, der Mercosur und die Gruppe der Drei (Grupo de los Tres) als subregionale Präferenzräume bzw. Integrationsprozesse.[966]. In diesem Sinne schufen die kleinen Staaten der ALALC am 26.05.1969 den Andenpakt bzw. die Andengruppe, wodurch die Staaten eine subregionale Integrationszone ausbildeten. Die Andenintegration wurde von den wirtschaftlich schwächeren Ländern als eine Alternative zur Ungleichheit

961 Acuerdo de Cartagena. Decisión 563 de la Comisión de la Comunidad Andina. Codificación del Acuerdo Subregional Andino. Gaceta Oficial Año XIX - Numero 940. Lima 1 de Julio de 2003.

962 Die lateinamerikanische Integration ist eine der zentralen Ziele des AC. Dazu: Diálogo Presidencial sobre el futuro del Proceso Andino de Integración y su proyección en Suramérica. XV Consejo Presidencial Andino, Quito 12 deJulio de 2004.

963 Die Präambel enthält die Stellenwerk, die Funktionen, die Zielsetzungen und die Prinzipien eines Vertrages. Die Präambel ist Bestandteil für die Auslegung eines Vertrages (Art. 31 Abs. 2 WVK).

964 Tratado de Asunción o Tratado del Mercosur. 1991.

965 Alle übrigen Abkommen partiller Reichweite bzw. zur wirtschaftlichen Ergänzungen im Rahmen der ALADI werden nicht als subregionale Integrationszone angesehen. Die subregionalen Integrationszonen sind für Hummer solche Präferenzzone, die durch „inter se" - Verträge ein Teil der Mitglieder umfassender (regionaler) Präferenzzone im Sinne von Art. 41 der Wiener Vertragsrechtskonvention (WVK) ausgebildet worden sind. Demnach sollten auch alle Abkommen partieller Reichweite bzw. auch die Abkommen zur wirtschaftlichen Ergänzung neben der AGN und dem Mercosur als subregionale Präferenzzone zahlen allerdings nur solange, als sie den Kriterien des Art. XXIV GATT oder der Ermächtigungsklausel genügen. Tut sie dies nicht, dann sind sie lediglich subregionale Präferenzabkommen. Dazu: Hummer, W. (2005). S. 12ff.

966 Venezuela hat die Grupo de los Tres bzw. das ACE N° 33 durch die Note 11.2. UE. E1/Rep von 25.05,2006 ausgetretten. Dementsprechend wurde die Name Grupo de los Tres durch das ergänzende Protocolo der ACE N° 33 von 11.07.2010 für das Freihandelsabkommen zwischen Mexiko und Kolumbien ersetzt.

im Rahmen der ALALC betrachtet, da die sich durch die ALALC ergebenden Vorteile insbesondere zugunsten der stark entwickelten Länder wie z.B. Argentinien, Brasilien und Mexiko wirkten.[967] Kleine Staaten befanden sich gegenüber den großen Staaten wie Brasilien, Argentinien und Mexiko im Nachteil,[968] da die meisten Gewinnanteile des Prozesses auf die großen Staaten zentriert waren.[969]

Bezüglich des Mercosur sollte betont werden, dass der VA ein im Rahmen der ALADI abgeschlossenes Abkommen zur wirtschaftlichen Ergänzung (ACE-18) ist.[970] Bereits in den siebziger Jahren begannen innerhalb der ALADI die bilateralen Beziehungen zwischen Argentinien und Brasilien. Im Jahr 1985 wurde die Erklärung von Iguazú verabschiedet,[971] die die Basis des Mercosur begründete.[972] Danach wurde das Abkommen N°. 14 der ALADI (1990) über die wirtschaftliche Kooperation zwischen Argentinien und Brasilien abgeschlossen. Dieses Abkommen stellt einen weiteren Schritt zur lang erwarteten Annahme des Vertrags von Asunción dar.[973] Darüber hinaus wurde der Mercosur unter der Ermächtigungsklausel[974] des GATT als subregionales Abkommen zur wirtschaftlichen Ergänzung (ACE-18) vor dem „Komitee für Handel und Entwicklung des GATT" notifiziert. Die Mitgliedstaaten des Mercosur erklärten, dass die ACE-18 ein Bestandteil der ALADI (als Mutter Vertrag) sei.[975]

---

967 Fuders, F. (2009).

968 Hummer, W. (2005). S. 8.

969 Godoy, H und González, R. (2012). S. 71.

970 Pastorino A. (2006). S. 29.

971 Declaración de Iguazú, firmada por los presidentes Raúl Alfonsin y José Sarney, Foz do Iguazú, 30 de noviembre de 1985.

972 Tagle, Carlos. (1987) Aspectos jurídicos e institucionales del programa de Integración y Cooperación Argentino-Brasileno, in: Integración Latinoamericana, S. 45. Dazu noch: Quispe, F. (2010). S. 271.

973 Ventura, D. (2005). S. 72.

974 Die Ermächtigungsklausel stelle eine lex specialis zu den Bestimmungen des GATT-Status dar, die auch beim Abschluss regionaler Präferenzzonen anzuwenden sei, solange diese nur von Entwicklungsländern abgeschlossen werden. Die Ermächtigungsklausel erlaubt Integrationsformen „á la carte" zwischen Entwicklungsländern, und zwar außerhalb der strikten Erfordernisse des Art. XXIV GATT. Allerdings USA, Japan, Australien, die Schweiz und die EG u.a. haben Einspruch dagegen erhoben, da die Ermächtigungsklausel kein Substitut des Art. XXIV ist, worunter dem Vertrag von Asuncion falle. SO sollte eine eingesetzte ad-hoc Gruppe (Grupo Ad-hoc MERCOSUR-OMC) das Problem lösen aber sie konnte keine endgültige Lösung dieser rechtsdogmatisch außerordentlich schwierigen Frage finde. Dazu Hummer, W. (2005). S. 22.

975 Hummer, W. (2005). S. 22.

Die ALADI hat manches zur Entwicklung der südamerikanischen Integrationsprozesse beigetragen, weil der VM den Staaten die Annahme von verschiedenen wirtschaftlichen Abkommen zwischen den südamerikanischen Ländern erlaubt.[976] Der Vertrag von ALADI sieht in Art. 4 die Erlassung von Abkommen partieller Reichweite *(Acuerdo de Alcance Parcial)* und von Abkommen zur wirtschaftlichen Ergänzung *(Acuerdos de Complementación Económica)* vor. Zum einen sind diese Vereinbarungen als Maßnahmen und als Mechanismus für die Fortschritte der Integration und die Etablierung eines lateinamerikanischen Gemeinsamen Markts gemeint und zum anderen dienen sie zur Erfüllung der grundlegenden Funktionen der ALADI (Art. 2 und Art. 4 VM). Mit Hilfe dieser Artikel sind vielfältige, bilaterale und multilaterale Vereinbarungen sowohl zwischen den lateinamerikanischen Staaten, als auch zwischen einem Staat und dem Mercosur oder der AGN und schließlich auch Abkommen zwischen dem Mercosur und der AGN erlassen worden.[977] Darüber hinaus bezweckt die ALADI, die Harmonisierung der zahlreichen Rechtsnormen bezüglich der Integration zu erreichen.[978] Das heißt, die ALADI versucht die Konvergenz bzw. Kohärenz der subregionalen Integrationsprozesse zu fördern, damit ein lateinamerikanischer Gemeinsamer Markt möglichst widerspruchsfrei ausgestaltet werden kann.[979]

6.2.2 Die Freihandelszone AGN-Mercosur

Die Gründung einer Freihandelszone zwischen der AGN und dem Mercosur wäre ein entscheidender Schritt für die Vereinigung/Vereinheitlichung und Weiterentwicklung des SIR.[980] Die erstmalige Förderung einer solchen Zusammenführung fand bereits 1993 statt und geht auf den brasilianischen Präsidenten Itamar Franco zurück. Er hatte das Konzept einer gesamtsüdamerikanischen Freihandelszone (Area de Libre Comercio Suramericana) präsentiert, die die subregionalen südamerikanischen Integrationszonen in einen vereinheitlichenden Konvergenzprozess einbeziehen sollte.[981] Daraus folgte, dass beide subregionalen Blöcke 1998 ein Rahmenabkommen über die Gründung einer Freihandelszone annahmen. Anschließend wurde 2002 das Abkommen zur

976 Arnau, L. (2002). S. 57.
977 Quispe, F. (2010). S. 268.
978 Vieira, E. (2008). S. 104.
979 Quispe, F. (2010). S. 268.
980 Salgado, G. (1995). S. 34.
981 Hummer, W. (2005). S. 32. Arnau, L. (2002). S. 70.

wirtschaftlichen Ergänzung N° 56,[982] das die Schaffung einer Freihandelszone bis Dezember 2003 fördern sollte, erlassen.

An dieser Stelle ist darauf hinzuweisen, dass die Verhandlungen über die Etablierung der ALCA dazu führten, dass in Brasilien die Frage der regionalen Integration in den Mittelpunkt rückte. Brasilien war der Überzeugung, dass eine vereinigte Region den südamerikanischen Staaten bessere Möglichkeiten bei den Verhandlungen der ALCA geben würde. Der brasilianische Präsident Lula da Silva führte 2003 aus: „unsere Priorität im Rahmen der Integration ist Südamerika und wir sind willens, alles Nötige zu tun, um die Verhandlungen mit der AGN und ihren Mitgliedern zu beschleunigen".[983] Darüber hinaus sollte die eventuelle Konvergenz zwischen den südamerikanischen Integrationsprozessen nach brasilianischer Auffassung im Rahmen der ALADI erfolgen.[984] Entsprechend haben die AGN und der Mercosur am 16.12.2003 ein neues Abkommen zur wirtschaftlichen Ergänzung N° 59 mit dem Ziel unterschrieben,[985] eine Freihandelszone durch die Erweiterung und die Diversifikation des wechselseitigen Handels und durch die Aufhebung der Zollschranken und der nichttarifären Handelshemmnisse zu gründen.[986] Dementsprechend ist die Tür für den Aufbau einer SFHZ durch die Abkommen zur wirtschaftlichen Ergänzung geöffnet.

Die Gründung und Gewährleistung einer SFHZ könnte die Grundlage für die allmähliche Entwicklung eines südamerikanischen Gemeinsamen Markts sein. Eine umfassende Freihandelszone sollte die Vertiefung der Integration zulassen. Die SFHZ wäre ein erster Schritt für die Weiterentwicklung der südamerikanischen Integration und des SIR. Zwar sollte erwähnt werden, dass es Perspektiven zur Gründung einer Freihandelszone gibt, jedoch nicht für die Gründung eines Gemeinsamen Markts, weil Kolumbien und Peru aufgrund des FHZA nicht an einer südamerikanischen Zollunion teilnehmen könnten. Das heißt, dass weder Kolumbien noch Peru ein Teil einer vertieften südamerikanischen Integration

---

982 Acuerdo de Complementación Económica N° 56 suscrito el 06 Dic-2002.

983 Rede des brasilianischen Präsidenten, Luiz Inácio Lula da Silva, ante el XIV Consejo Presidencial Andino. Quirama, Antioquia Colombia. 27 de julio de 2003.

984 Hummer, W. (2005). S. 32.

985 Nachweis: Acuerdo de Complementación Económica suscrito entre los gobiernos de la República de Argentina, de la república Federativa de Brasil, de la República del Paraguay y de la república oriental del Uruguay – Estados partes del Mercosur y los gobiernos de la República de Colombia, de la República del Ecuador y de la República Bolivariana de Venezuela – Países miembros de la CAN. (Dic-2003). El 18 octubre de 2004 fue depositado el AEC en la ALADI.

986 Quispe, F. (2010). S. 273.

sein können. Jedenfalls insoweit scheint die Gründung eines südamerikanischen Gemeinsamen Markts ausgeschlossen.

6.2.3 Die Erweiterung des Mercosur

Für Brasilien ist der Mercosur „von einem praktischen Standpunkt aus“ betrachtet der *Nukleus* der südamerikanischen Integration.[987] Brasilien versucht nicht nur die südamerikanischen Integrationsprozesse zu konsolidieren, sondern beabsichtigt auch, den Mercosur durch die Eingliederung von neuen Nachbarländern als Vollmitglied oder als assoziierte Staaten zu erweitern. Die Erweiterung des Mercosur könnte ein Schritt zur Ausgestaltung einer SFHZ sein. In Art. 20 des VA ist die Möglichkeit des Beitritts weiterer ALADI Mitgliedstaaten vorgesehen. Darüber hinaus sind die Voraussetzungen für die Aufnahme von assoziierten Staaten durch die Decisión CMC N° 18/4 reguliert. Die Mitgliedschaft als assoziierter Staat ist auch für die Mitgliedstaaten der ALADI offen, mit denen der Mercosur ein Freihandelsabkommen unterschrieben hat.[988]

Venezuela wurde durch das Protokoll über den Beitritt vom 04.07.2006 und durch die Decisión CMC N° 29/05 in den Mercosur eingebunden.[989] Die Eingliederung Venezuelas war jedoch sehr problematisch, weil Paraguay das Protokoll über den Beitritt Venezuelas nicht ratifiziert hatte. Aufgrund der Suspendierung der Rechte Paraguays innerhalb des Mercosur im Jahr 2012 haben sich Uruguay, Argentinien und Brasilien trotzdem dafür entschieden, Venezuela ab 31.07.2012 als Vollmitglied des Mercosur anzunehmen.[990] Die Rechtsmäßigkeit dieser Entscheidung wurde in Frage gestellt, weil die Rechte Paraguays hinsichtlich der Ratifizierung des venezuelanischen Beitritts durch die Suspendierung Paraguays im Mercosur nicht eingeschränkt werden sollten.[991] Letztendlich ist das Protokoll über den Beitritt Venezuelas zum Mercosur am 18.12.2013 vom paraguayischen Kongress angenommen worden, wodurch die rechtlichen Probleme des Beitritts gelöst werden konnten.

Ebenso ist Bolivien bereits 1996 durch ein weitreichendes Assoziierungsabkommen mit dem Mercosur ein assoziiertes Mitglied des Mercosur geworden.[992]

---

987 Amorin, C. (2009). S. 11.

988 Pastorino, A. (2006). S. 42.

989 Protocolo de Adhesión de la República de Venezuela, 04 de Julio de 2006.

990 Declaración sobre la incorporación de la República Bolivariana de Venezuela al Mercosur. Mendoza. 29 junio de 2012.

991 Näher: Deluca, S. (2012). S. 259.

992 Acuerdo de Complementación Económica N° 36 (17-Dic-1996).

Zurzeit ist Bolivien im Beitrittsprozess, um als Vollmitglied angenommen zu werden, da es am 07.12.2012 das Protokoll über den Beitritt unterschrieben hat.[993] Ebenso hat Chile 2003 durch ein Assoziierungsabkommen eine Freihandelszone mit dem Mercosur abgeschlossen,[994] weshalb Chile als assoziiertes Mitglied des Mercosur gilt. Seit 2003 haben nach Bolivien und Chile auch die Andenländer Peru, Kolumbien und Ecuador Assoziierungsabkommen mit dem Mercosur unterzeichnet. Darüber hinaus sind die Mitglieder des Mercosur auch Assoziierte der AGN.[995] Schließlich hat Kolumbien 2011 offiziell angekündigt, dass es mit der Unterstützung Brasiliens und der übrigen Mercosur Mitgliedstaaten seine Einbindung in den Mercosur als Vollmitglied beginnen will.[996]

6.2.4 Die Förderung der Vereinigung AGN-Mercosur durch die Unasur

Die Unasur ist eine große programmatische Vereinbarung, die sich auf die bereits vorhandenen Prozesse, nämlich den Mercosur und die AGN bezieht. Mit dem Vertrag der Unasur bekam die Realisierung einer Vereinigung zwischen Mercosur und AGN einen neuen Anstoß, weil die Unasur einen guten Raum für eine solche Vereinigung bieten könnte. Bereits 2004 wurde durch die Erklärung von Cusco[997] betont, dass die Südamerikanische Gemeinschaft der Nationen SGN auf der AGN und auf dem Mercosur beruhen sollte. Ebenso wurde in der Erklärung über die Konvergenz der südamerikanischen Integrationsprozesse von 2005 entschieden, die Konvergenz der bestehenden Abkommen zur wirtschaftlichen Ergänzung zwischen den südamerikanischen Staaten herbeizuführen und Studien für die graduelle Etablierung einer SFHZ vorzubereiten.[998]

In der Präambel des VB betonen die Mitglieder der Unasur übereinstimmend, dass die Integration durch einen innovativen Prozess erreicht werden sollte, der alle Erfolge und Fortschritte des Mercosur und der AGN sowie die Erfahrungen von Chile, Guyana und Suriname übernimmt. Dieser Prozess sollte einen neuen

993 Protocolo de Adhesión del Estado Plurinacional de Bolivia al Mercosur. Brasilia 07.12.2012.

994 Acuerdo de Complementación Económica N° 58 (25 Ago-2003).

995 Nachweis: Decision 613 (07.07.2005) de la Comunidad Andina de Naciones.

996 Pastrana, E. (2011). S. 12.

997 Declaración del Cusco sobre la Comunidad Sudamericana de Naciones. III Cumbre Presidencial Suramericana, Cusco. 08. 12. 2004.

998 Declaración sobre la Convergencia de los Procesos de Integración en América del Sur. Primera reunión de Jefes de Estado de la Comunidad Sudamericana de Naciones, Brasilia, 30.10.2005.

Prozess einleiten, der jenseits lieber eine bloße Konvergenz und über die Gründung einer Freihandelszone hinausgehen sollte. Im Übrigen wird in der Präambel des VB die Absicht der Staaten, eine Wirtschaftsintegration zu schaffen, bekräftigt. Dadurch, dass die Präambel darauf hinweist, dass die Integration die Fortschritte und Erfolge des Mercosur und der AGN übernehmen sollte, öffnet die Unasur die Tür für die Konvergenz der südamerikanischen Teilordnungen und für die Entwicklung einer SFHZ.

6.3 Die Weiterentwicklung der südamerikanischen Gerichtsbarkeit durch die Kooperation zwischen den nationalen und den gemeinsamen Gerichten

6.3.1 Das Beispiel des EuGH: der Motor der Integration

Der EuGH ist ein supranationales Organ, das die Wahrung des Rechts bei der Auslegung und Anwendung der Verträge sichert (Art. 19 EUV, Art. 252, 253, AEUV). Hierzu zählen die Klärung von Auslegungsfragen des primären und sekundären Unionsrechts sowie die Entscheidung über die Gültigkeit von Rechtsakten der Union am Maßstab des höherrangigen Unionsrechts.[999] Der EuGH überwacht die einheitliche Auslegung und Anwendung des Gemeinschaftsrechts, und zwar in Streitfällen, die ihm von den Organen der Union, den Mitgliedstaaten oder auch von Privatpersonen und privatrechtlichen Verbänden unterbreitet werden. Und er wird auch in sog. Vorabentscheidungen auf Anfrage innerstaatlicher Gerichte tätig.[1000]

Der EuGH ist zu Recht als „Motor der Integration" bezeichnet worden, weil der Zuschnitt der geltenden europarechtlichen Ordnung sich zu einem guten Teil aus der Rechtsprechung des Gerichtshofes ergibt. Er hat seine wichtigsten dogmatischen Konstruktionen -unmittelbare Anwendbarkeit, Vorrang und Sperrwirkung- in einer Zeitspanne von der Mitte der 1960er Jahre bis zur Mitte der 1980er Jahre entworfen.[1001] Die Urteile des EuGH waren von grundlegender Bedeutung für die Entwicklung der Konstitutionalisierung des Gemeinschaftsrechts. Die Prinzipien der unmittelbaren Wirkung und der unmittelbaren Anwendbarkeit haben sehr zur Entstehung eines europäischen Verfassungsrechts beigetragen.

999 Geiger, R. (2010). S. 211.
1000 Buergenthal, T. Doehring, K. und Kokott, J. (2003). S. 52.
1001 Haltern, U. (2007a). S. 6.

Entsprechend besteht zwischen der Entwicklung von Grundprinzipien und der Konstitutionalisierung ein enger Zusammenhang. Das heißt, dass „die Luxemburger Urteile die europäische Integration in wichtigen Bereichen vorangetrieben und ganz maßgeblich zur Konstitutionalisierung der Europäischen Union als Rechtsgemeinschaft beigetragen haben".[1002] Das Luxemburger Gericht sucht weder Maximalstandards noch den jeweils kleinsten gemeinsamen Nenner, sondern Lösungen, die den Zielen und Interessen der Gemeinschaft am ehesten gerecht werden.[1003] „Der EuGH schöpft nicht aus einem ein für allemal fernstehenden Reservoir an Rechtsgrundsätzen, sondern greift produktiv aus, was dank kultureller Wachstums- und Wandlungsprozesse im gemeineuropäischen Rechtsdiskurs immer neu entsteht".[1004]

Das Bedürfnis zur Rechtsfortbildung in der EU ist unabweisbar.[1005] Die Überlegungen zur Rechtsfortbildung durch den Gerichtshof münden letztlich in der Frage nach dem Sinn, der Struktur, der Zukunft und den Grenzen der Gemeinschaft. Ferner hat der Gerichtshof verfassungsrechtliche Funktionen, besonders offensichtlich bei solchen Bestimmungen, die die Kompetenzen der Gemeinschaft begründen.[1006] In diesem Sinne waren die supranationalen Prinzipien, nämlich die unmittelbare Wirkung und Anwendbarkeit des UR und sein Vorrang vor nationalem Recht, nicht das Ergebnis öffentlicher Deliberation und demokratischer Verfahren, sondern eine gerichtliche Konstruktion.[1007] Trotzdem soll hier erwähnt werden, dass Weiler darauf hinweist, dass die rechtliche und konstitutionelle Entwicklung der EU nur im Zusammenhang mit dem politischen Prozess der Gemeinschaft möglich war.[1008]

1002 Vosskuhle, A. (2009). S. 6.
1003 Kotzur, M. (2010a). S. 249.
1004 Kotzur, M. (2010a). S. 249.
1005 Everling, U. (2000). S. 220.
1006 Everling, U. (2000). S. 220.
1007 Beck, U. und Grande, E. (2007). S. 19.
1008 Für Weiler ergibt sich die Konstitutionalisierung der Gemeinschaft aus der Balance zwischen Recht (Exit) und Politik (Voice). „Exit is the mechanism of organizational abandonment in the face of unsatisfactory performance. Voice is the mechanism of intraorganizational correction and recuperation". Näher: Weiler, J.H.H. (1991). S. 2047 ff.

6.3.1.1 *Das Kooperationsverhältnis zwischen den nationalen Gerichtshöfen und dem Europäischen Gerichtshof*

Die Mitgliedstaaten haben zentrale Funktionen bei der Willensbildung, der Gesetzgebung, dem Vollzug und der Rechtsprechung in der EU. Sie werden häufig auch als „Träger" der EU bezeichnet und sind praktisch –freilich nicht in einem formalen Sinne- Verfassungsorgane der EU.[1009] In diesem Sinne spielen die mitgliedstaatlichen Gerichte eine wichtige Rolle für die Anwendung und Durchsetzung des UR. Das wichtigste Verfahren für die Mitwirkung der nationalen Richter an der Anwendung des UR ist das Vorabentscheidungsverfahren.[1010] Das Vorabentscheidungsverfahren (Art. 267 AEUV) ist ein zentrales gerichtliches Kontrollinstrument der Union. Es kann jedoch kaum in traditionellen, nämlich hierarchischen Kategorien erfasst werden, weil das Verfahren keinen hierarchischen Instanzenzug, sondern ein Kooperationsverfahren begründet.[1011] Systemprägend für das föderale Verhältnis ist jedoch das Vorabentscheidungsverfahren in seiner spezifischen Mischung kooperativer und einheitsstiftender Momente.[1012] Das Verfahren beruht auf der Loyalität und der Zusammenarbeit der Richter beider Gerichtsbarkeiten.[1013] Außerdem gelten die nationalen Gerichte als Gemeinschaftsgerichte, wenn sie das Gemeinschafsrecht durchsetzen müssen.[1014]

Art. 267 AEUV ist die bedeutsamste Bestimmung der Verträge zur Sicherung der Rechtseinheit. Er will die einheitliche Auslegung (und damit mittelbar die einheitliche Anwendung) des innerstaatlich relevanten Unionsrechts durch eine Zusammenarbeit des EuGH mit den mitgliedstaatlichen Gerichten (Dialog der Richter).[1015] Der EuGH ist keineswegs nur ein autonom entscheidender Spruchkörper. Vielmehr ist das Rechtsschutzsystem der Gemeinschaft ein Tandem-System, welches die freiwillige Vorlagetätigkeit der mitgliedstaatlichen Gerichte zur Funktionsbedingung der EuGH-Rechtsprechung macht[1016]

1009 Schoeder, W. (2009). S. 66.
1010 Geiger, R. (2010). S. 212.
1011 Von Bogdandy, A. (2009). S. 43.
1012 Von Bogdandy, A. (2009). S. 43.
1013 Perotti, A. (2001). Algunas consideraciones sobre la Interpretación Prejudicial obligatoria en el Derecho Andino. Secretaría General de la Comunidad Andina, Biblioteca Digital Andina. S. 2.
1014 Tremolada, E. (2005). S. 161. Perotti, A. (2001). S. 1.
1015 Geiger, R. (2010). S. 212.
1016 Haltern, U. (2007a). S. 10.

und den Luxemburger Gerichtshof zugleich verpflichtet, eine offenes Ohr für die Judikatur der mitgliedstaatlichen Gerichte zu haben.

Voraussetzung für die Zuständigkeit des Gerichtshofes zur Vorabentscheidung ist nur, dass die vorgelegte Frage klar erkennbar die Auslegung der Verträge betrifft.[1017] Im Vorabentscheidungsverfahren kann der Gerichtshof weder die Verträge auf einen Einzelfall anwenden, noch über die Vereinbarkeit einer innerstaatlichen Maßnahme mit den Verträgen entscheiden,[1018] da der Gerichtshof zur Erhebung und Beurteilung von Tatsachen im Verfahren nach Art. 267 AEUV des Vertrages nicht befugt ist.[1019] Vorlagefähig sind zum einen Fragen der Auslegung des primären oder sekundären Unionsrechts und zum anderen Fragen nach der Gültigkeit sekundären Unionsrechts. Voraussetzung der Vorlage ist, dass das innerstaatliche Gericht objektive Zweifel an der Auslegung oder der Gültigkeit der betreffenden Norm feststellt.[1020] Vorlageberechtigt ist jedes Gerichts eines Mitgliedstaates.[1021]

Im Rahmen der europäischen Integration ist die Koordinierungsarbeit zwischen den nationalen und den supranationalen Gerichten klargestellt. Vosskuhle deutet an, dass das Bundesverfassungsgericht, der Europäische Gerichtshof für Menschenrechte (EGMR) und der Gerichtshof der Europäischen Gemeinschaften „mit unterschiedlichen, funktional aber vergleichbaren Aufgaben im europäischen Mehrebenensystem betraut sind". Sie wirken insofern auch nicht gegeneinander, sondern im Rahmen eines „europäischen Verfassungsgerichtsverbundes".[1022] Vosskuhle erklärt, dass der Verbundbegriff dabei hilft, die Funktionsweise eines komplexen Mehrebenensystems zu beschreiben.[1023]

6.3.2 Der Andengerichtshof: Antrieb der Integration

Die AGN hatte zum Zeitpunkt ihrer Gründung 1969 nur zwei Organe: die Kommission mit politischem und normativem Charakter und die Junta mit technischen und vollziehenden Aufgaben. In dieser Zeit waren die Errichtung eines Gerichts und die weitere Gestaltung einer ausdifferenzierten Rechtsordnung

---

1017 EuGH, (van Gend & Loss). Rs. 22/62. Slg. 1963.
1018 EuGH, (Costa-Enel). Rs 6/64. Slg. 1964, 1251.
1019 EuGH, (van Gend & Loss). Rs. 22/62. Slg. 1963.
1020 Geiger, R. (2010). S. 212.
1021 Geiger, R. (2010). S. 212.
1022 Die rechtlichen Grundlagen für diese so verstandene Kooperation finden sich in den Prinzipien der Völkerrechtsfreundlichkeit und auch in der Europarechtsfreundlichkeit. Näher: Vosskuhle, A. (2009). S. 7–8.
1023 Vosskuhle, A. (2009). S. 8.

nicht vorgesehen.[1024] Der Bedarf eines Gerichts wurde wenige Jahre nach der Verabschiedung des AC deutlich. Daher wurde von der Junta am 12.12.1972 ein Dokument mit dem Titel: „Erster Bericht zur Errichtung eines Gerichts innerhalb des Abkommens von Cartagena" angenommen.[1025] Bereits 1976 zeigte die erste von den Organen der AGN durchgeführte Bewertung über den Zustand des Prozesses eine allgemeine und ständige Nichterfüllung der Entscheidungen über den gemeinsamen Zolltarif und das industrielle Branchenprogramm auf. Dementsprechend wurde am 28.05.1979 der Andengerichtshof durch den Vertrag über die Gründung des Andengerichtshofes VGAGH gegründet und damit die Andenrechtsordnung normativ bewehrt.[1026] Der AGH ist weiter durch das Protokoll von Cochabamba (1996) verändert und ergänzt worden,[1027] damit sich die Gerichtsstruktur mit dem eingeführten AIS anpassen konnte.[1028]

Der AGH ist durchaus mit dem EuGH vergleichbar,[1029] weil beide Gerichte die Wahrung des Rechts bei der Auslegung und der Anwendung der Verträge sichern (Art. 4 SAGH und Art. 19 Abs. 1 Satz. 2 EUV). Darüber hinaus soll der AGH ebenso wie der EuGH durch die Wahrung des Rechtes dazu beitragen, dass die Integrationsziele und die Realisierung eines gemeinsamen Marktes verwirklicht werden können und dass sich eine eigenständige, gemeinschaftliche Rechtsordnung entwickelt.[1030] Der EuGH dient als Modell für den AGH, weshalb die Rechtsakte und die Verfahren der AGN ähnlich denen der EU sind.[1031] Darüber hinaus entfaltet die Jurisprudenz des AGH unmittelbare Wirkung und bedarf keiner Vollstreckbarkeitserklärung durch die Mitgliedstaaten (Art. 32 des

1024 Pico, G. (1992). S. 18.

1025 "Primer informe para el establecimiento de un órgano jurisdiccional dentro del Acuerdo de Cartagena. Dazu: Pico, G. (1992). S. 18.

1026 Salazar, J. (1988). Acuerdo o desacuerdo de Cartagena, un testimonio sobre el Pacto Andino. Verlag Tercer Mundo Editores. S. 26.

1027 Tratado de Creación del Tribunal de Justicia de la Comunidad Andina, modificado por el Protocolo modificatorio del Tratado de Creación del Tribunal de Justicia del Acuerdo de Cartagena. Hecho en la ciudad de Cochabamba, Bolivia, a los 28 días de mayo de 1996.

1028 Pejovés, J. El Sistema de Solución de Controversias en la Comunidad Andina. Verfugbar: http://www.comunidadandina.org/documentos/docIA/pejoves.htm.

1029 Fuders, F. (2008). S. 23.

1030 Marwege, R. (1995). S. 75.

1031 Bustamante, A. (2004). S. 21.

Vertrages über den Gerichtshof).[1032] In diesen beiden Elementen findet das Vorbild des europäischen Unionsrechts deutlich Ausdruck.[1033]

Dem Andengerichtshof kommt die wichtige Aufgabe zu, die zur Integration notwendige Rechtssicherheit der Region zu gewährleisten. Nach Art. 4 der SAGH wurde den AGH etabliert, um das AGR zu interpretieren und um die homogene Anwendung und Auslegung des Rechts in den Mitgliedstaaten sicherzustellen.[1034] Die Anden-Gerichtsbarkeit ist für die Mitglieder der AGN verbindlich. Art. 42 VGAGH besagt, dass die Staaten Rechtsstreitigkeiten nicht von einem Gericht, einem Schiedsgericht oder in einem anderen Verfahren, das nicht in dem Protokoll von Cochabamba vorgesehen ist, überprüfen lassen dürfen. Insofern ist die Anden-Gerichtsbarkeit nicht nur verbindlich, sondern auch exklusiv, weil andere Verfahren zur Lösung der Rechtsstreite ausgeschlossen sind.[1035]

Der VGAGH reguliert abschließend die verschiedenen Klagen und Verfahren des AGH,[1036] welche die Rechtsmäßigkeitskontrolle des Integrationsprozesses und des Rechts gewährleisten.[1037] In diesem Sinne hat der AGH schon manche Verstöße gegen das AGR festgestellt. Daher sind den Mitgliedstaaten Bestrafungen auferlegt worden.[1038] Der AGH ist nach wie vor das tatsächlich unabhängige, eigenständige Integrationsorgan, denn wenn er das Gesetz interpretiert, könnte er auch gegen die Interessen der nationalen Regierungen entscheiden.[1039] Schließlich ist der Gerichtshof ein wesentlicher Motor des Integrationsprozesses, weil durch seine Arbeit die Entwicklung und die Durchsetzung des Gemeinschaftsrechts gesichert werden.[1040] Der AGH hat maßgeblich zur Entwicklung des AGR beigetragen, weil er die Grundprinzipien der unmittelbare Anwendbarkeit und des Anwendungsvorrangs sowie das Prinzip der loyalen Zusammenarbeit durch seine Rechtsprechung und Rechtsfortbildung näher konturiert hat.

1032 Herdegen, M. (2009). S. 202.

1033 Herdegen, M. (2009). S. 202.

1034 Decisión 500 CAN – Estatuto del Tribunal Andino de Justicia. Art. 4.

1035 Arnau, L (2002). S. 92.

1036 Die Verfahren vor dem AGH sind die Untätigkeitsklage, das Vorabentscheidungsverfahren, das Vertragsverletzungsverfahren die Nichtigkeitsklage, Arbeitsgerichtsbarkeit und schiedrichtliche Funktion. Dazu: Perotti, D. (2001). S. 2.

1037 Insignares, S. (2007). S. 303.

1038 Fuentes, A. (2007). S. 363.

1039 Bustamante, A. (2004). S. 23.

1040 Campo, J. (1995). La institución jurisdiccional de la UE, Editorial biblioteca jurídica DIKE. Universidad de los Andes. Bogotá. S. 36.

6.3.2.1 *Die Kooperation zwischen den nationalen Gerichten und dem Andengerichtshof durch das Vorabentscheidungsverfahren*

Die AGN besteht aus den Mitgliedern sowie aus den Organen und Institutionen des Andenintegrationssystems (Art. 5 des AC). Das heißt, dass die Mitglieder der AGN, ähnlich wie die Mitglieder der EU, Parteien und Organe des Integrationsprozesses sind. Die Mitwirkung der Mitgliedstaaten ist zentral für die Verwirklichung der Integration, weil die Staaten unabdingbar für die Erfüllung der Ziele und Fortschritte der Integration sind. In diesem Sinne spielen die mitgliedstaatlichen Gerichte (wie in der EU) eine wichtige Rolle für die Anwendung und Durchsetzung des AGR. Innerhalb der AGN ist das Vorabentscheidungsverfahren (Art. 33 VGAGH) das wichtigste Verfahren für die Mitwirkung der nationalen Richter an der Anwendung des AGR.

Das Vorabentscheidungsverfahren innerhalb der AGN wurde als ein Mechanismus für die *Kooperation* zwischen dem nationalen Richter und dem Gemeinschaftsrichter etabliert mit dem Ziel, eine einheitliche gemeinsame Rechtsauslegung des gemeinsamen Rechts zu sichern.[1041] Dieses grundlegende Ziel ist außerhalb der Kompetenz der nationalen Richter.[1042] Das Vorabentscheidungsverfahren hat die Entwicklung des Integrationsrechts nachhaltig gefördert. Zudem ist es ein tatsächliches Instrument für die Zusammenarbeit zwischen dem gemeinsamen Organ und dem nationalen Organ.[1043] Dieses Verfahren ist der Hauptmechanismus der Integrationsprozesse, um die effektive und einheitliche Auslegung und Anwendung des Integrationsrechts in den Mitgliedstaaten zu gewährleisten.[1044] Das Verfahren dient der *Kooperation* und der *Koordinierung* zwischen der gemeinschaftsrechtlichen und der nationalen Gerichtsbarkeit für die Anwendung des gemeinsamen Rechts.[1045] Die Funktion des AGH, aus einer rechtlichen Sicht betrachtet, besteht darin, das Gemeinschaftsrecht auszulegen, nämlich seine rechtliche Bedeutung und Reichweite festzustellen. Diese Funktion unterscheidet sich von den Aufgaben und Kompetenzen des nationalen Richters der primär die Rechtslage in einem konkreten Fall zu erklären hat anzuwenden.[1046]

1041 Perotti, D. (2001). S. 5. Dueñas, J. (2011). S. 38.

1042 Tribunal de Justicia de la Comunidad Andina. Proceso 6-IP-99.

1043 Tribunal de Justicia de la Comunidad Andina. Proceso 6-IP-93.

1044 Perotti, D. (2008). Elementos básicos para la constitución de un Tribunal de Justicia del Mercosur, in: La Ley, año LXXII N° 251. S. 4.

1045 Dueñas, J. (2011). S. 38

1046 Tribunal de Justicia de la Comunidad Andina. Proceso 30-IP-99.

Das Vorabentscheidungsverfahren ist in allen Streitigkeiten vor nationalen Gerichten, wenn eine Norm des AGR angewendet werden muss oder wenn die Norm bestritten ist, vom nationalen Richter zu erheben (Art. 33 Abs 2. VGAGH).[1047] Die Jurisprudenz des AGH, ähnlich wie die des EuGH, begreift das Vorabentscheidungsverfahren als die Grundsteinlegung der einheitlichen Entwicklung und Durchsetzung des Gemeinschaftsrechts in den Mitgliedstaaten.[1048] Die grundsätzliche Funktion dieses Verfahrens besteht in der Gewährleistung des Legalitätsprinzips innerhalb der AGN und in der komplexen funktionellen Anpassung des Gemeinschaftsrechts, damit das Recht im Territorium der Mitgliedstaaten einheitlich angewendet werden kann (Art. 32 VGAGH).[1049]

Das Vorabentscheidungsverfahren kann fakultativ oder verbindlich für die nationalen Richter sein (Art. 33 Abs. 5 VGAGH). Das verbindliche Ersuchen des Vorabentscheidungsverfahrens muss vom nationalen Richter immer erhoben werden, wenn er in einem Fall die Normen der Andenrechtsordnung anwenden muss (Art. 29 VGAGH).[1050] Nur die Existenz eines innerstaatlichen Rechtsbehelfs für die Überprüfung der Entscheidung des nationalen Richters macht das Vorabentscheidungsverfahren fakultativ, ansonsten ist es verbindlich.[1051]. Ebenso ist das Vorabentscheidungsverfahren eine unbedingt nötige Voraussetzung im nationalen Verfahren, welche der nationale Richter verbindlich beachten muss. Der nationale Richter muss ferner im konkreten Fall die von dem Gemeinschaftsrichter im Vorabentscheidungsverfahren postulierte Interpretation anwenden (Art.35 VGAGH).[1052]

Es ist wichtig hervorzuheben, dass obwohl der AGH sich deutlich der Doktrin des EuGH bedient hat, das nicht heißt, dass die AGH ohne Weiteres die europäische Jurisprudenz übernimmt, denn das Vorabentscheidungsverfahren der AGN besitzt eigene Merkmale. Beispielsweise ist die Anwendung der in Europa postulierten „acte-clair-Doktrin“[1053] von der Jurisprudenz des AGH

1047 Perotti, D. (2001). S. 6.

1048 Tribunal de Justicia de la Comunidad Andina. Proceso 11-IP-96.

1049 Tremolada, E. (2007). S. 342.

1050 Tribunal de Justicia de la Comunidad Andina. Proceso 6-IP-99 und Proceso 35-IP-2000.

1051 Tribunal de Justicia de la Comunidad Andina. Proceso 6-IP-99.

1052 Tribunal de Justicia de la Comunidad Andina. Proceso 30-IP-99. Dazu noch: Perotti, D. (2001). S. 3. Dueñas, J. (2011). S. 38.

1053 Die acte-clair-Doktrin bedeutet die Anerkennung der Kompetenz der nationalen Gerichte für die Selbstanwendung der Jurisprudenz des EuGH (ohne das

ausdrücklich abgelehnt worden.[1054] Dementsprechend müssen die nationalen Richter der Andenländer immer das Vorabentscheidungsverfahren ersuchen, obwohl das Andengericht schon eine Entscheidung für ähnlich gelegene Fälle getroffen hat.[1055] Die Ablehnung der acte-clair-Doktrin sollte bei der Weiterentwicklung des Vorabentscheidungsverfahrens und bei der Entfaltung einer tatsächlichen Kooperation zwischen dem Nationalen- und Gemeinschaftsreichter Richter helfen. Darüber hinaus wird darauf hingewiesen, dass die Anwendung des AGR in der Tradition der nationalen Gerichte nicht angesiedelt ist,[1056] was die Nutzung des Vorabentscheidungsverfahrens fördert.

Dueñas vertritt die Auffassung, dass die Nichteinführung der acte-clair-Doktrin in die Judikatur des Andengerichtshofs die Auslegungsfreiheit des nationalen Richters behindert und dem nationalen Richter seine Mitwirkung in der Auslegung der gemeinsamen Normen entzieht, wodurch der effektive Integrationsprozess negativ betroffen ist.[1057] Durch die acte-clair-Doktrin müssten die nationalen Richter ein Ersuchen vor dem AGH nicht erheben.[1058] Dueñas hält weiter, dass die Ablehnung der acte-clair-Doktrin die Kooperation zwischen dem Nationalen- und dem Gemeinschaftsrichter erschwert, weil der nationale Richter keinen Ermessensspielraum für die Anwendung und Interpretation des AGR hat und seine Aufgabe bezieht sich lediglich auf die Anwendung der schon im Vorabentscheidungsverfahren postulierten Interpretationen des AGR, das heißt, dass der nationale Richter selbst das AGR nicht interpretieren kann.[1059] Der Auffassung Dueñas kann man nicht zustimmen, weil die acte-clair-Doktrin dem nationalen Richter keine Kompetenz gibt, das Gemeinschafsrecht im engeren Sinne zu interpretieren. Vielmehr geht es um eine Kooperation, damit der nationale Richter im konkreten Fall die Auslegung des AGH übernehmen kann. Darüber hinaus sollte man nicht vergessen, dass die Doktrin des AGR aufgrund der geringen Ausbreitung des Rechts in den Mitgliedstaaten immer noch nicht in den nationalen Rechtsordnungen verankert ist.

Vorabentscheidungsverfahren) in solchen Fällen, in den die Jurisprudenz schon etabliert ist. Urteil EuGH CILFIT 283/81 6.10.86.

1054 Tribunal de Justicia de la Comunidad Andina. Proceso 1-IP-87. Dazu noch: Garcia, R. (2009). S. 615.

1055 Perotti, D. (2001). S. 4.

1056 Perotti, D. (2001). S. 6. Garcia, R. (2009). S. 615.

1057 Dueñas, J. (2011). S. 45.

1058 Dueñas, J. (2011). S. 47.

1059 Dueñas, J. (2011). S. 47–51.

6.3.3 Das Ständige Revisionsgericht des Mercosur und seine Weiterentwicklung

Der Mercosur verfügt, anders als die AGN oder die EU, nicht über einen Gerichtshof, sondern lediglich über ein Schiedsgericht. Das Ständige Revisionsgericht (SRG) stellt einen Schritt in Richtung der einheitlichen Anwendung und Auslegung des MR dar, aber es hält sich von dem Vorbild des AGH und des EuGH fern, weil das SRG eigentlich ein Schiedsgericht ist. Das Streitbeilegungssystem des Mercosur entwickelt sich kontinuierlich und komplex seit der Entstehung der Organisation im Jahr 1991.[1060] Von Anfang an etablierte der VA kein Organ, welches für die Lösung der rechtlichen Probleme sowie für die Interpretation und die Anwendung des MR verantwortlich war. Stattdessen sollten die Auseinandersetzungen zwischen den Ländern im Sinne der klassischen Diplomatie durch direkte intergouvernementale Verhandlungen beigelegt werden. Das Protokoll von Brasilia aus dem Jahr 1991[1061] etablierte lediglich ein vorläufiges Streitbeilegungssystem, das bis 2004 angewendet worden ist.[1062] Dieses Streitbeilegungssystem hatte einen maßgeblichen politischen Charakter, denn bevor das ad hoc Schiedsgericht einberufen werden konnte, mussten die politischen Organe des Mercosur intensiv in die Streitbeilegung eingreifen.[1063]

Erst mit dem Protokoll von Olivos 2002 (PO) wurde das SRG gebildet,[1064] um Rechtsstreitigkeiten innerhalb des Mercosur zu lösen, damit die korrekte Auslegung, Durchsetzung und Befolgung der grundsätzlichen Instrumente des Integrationsprozesses gewährleistet werden kann.[1065] Die Präambel des PO betont das Bedürfnis danach, die richtige, dauerhafte und systematische Auslegung, Durchsetzung und Rechtsbefolgung der wesentlichen Normen des MR zu gewährleisten. Das PO schuf die Kompetenzen des SRG zur Überprüfung der Anwendung des MR sowie die Kompetenzen der Ad-hoc Schiedsgerichte.[1066] Das SRG ist zuständig für Streitigkeiten zwischen den Vertragspartien über die Auslegung, Anwendung oder Nichterfüllung des VA, des POP, der im Rahmen des Vertrags von Asunción angenommenen Protokolle oder Vereinbarungen,

1060 Deluca, S. (2013). S. 7. Pastorino, A. (2006). S. 37.

1061 Protocolo de Brasilia sobre la solución de controversias entre Estados Partes del Mercosur, 17 de diciembre de 1991.

1062 Näher: Deluca, S. (2013). S. 7 ff.

1063 Donadio, L. und Esposito, C. (2010). S. 11.

1064 Das Ständige Revisionsgericht hat seinen Sitz in Asunción Paraguay (Art. 30 PO).

1065 Präambel des Protokolls von Olivos.

1066 Deluca, S. (2013). S. 9.

der Entscheidungen des Rates, der Beschlüsse der Gruppe und der Richtlinien der Handelskommission (Art. 1 Abs. 1 PO).

Das Streitbeilegungssystem des Mercosur besitzt die folgenden Merkmale: Flexibilität, Schnelligkeit und Verbindlichkeit. Das System ist flexibel, weil die Staaten verschiedene Modalitäten für die Lösung eines Streitfalles zur Verfügung haben (Art. 1 PO). Die Schnelligkeit zeigt sich in der ökonomischen Natur der Streitfälle und in den kurzen vorgesehenen Fristen für die Verfahren. Schließlich ist das Streitbeilegungssystem verbindlich, weil die Entscheidungen des SRG von den Staaten erfüllt werden müssen (Art. 26 und 27 PO).[1067] Eine Innovation des PO ist die Möglichkeit der Auswahl des Forums für die Lösung der Rechtsstreitigkeiten. Insofern kann der Kläger das Streitbeilegungssystem des Mercosur oder einer anderen Vereinbarung, in welche die Staaten Mitglieder sind, in Anspruch nehmen (Art. 1 Abs. 2 PO).[1068]

Das SRG ist eigentlich kein ständiges Gericht, weil seine Mitglieder keinen ständigen Charakter haben. Dahingegen zeichnet sich das SRG durch ständige Bereitschaft aus, weil es sich nur bei der Überprüfung eines bestimmten Falls zusammensetzt (Art. 19 PO).[1069] Das Regelwerk des Mercosur sieht kein eigenes Verfahren für die Durchsetzung des MR vor. Vielmehr gibt es ein Streitbeilegungssystem, in dem der völkerrechtliche Charakter der Integration seinen Ausdruck findet.[1070] Die Verfahren vor dem SGR sind die Folgenden: das SRG als einzige Instanz (única instancia) (Art 23 PO); das SRG als Revisionsinstanz (Art.17 PO), das Eilverfahren zum Schutz von verderblichen Gütern und die Erstellung beratender Gutachten (advisory opinions) (Art. 3 PO).

Das SRG spielt eine wichtige Rolle für die Rechtsangleichung und die richterrechtliche Auslegung des MR. Es stellt einen ersten Schritt in Richtung der Gemeinschaftsidee dar.[1071] Trotzdem benötigt man eine weitere Verbesserung des Streitbeilegungsmechanismus der Organisation, damit das Mercosurrecht sich in Richtung eines Gemeinschaftsrechts bewegen kann.[1072] Das SGR ist lediglich ein Schiedsgericht, das nur eine begrenzte Macht hat, im Vergleich zur bindenden Streitentscheidungskompetenz und zwingenden Gerichtsbarkeit eines

1067 Deluca, S. (2013). S. 10.

1068 Als anderer Forum nennt das PO in Art. 1 Abs. 2 die Streitsbeilegungssystem der WTO. Näher: Pastorino, A. (2006). S. 40.

1069 Perotti, D. (2008). S. 1.

1070 Bischoff, P. (2003). Wettbewerbsrecht im Mercosur, 1. Aufl., Nomos. Baden-Baden. S. 259.

1071 Rocha, M. (2011). S. 4.

1072 Olivares, J. (2006). S. 74.

Gerichts wie der EuGH.[1073] In diesem Sinne wird in Betracht gezogen, dass das MR aufgrund des Fehlens eines Gerichts die Sicherheit und die Garantien zur Vertiefung des Integrationsprozesses nicht gewährleisten kann.[1074] Das Fehlen eines Gerichts wird somit als ein zu überwindender Mangel der Integration empfunden,[1075] da die Absenz eines Gerichts die effektive Durchsetzung des Rechts, die Entwicklung der Jurisprudenz und die richterliche Rechtsfortbildung innerhalb des Mercosur behindert. Insofern ist die Aufgabe der Jurisprudenz, den Rechtskorpus wissenschaftlich zu bearbeiten und einer dogmatischen Durchgestaltung und Systematisierung zu unterziehen.[1076] Diesbezüglich ist die effektive Implementation des MR beschränkt, da ein Gericht eine herausragende Rolle für die Rechtsdurchsetzung durch Verfahren, Sanktionen und Auslegungen spielt.

Die Implementation und Weiterentwicklung des MR benötigt die Gründung eines Gerichts, das die Verstöße gegen das Integrationsrecht überprüfen und beurteilen und damit die Rechtssicherheit bzw. einheitliche Rechtsanwendung innerhalb des Integrationsprozesses gewährleisten kann. Der Mercosur bedarf der Etablierung eines richterrechtlichen Systems, damit die Rechte der Bürger effektiv bewahrt werden können. Ein Gerichtshof des Mercosur könnte die Rechte des Einzelnen innerhalb des Integrationsprozesses schützen und garantieren.[1077] Die Gerichtsbarkeit sollte nicht nur die Legalität der Normen prüfen, sondern auch das Verhalten der öffentlichen und privaten Akteure vor der rechtlichen Ordnung.[1078] Es kommt noch hinzu, dass die Errichtung eines Gerichtshofes ganz wichtig für die Entwicklung einer demokratischen Integration sowie eines Rechtsstaates (rule of law) innerhalb der Integration ist. Der EuGH spielt beispielweise eine bedeutsame Rolle bei der Realisierung der Ziele und Zwecke der Verträge sowie für die Einhaltung und die Gewährleistung des UR. Um die Integrationsziele zu verwirklichen, ist die Entwicklung, Respektierung, Anwendung und Verbreitung des Integrationsrechts eine conditio sine qua non. Beispielsweise ist die Gewährleistung des UR ein zentraler Punkt für die Entwicklung der Integration und der Realisierung der Integrationsziele.[1079]

1073 Neves, M. (2009). S. 75.

1074 Herdegen, M. (2009). S. 204. Arnau, L. (2002). S. 5.

1075 Arnau, L. (2002). S. 30.

1076 Habermas, J. (1998) Faktizität und Geltung – Beiträge zur Diskurstheorie des Rechts und des demokratischen Rechtsstaats. Suhrkamp. Frankfourt. S. 180.

1077 Perotti, D. (2001). S. 1.

1078 Perotti, D. (2001). S. 1.

1079 Pastrana, E. (2000). S. 455.

Entsprechend sind sowohl der EuGH als auch der AGH potentielle Vorbilder für die Gründung eines Gerichtshofes innerhalb des Mercosur. Die Etablierung eines Gerichts ist oft vorgeschlagen worden.[1080] Zunächst einmal muss erwähnt werden, dass das PO die künftige Schaffung eines Gerichtshofes vorgesehen hat, weil das Streitbeilegungssystem des Mercosur, bevor der Konvergenzprozess des Zolltarifs beendet ist, überarbeitet werden muss, damit das System den Bedürfnissen eines Gemeinsamen Markts angepasst wird (Art. 53 PO).[1081] Das Bedürfnis der Gründung eines Gerichts wurde auch ausdrücklich in der Erklärung 23/2008 über das Treffen der Gerichtshöfe des Mercosur geäußert.[1082] Hier wurde die Gründung eines Mercosurgerichtshofs vorgeschlagen, da die Etablierung eines Gerichts für die Entwicklung des Mercosur und der Integration ganz entscheidend ist. Das Gericht kann das MR unabhängig von den nationalen Regierungen auslegen und durchsetzen.[1083] In diesem Sinne wird gefordert, dass dem Gericht unterschiedliche Verfahren wie die Nichtigkeitsklage, das Vorabentscheidungsverfahren und die Untätigkeitsklage zu Verfügung stellen sollten.[1084] Es kommt noch hinzu, dass der CMC durch die Decisión CMC N° 21/05 eine Gruppe für die institutionelle Reform des Mercosur gegründet hat, mit dem Ziel, vor der GMC einen erfassenden Vorschlag zur institutionellen Reform des Mercosur vorzustellen. Die Gruppe der Decisión CMC N° 21/05 sollte auch Vorschläge für die Reform des PO erarbeiten, das heißt, die Experten sollten auch die Etablierung eines Gerichts vorbereiten.

6.3.3.1 Die Kooperation zwischen den nationalen Gerichten und dem Ständigen Revisionsgericht durch die Gutachten

Weder der Vertrag von Asunción noch das Protokoll von Ouro Preto formulieren Bestimmungen (wie in der EU und in der AGN), die die Mitglieder als Organe des Mercosur verstehen lassen. Der Art. 1 des Protokolls von Ouro Preto erwähnt die Organe des Mercosur, aber nicht die Mitgliedstaaten als Teil der institutionellen Struktur der Organisation. Trotzdem spielen die Mitgliedsstaaten des Mercosur eine wichtige Rolle für die Entwicklung und Durchsetzung des Integrationsprozesses, weil die intergouvernementale Struktur des Mercosur

1080 Perotti, D. (2008). S. 2.

1081 Perotti, D. (2008). S. 2.

1082 Declaración N° 23/2008 del Foro Permanente de Cortes Supremas del Mercosur. 28.11.08.

1083 Olivar, M. (2009). S. 23.

1084 Perotti, D. (2008). S. 3.

den Erfolg der Integration in den Händen der Mitglieder lässt. Man kann davon ausgehen, dass die Kooperation zwischen den mitgliedstaatlichen Gerichten und dem SGR entscheidend für die Festlegung und die einheitliche Auslegung des MR ist. In diesem Sinne sind die Gutachten *(„opiniones consultivas")* das wichtigste Verfahren für die Kooperation zwischen den nationalen Richtern und dem SGR innerhalb des MR (Art. 3 PO).

Dem SRG kommt die Aufgabe zu, Gutachten zu erstellen. Diese Kompetenz findet sich in Art. 3 des PO, der den CMC dazu ermächtigte, eine Ordnung für das Gutachtenverfahren anzunehmen. Hierrunter wurden durch die Decisiones CMC 37/03[1085] und CMC 02/07[1086] die Sonderregeln über Gutachten eingeführt.[1087] Diese Decisiones legen die Bedingungen und Verfahren der Gutachten sowie die Arbeitsweise des SRG und das Wesen der Gutachten fest.[1088] Alle Staaten gemeinsam, die Gesetzgebungsorgane des Mercosur und die hohen Gerichtshöfe der Mitglieder sind legitimiert, Gutachten vor dem SRG zu ersuchen (Art. 2, Dec CMC 37/03). Außerdem kann auch das Parlament des Mercosur vor dem SRG Gutachten beantragen.[1089] Beim Ersuchen von Gutachten kann es sich um beliebige juristische Fragen zum VA, zum PO, zu den Protokollen und Vereinbarungen im Rahmen des VA, zu den Entscheidungen des CMC, zu den Beschlüssen des GMC und zu den Richtlinien der CCM handeln (Art. 3, Dec CMC 37/03).

Das Ziel der Gutachten besteht darin, die einheitliche gemeinsame Auslegung des Mercosurrechts zu fördern und zu sichern. Die Interpretation der Normen ergänzt die Inhalte dieser Normen und legt die richtige Hermeneutik und ihren Geist fest.[1090] Beim Ersuchen von Gutachten sollte es um eine rechtliche Fragestellung gehen, das heißt, die Analysen über die Tatsachen und die nationalen

1085 Mercosur/CMC/DEC. N° 37/03, Reglamento del Protocolo de Olivos para la Solución de Controversias en el Mercosur, Montevideo, 15 de Diciembre de 2003.

1086 Mercosur/CMC/DEC. N° 02/07, Reglamento del procedimiento para la solicitud de Opiniones Consultivas al Tribunal Permanente de Revisión por los Tribunales Superiores de Justicia de los Estados Partes del Mercosur, Rio de Janeiro, 18 de enero de 2007.

1087 Olivar, M. (2009). S. 19. Dazu noch: Garcia, M; Herrera, M. und Olivera, S. (2013). La Naturaleza de las Opiniones Consultivas en el Mercosur. Análisis Comparativo con la Unión Europea, in: Revista Electrónica del Instituto de Investigaciones "Ambrosio L. Gioja". Año VII, N° 10. S. 76.

1088 Garcia, M; Herrera, M. und Olivera, S. (2013). S. 76.

1089 Vgl. Art. 13 del Protocolo Constitutivo del Parlamento del Mercosur, Montevideo, 09 de diciembre de 2005.

1090 Garcia, M; Herrera, M. und Olivera, S. (2013). S. 77.

Rechtsordnungen der Mitglieder sind ausgeschlossen.[1091] Trotzdem führte das SRG in seinem zweiten Gutachten N° 01/08 aus, dass es sich unter der Beschränkung und Reichweite seiner Kompetenzen mit der Vereinbarung zwischen einer nationalen Norm und dem Mercosurrecht beschäftigen kann. Gleichwohl darf das SRG keine Stellung zur Verfassungsmäßigkeit, zur Durchsetzung oder zur Nichtigkeit der nationalen Rechtsordnungen nehmen, weil dies ausschließlich eine Kompetenz der Nationalstaaten ist.[1092]

Die vom SRG angenommenen Gutachten sind weder bindend noch verbindlich (Art. 11, Dec CMC 37/03). Sie sind nicht bindend, weil die Antragsteller dem Inhalt und der Anwendung des Gutachtens nicht verpflichtet sind, und sie sind nicht verbindlich, weil die legitimierten Antragsteller nicht verpflichtet sind, bei Zweifeln über die Reichweite und den Sinn einer Norm ein Gutachten zu ersuchen.[1093] Mit anderen Worten ist die Annahme des Inhalts des Gutachtens eine Ermessungsentscheidung des zuständigen nationalen Gerichts.[1094] In diesem Sinne wurde im ersten Gutachten des SRG 2007 bestätigt, dass die *opiniones consultivas* als ein nicht bindendes konsultatives Vorabentscheidungsverfahren betrachten werden können.

Die Gutachten haben gewisse Ähnlichkeiten mit dem Vorabentscheidungsverfahren der EU und der AGN, weil durch das Gutachtenverfahren das Integrationsrecht ebenso interpretiert wird und solche Interpretation muss von den nationalen Gerichten angewendet werden, damit die richtige Durchsetzung des Integrationsrechts gewährleistet werden kann.[1095] Trotzdem besitzen beide Verfahren eigene Merkmale. Die Gutachten zeigen die enge intergouvernementale Struktur des Mercosur, weil dieses Verfahren strukturell weit entfernt von den supranationalen Vorabentscheidungsverfahrens der EU oder der AGN ist.[1096] Das heißt, dass im Mercosur tatsächlich kein Vorabentscheidungsverfahren wie in der EU existiert, wodurch die einheitliche Auslegung des MR durch die mitgliedstaatlichen Gerichte sichergestellt bzw. gefördert wird. Die Etablierung ein solches Verfahren innerhalb des Mercosur macht es ferner einfacher für die nationalen Gerichte, das Mercosurrecht einheitlich anzuwenden.[1097]

1091 Näher: Opinión Consultiva N° 01/2007 del Tribunal Permanete del Mercosur. Dazu noch: Garcia, M; Herrera, M. und Olivera, S. (2013). S. 79.

1092 Opinión Consultiva N° 01/08 del Tribunal Permanente de Revisión del Mercosur.

1093 Garcia, M; Herrera, M. und Olivera, S. (2013). S. 83.

1094 Donadio, L. und Esposito, C. (2010). S. 12.

1095 Donadio, L. und Esposito, C. (2010), S. 12.

1096 Garcia, M; Herrera, M. und Olivera, S. (2013). S. 85.

1097 Olivares, J. (2006). S. 74.

Der Bedeutung der Gutachten besteht darin, dass sie den Anfang einer intergerichtlichen Zusammenarbeit zwischen den nationalen Gerichten der Mitgliedstaaten und dem SRG darstellen könnten.[1098] Die Gutachten geben dem SRG *Dynamik*, indem sie die Basis für die Entwicklung der juristischen Grundlagen zur Stärkung der Integrationsprozesse bilden.[1099] Die Gutachten stellen ein wesentliches Instrument für die Harmonisierung der Auslegung des MR zum einen sowie einen bedeutsamen Schritt für die Rechtssicherheit bei der Durchsetzung und der kohärenten Interpretation des MR zum anderen dar, weil durch die Gutachten eine Jurisprudenz erkennbar wird, die dem MR Gewissheit und Festigkeit verleiht.[1100] Darüber hinaus könnte die Einführung des Gutachtenverfahrens innerhalb des Streitbeilegungssystems dazu führen, dass der Mercosur mehr Beachtung der Doktrin des EuGH schenke.[1101] Schließlich wird vorgeschlagen, dass die Gutachten verbindlich und bindend sein sollten,[1102] weil ansonsten ihre Effektivität beeinträchtigt wird.[1103] Trotzdem wäre es besser, das Gutachtenverfahren in ein Vorabentscheidungsverfahren zu verwandeln, weil ein verbindliches Gutachten (advisory opinions) ein Widerspruch in sich selbst sein könnte.

1098 Donadio, L. und Esposito, C. (2010). S. 18.
1099 Garcia, M; Herrera, M. und Olivera, S. (2013). S. 90.
1100 Donadio, Luciano und Esposito, Carlos. (2010). S. 14.
1101 Garcia, R. (2009). S. 619.
1102 Garcia, M; Herrera, M. und Olivera, S. (2013). S. 90.
1103 Olivar, M. (2009). S. 20.

7. Schlussfolgerungen

1. Der Ursprung der rechtlichen südamerikanischen Integration geht auf die Epoche der Unabhängigkeit (Anfang der ersten Hälfte des XIX. Jahrhunderts) und auf die damals angenommenen Verträge der hispanoamerikanischen Kongresse zurück. Die damals entstandenen Republiken versuchten, eine Konföderation zu gründen, um die Gefahren, die von einer möglichen Rückkehr der europäischen Mächte, insbesondere Spaniens, ausgingen, gemeinsam aufhalten zu können. Danach entwickelte sich die Integration (Ende des XIX. und Anfang des XX. Jahrhunderts) zwischen zwei widersprüchlichen Lehren, und zwar zwischen dem Lateinamerikanismus und dem Panamerikanismus. Die erste Lehre beabsichtigte die Integration ohne den Einfluss und die Mitwirkung der USA, wohingegen die zweite Lehre die Realisierung der Integration unter den Anforderungen der USA förderte.
3. Die EU ist für die südamerikanische Integration ein vergleichbarer Prozess. Das hochentwickelte Unionsrecht dient als Vorbild für das SIR vor allem in Bezug auf die Begriffsbildung, die Eingliederung und die Implementation der Normen der südamerikanischen Integration. Die Rechtsvergleichung zwischen dem Unionsrecht, dem MR und dem AGR trägt zum Verständnis und zur Eingliederung sowohl des MR als auch des AGR bei, ohne jedoch Strukturanalogien anzunehmen wo strukturelle Divergenzen vorherrschen. Das Unionsrecht gilt dabei als kritisch zu reflektierendes Integrationsmodell, nicht etwa als schlichte Blaupause. Das tiefere Verständnis des Unionsrechts ermöglicht es, perspektivisch einen ähnlichen Prozess in Südamerika, unter Beachtung der dort gegebenen Besonderheiten, in Gang zu bringen.
3. Die südamerikanische Integration beruht anders als die EU (die auf den Grundlagen der geteilten Souveränität beruht) auf den Grundlagen der (nationalen) klassischen Bedeutung der Souveränität. Die Integration ist herkömmlicherweise eine Maßnahme für die Versicherung der Souveränität jedes Landes, und zwar dient die Integration der Unabhängigkeit und der Verstärkung der nationalen Herrschaft, und nicht der Einführung der geteilten Souveränität. Bereits die Verträge der hispanoamerikanischen Kongresse zeigten, dass die Integration in erster Linie eine Maßnahme war, um die nationale Souveränität zu gewährleisten. Ebenso wie diese Verträge schränken auch das AC und der VA die Souveränität der Mitgliedstaaten nicht ein. Das heißt, dass die Verteilung der Souveränität kein Schwerpunkt der Integration in Südamerika ist.

4. Im Gegensatz zu Europa, wo die Hauptfunktion der Integration darin bestand, einen erneuten Krieg zu verhindern und eine stabile Nachkriegsordnung aufzubauen, war die zentrale Motivation für die lateinamerikanische Integration die Sorge um die Entwicklung in der Region. Darüber hinaus ist zu differenzieren, dass die Staaten der EU von Beginn an Souveränität abtreten mussten, während in Lateinamerika nie die Rede von der Abtretung der Hoheitsrechte gewesen ist. Entsprechend könnte man behaupten, dass die Staaten Südamerikas durch die Integration grundsätzlich die Geltung des klassischen Verständnisses der absoluten Souveränität absichern wollen, und zwar dient die Integration der Unabhängigkeit und der Verstärkung der nationalen Souveränität und nicht der Einführung der geteilten Souveränität.
5. Für die Konstruktion und die Fortentwicklung des Integrationsrechts in Südamerika sind die Überwindung der klassischen Bedeutung der Souveränität zum einen und die Einführung sowie die Entwicklung der geteilten Souveränität zum anderen notwendig. Die südamerikanischen Staaten dürfen nicht vergessen, dass die Bedeutung der Souveränität sich im Laufe der Zeit verändert hat, genauer gesagt gilt die Souveränität nicht mehr als *absolut*. Aktuell ist die Souveränität ein Mittel für die Kooperation zwischen den Staaten. Deswegen sollten die südamerikanischen Länder über das klassische Verständnis der Souveränität hinausgehen, weil dieses nicht zeitgemäß ist und die Entwicklung der Integration aufhält. Die Verteilung der Souveränität sollte die Durchsetzung der Ziele der Integration erleichtern.
6. Die AGN ist eine begrenzte supranationale Organisation. Dies zeigt sich durch die drei folgenden Merkmale. Erstens erwähnt die SAGH (Art. 4) ausdrücklich, dass das AGH ein supranationales Organ ist. Zweitens kommen dem AGS gewisse supranationale Kompetenzen, insbesondere für die Gewährleistung des Liberalisierungsprogrammes der AGN zu, und drittens hat das AGR unmittelbare Wirkung und Anwendung, das heißt, dass das Gemeinschaftsrecht der AGN in den nationalen Rechtsordnungen nicht inkorporiert werden muss. Trotzdem entspricht es der Wahrheit, dass die Entwicklung der Supranationalität in der AGN immer noch begrenzt ist, weil das sekundäre Recht grundsätzlich durch einen konsensuellen intergouvernementalen zustande kommen.
7. Die Perspektiven für die Weiterentwicklung der Supranationalität in der AGN sind nicht klar, weil die Staaten nicht die Verstärkung der supranationalen, sondern der intergouvernementalen Kompetenzen innerhalb der AGN fördern, und weil die AGN zunehmend an Bedeutung für ihre Mitgliedstaaten

verliert. Beispielsweise haben Kolumbien und Peru einen anderen Weg der *bilateralen Verhandlungen* für den Prozess der Internationalisierung und der Regionalisierung eingeschlagen. Unter diesen Bedingungen könnte das Modell der geteilten Souveränität und der Supranationalität der AGN scheitern, weil der Untergang der AGN gleichzeitig auch den Untergang der Supranationalität und der geteilten Souveränität im Rahmen des südamerikanischen Raums bedeutet.

8. Der Mercosur ist eine rein intergouvernementale Organisation. Es gab bisher keine Entwicklung der Supranationalität, weil die Mitglieder nicht bereit sind, die Souveränität zu teilen und sie auf supranationale Organe zu übertragen. Außerdem gibt es kein supranationales Organ innerhalb des Mercosur. Die Mitglieder können nicht gegen ihren Willen verpflichtet werden, da die Rechtsakte nur einstimmig und in Anwesenheit aller Mitglieder getroffen werden können (Art. 37 POP). Außerdem sind die Gesetzgebungsorgane des Mercosur von den nationalen Regierungen abhängig, und das MR hat keine unmittelbare Wirkung und findet keine unmittelbare Anwendung. Entsprechend hängt die Geltung des MR stark von der Umsetzungsbereitschaft ihrer Mitglieder ab, die die Verpflichtungen übernehmen und tatsächlich freiwillig einhalten.
9. Innerhalb des Mercosur findet die Lehre der Supranationalität keine Resonanz, weil die Mitglieder vorzugsweise den Intergouvernementalismus fördern wollen. Insbesondere hat Brasilien sich immer für eine intergouvernementale Struktur entschieden und behindert damit die Einführung der Supranationalität in den Mercosur. In diesem Sinne verhindert Brasilien die Etablierung einer supranationalen Integration, auf die es einen Teil seiner Souveränität übertragen müsste. Brasilien verweigert die Diskussion über die Abtretung der Souveränität. Genauer gesagt, wurde in Brasilien die Alternative der Supranationalität nicht ernsthaft diskutiert, da es die Befürchtung gab, dass Brasilien durch die Supranationalität zu einer Geisel Argentiniens würde.
10. Die südamerikanischen Länder haben verschiedene Auffassungen bezüglich der Grundlagen, die die Integration inspirieren sollten. Hierfür können drei Visionen respektive Modelle identifiziert werden, die in wechselseitiger Spannung stehen und die die Entwicklung der Integration betreffen könnten. An erster Stelle zu nennen ist der von den linken Regierungen (Bolivien, Ecuador und Venezuela) geführte *Sozialismus des XXI. Jahrhunderts,* der eine Integration als Alternative bzw. als Gegenstück zum neoliberalen und reinen ökonomischen Ansatz gründen möchte. Zweitens existiert das

brasilianische Modell mit seiner Bestrebung, die Integration in der Region mit Hilfe des *Südamerikanismus* zu erreichen. Als Drittes gibt es Staaten wie Kolumbien, Peru und Chile, die die Liberalisierung der Märkte durch den *Offenen Regionalismus* fördern.

11. Die südamerikanischen Staaten versuchen innerhalb der Integrationsprozesse ihre eigenen Interessen zu wahren. Folglich sind dadurch der Aufbau und die Entwicklung der Integration beschränkt. Die südamerikanischen Staaten müssen aufgrund der Globalisierung und eines veränderten Souveränitätsverständnisses einen politischen und wirtschaftlichen Konsens finden, um die Realisierung der Integration zu erlangen. Die Konstruktion der südamerikanischen Integration bedarf der Anerkennung der gemeinsamen Interessen durch die Mitgliedstaaten, auf deren Grundlage sich die Integration und die Zusammenarbeit zwischen den Ländern entwickeln können. Die regionale Integration ist eine wichtige Strategie für die politische, wirtschaftliche, kulturelle, und rechtliche Kooperation der Staaten miteinander.
12. Die geteilte Souveränität innerhalb der EU führte zum einen zur Entwicklung eines mehrebenen Konstitutionalismus und zum anderen zur Erscheinung des europäischen nationalen Verfassungsrechts (Europaverfassungsrecht) und der Verfassungsprinzipien. Dieses Verfassungsrecht besteht aus den Grundverträgen der EU und aus den in den mitgliedstaatlichen Verfassungstexten vorgesehenen Europa-Artikeln oder Integrationsartikeln bzw. Integrationsklauseln. Die Europa-Artikel ermächtigen die europäischen Staaten dazu, in der EU mitzuwirken. Im Allgemein wird es den Ländern durch die konstitutionellen Normen erlaubt, an den Integrationsprozessen mitzuwirken und sich in den Prozessen zu verpflichten. Die Verfassungsprinzipien des UR sind in der Beziehung zwischen der EU und den Mitgliedstaaten zu finden.
13. In Südamerika entwickelt sich kein Konstitutionalisierungsprozess der dem in der EU ähnelt, weil sich die südamerikanische Integration immer noch in der ersten Phase der wirtschaftlichen Einheit befindet. Weder der Mercosur noch die AGN haben einen mehrebenen Konstitutionalismus entwickelt. Trotzdem kann man über einen Verfassungskontext der südamerikanischen Integration sprechen, welcher die Mitwirkung der Länder an den Integrationsprozessen sowie die Abtretung von Hoheitsrechten auf gemeinsame Organe fördert und erlaubt. Der Verfassungskontext handelt sich um die in den Verfassungen von den Mitgliedern des Mercosur und der AGN vorgesehenen Integrationsartikel oder Südamerika- bzw. Lateinamerika-Artikel.

Die Gesamtheit dieser konstitutionellen Normen bildet ein nationales Südamerikaverfassungsrecht bzw. ein Lateinamerikaverfassungsrecht.

14. Man kann festhalten, dass die Integrationsartikel in der Verfassung von Kolumbien, Ecuador und Bolivien eine gewisse dynamische und positive Entwicklung haben. Diese Verfassungen erlauben die Mitwirkung der Länder an der Integration sowie die Gründung von regionalen supranationalen Organisationen und die Abtretung von Hoheitsrechten auf die supranationalen Organe. Aus diesen Verfassungen könnten Ansätzen eines südamerikanischen Verfassungsrechts entstehen. Im Gegensatz dazu bietet die Verfassung von Peru keine Möglichkeit für die Entwicklung des regionalen Rechts. Wenn Peru eines Tages die vertiefte regionale Integration fördern will, sollte in der Verfassung die Ermächtigung für die Teilnahme an der Integration und für die Abtretung von Hoheitsrechten ausdrücklich reguliert werden.
15. Die Entwicklung eines südamerikanischen Verfassungsrechts ist in den Verfassungen der Mitglieder des Mercosur noch beschränkt. Die Verfassung von Venezuela regelt das Thema der Integration weitgehend und sieht die Übertragung von Hoheitsrechten auf eine supranationale Organisation sowie die Existenz eines supranationalen Gemeinschaftsrechts vor. Die Verfassungen von Argentinien und von Paraguay haben auch Integrationsartikel, die die mögliche Existenz einer supranationalen Organisation anerkennen. Die Verfassungen von Brasilien und von Uruguay lassen nur wenig Platz für die Entwicklung eines südamerikanischen Verfassungsrechts, weil sie nur allgemeine Klauseln über die Integration beinhalten, die die Entwicklung der Integration und des Gemeinschaftsrechts nicht gewährleisten.
16. Es gibt Divergenzen zwischen den konstitutionellen Artikeln für den Aufbau der südamerikanischen Integration und der Gestaltung der Integration des Mercosur. Der Mercosur ist eine intergouvernementale Organisation, in der die Mitgliedstaaten einen Teil ihrer Souveränität nicht abtreten müssen, das heißt, dass für die Mitwirkung im Mercosur die Abtretung von Souveränität nicht notwendig ist. Obwohl in allen nationalen Verfassungen der Mitgliedstaaten des Mercosur Klauseln für eine tiefergehende Integration bestehen würden, würden sie von Mercosur für die Konstruktion des Integrationsprozesses nicht benutzt, weil der Mercosur eine reine intergouvernementale Organisation ist, für die eine weitergehende konstitutionelle Integrationsklausel schlicht nicht nötig ist.
17. Im Rahmen des SIR kann nicht von Verfassungsprinzipien (wie in Europa) gesprochen werden, sondern lediglich von Grundprinzipien, weil die Entwicklung der südamerikanischen Integration nicht so weit wie in Europa

geht. Die Grundprinzipien des SIR sind im Verhältnis zwischen den Organisationen der Integration, nämlich dem Mercosur und der AGN, und den Mitgliedstaaten zu suchen. Sie finden sich im Primärrecht und sind durch die südamerikanische Gerichtsbarkeit, die Doktrin und die Rechtsvergleichung mit dem Unionsrecht entwickelt worden. Die Grundprinzipien fördern die Befestigung und Ausbreitung der Integration, weil sie eine feste und klare Basis für die rechtliche Kooperation festlegen. Die Grundprinzipien sollen in den nationalen Rechtsordnungen wurzeln und sich dort noch stärker verwurzeln.

18. Die einzelnen Grundprinzipien des SIR sind: die Eigenständigkeit, die unmittelbare Anwendbarkeit und unmittelbare Wirkung, der Anwendungsvorrang, das Prinzip der loyalen Zusammenarbeit, das Prinzip der begrenzten Einzelermächtigung, und das demokratische Prinzip. Hier ist darauf hinzuweisen, dass die Prinzipien der unmittelbaren Anwendbarkeit, der unmittelbaren Wirkung und des Anwendungsvorrangs innerhalb des Mercosur nicht entwickelt worden sind. In der Absenz dieser Prinzipien gelten im Mercosur die Prinzipien des Umsetzungsbedarfs und des Anwendungsvorrangs nach der Rechtsumsetzung in den nationalen Rechtsordnungen. Hier geht es nicht um eine endgültige Prinzipienliste des SIR, weshalb wird die Existenz weiterer Grundprinzipien des SIR nicht ausgeschlossen.
19. Das Prinzip der Eigenständigkeit in der AGN zeigt sich dadurch, dass die AGN eine eigene rechtliche organische Struktur und eine eigene Rechtsordnung besitzt. Das AGR ist eigenständig und unabhängig von anderen Rechtsordnungen und ergibt sich aus einem Primärrecht, und zwar hat es seine eigenen Quellen und seine eigene Anwendung und Durchsetzung. Gleichwohl muss darauf hingewiesen werden, dass, obwohl das AGR als unabhängige und autonome Rechtsordnung bezeichnet wird, es dennoch Bestandteil der nationalen Rechtsordnung ist. Umgekehrt sind die nationalen konstitutionellen Integrationsartikel Bestandteil des Gemeinschaftsrechts. Entsprechend sind beide Rechtsordnungen Teilordnungen, weil es zwischen beiden engen Zusammenhang, Interdependenzen und Überlappungen gibt.
20. Das MR ist keine eigenständige Rechtsordnung nach dem Muster des AGR und des UR, weil keine Rechtsakte, seien es generelle oder individuelle, unmittelbar verbindlich in den Rechtsordnungen der Mitgliedstaaten des Mercosur wirken. Trotzdem ist das MR eine eigenständige Rechtsordnung mit ihren eigenen Quellen, Organen und Verfahren. Dies ergibt sich aus der Unabhängigkeit und Rechtspersönlichkeit des Mercosur. Die Eigenständigkeit des MR war bei der Gründung des Mercosur nicht selbstverständlich, weil

die nationalen Behörden der Mitgliedstaaten sowie die Bürger das MR als Völkerrecht wahrnahmen. Aufgrund der rein intergouvernementalen Gestaltung des Mercosur kann man nicht sagen, dass das Mercosurrecht und die nationalen Rechtsordnungen zwei Teilordnungen der regionalen Integration sind.

21. Das AGR entwickelte genauso wie das UR die Grundprinzipien der unmittelbaren Wirkung und Anwendbarkeit. Das heißt, die Rechtsakte des AGR müssen in die nationalen Rechtsordnungen nicht inkorporiert werden, weil sie vom Zeitpunkt ihrer Verkündigung verbindlich sind. Mit dem Inkrafttreten des VGAGH erhalten die Entscheidungen des Rates und der Kommission allgemeine bindende Wirkung und Geltung im nationalen Recht der Mitgliedstaaten ohne Umsetzungsakte (Art. 2 und 3 VGAGH). Die Entscheidungen sind ab vom Zeitpunkt ihrer Verkündung im Anden-Amtsblatt unmittelbar anwendbar, sofern sie kein anderes Datum aufweisen. Nur wenn eine konkrete Entscheidung es vorsieht, wird die Umsetzung in nationales Recht nötig (Art. 3 VGAGH).
22. Im Gegensatz zum UR und zum AGR ist das MR innerstaatlich nicht unmittelbar anwendbar, weil das Sekundärrecht des Mercosur nach dem vorgesehenen parlamentarischen Verfahren in die nationalen Rechtsordnungen inkorporiert werden muss (Art. 42 POP). Deswegen kann man im MR vom Prinzip des Umsetzungsbedarfs sprechen. Die Rechtsakte des Mercosur sind nach ihrer Inkorporation in die nationalen Rechtsordnungen verbindlich und anwendbar. Gleichwohl stellt der Umsetzungsbedarf des MR ein erhebliches Problem für die Entwicklung und den Fortschritt des Integrationsprozesses dar, weil die Inkorporation den Mitgliedstaaten obliegt. Entsprechend stellt der Umsetzungsbedarf eine gewaltige Beschränkung sowie ein Problem für die Wahrung der Rechtssicherheit des Integrationsprozesses dar.
23. Der AGH übernimmt das europäische Vorbild einschließlich die Doktrin des EuGH als qualifizierte Inspirationsquelle. Die in der Entscheidung Costa/Enel und Simmenthal aufgestellten Prinzipien des Vorrangs wurden vom AGH auch in seiner Judikatur übernommen. In Streitfällen hat das AGR Vorrang gegenüber den nationalen Normen. Der mögliche Zusammenstoß zwischen einer nationalen und einer gemeinschaftlichen Norm sollte in allen Fällen und ohne Zweifel zugunsten der gemeinschaftlichen Norm gelöst werden Der AGH war der Meinung, dass ein solches Prinzip die Existenz eines richtigen Gemeinschaftsrechts ermöglicht, und dass es eine unabdingbare Voraussetzung für die Konstruktion der Integration ist. Für die Existenz des AGR ist die Anerkennung des Prinzips des Anwendungsvorrangs unentbehrlich.

24. Das MR erhält den Anwendungsvorrang nicht ab dem Zeitpunkt seiner Erlassung und Verkündigung, sondern ab dem Zeitpunkt seiner Umsetzung in die nationalen Rechtsordnungen. Das Prinzip des Anwendungsvorrangs im MR differenziert sich vom Prinzip des Anwendungsvorrangs in der AGN und in der EU, weil das Prinzip im MR erst ab der Inkorporation gilt. Dies wird durch das Gutachten N° 1/2008 und das Gutachten N° 1/2009 des SRG bestätigt, das heißt, dass der Vorrang des MR, nur vom Zeitpunkt seiner Ratifikation, Inkorporation oder Internationalisierung gemäß den nationalen Rechtsordnungen gilt. Darüber hinaus ergibt sich der Vorrang des MR aus der eigenen Natur des Mercosur, weil das Konzept, die Natur und die Finalität des Integrationsrechts den nationalen Rechtsordnungen vorgehen sollten.
25. Das Prinzip der Loyalen Zusammenarbeit im AGR ist ausdrücklich in Art. 4 des VGAGH geregelt. Art. 4 VGAGH erlegt den Mitgliedstaaten sowohl Pflichten, aktiv zu werden, als auch Unterlassungspflichten auf. Einerseits verpflichtet der Art. 4 Abs. 1 die Mitgliedstaaten dazu, alle nötigen Maßnahmen bei der Befolgung des AGR zu treffen. Andererseits verpflichtet der Art. 4 Abs. 2 die Mitgliedstaaten dazu, keine mit dem AGR unvereinbare Maßnahme zu ergreifen. Darüber hinaus bedeutet das Prinzip der Loyalen Zusammenarbeit in der AGN, dass die Mitgliedstaaten von Vorbehalten gegen die Anwendung der Gemeinschaftsnormen Abstand nehmen oder sich nicht hinter Bestimmungen des innerstaatlichen Rechts oder Gewohnheitsrechts verstecken können, um das AGR nicht anzuwenden.
26. Das Prinzip der Loyalen Zusammenarbeit ist ebenso im Rahmen des MR zu finden. Der Art. 38 POP ebenso wie Art. 4 VGAGH verpflichtet die Mitgliedstaaten dazu, alle erforderlichen Maßnahmen für die Befolgung des von den Organen erlassenen Rechts zu treffen. Art. 38 POP legt den Mitgliedstaaten sowohl Handlungs- als auch Unterlassungspflichten auf. Die Staaten müssen die Rechtsakte in die nationalen Rechtsordnungen umsetzen, wobei sie keine Maßnahmen treffen dürfen, die die Wirksamkeit des Rechts erschweren könnten. Die Respektierung des Loyalitätsprinzips innerhalb des MR ist von großer Bedeutung für die rechtliche Entwicklung und Durchsetzung der Integration, das heißt, dass die Beachtung des Loyalitätsprinzips entscheidend für die Realisierung des Integrationsprozesses ist.
27. Im AC gibt keine ausdrückliche Regelung über die begrenzte Einzelermächtigung in Rahmen der AGN. Dies könnte darauf zurückzuführen sein, dass in der AGN keine komplexe Verteilung von Kompetenzen zwischen den Organen und den Mitgliedstaaten besteht. Das Prinzip ist ganz wichtig

im Rahmen der EU, weil es die Autonomie und Zuständigkeit der Staaten gegenüber den Unionsorganen Souveränität schonend gewährleistet. Das Prinzip beschränkt die Kompetenzen der EU und verhindert, dass die Organe sich selbst und einseitig neue Kompetenzen geben können. Das Prinzip der Einzelermächtigung existiert nicht im Rahmen des Mercosur. Weder der Vertrag von Asunción noch das Protokoll von Ouro Preto enthalten Vorschriften, die eine Verteilung von Kompetenzen zwischen dem Mercosur und den Mitgliedstaaten vorsehen.

28. Innerhalb der AGN gibt es keine Entwicklung eines demokratischen Prinzips, auf deren Grundlage die Gesetzgebungsorgane der AGN eigenständig legitimiert werden könnten. Es existiert im AGR kein Hinweis über die Art und Weise, wie die Bürger an der Konstruktion der Integration mitwirken sollen. Gewiss erwähnt die Präambel des AC die Demokratie als ein Grundprinzip der AGN. Trotzdem bezieht sich dieses Prinzip vor allem auf die Demokratie innerhalb der Mitgliedstaaten und weniger auf die Demokratie innerhalb der AGN. Entsprechend muss man zwischen der Gewährleistung der Demokratie innerhalb eines Staates als eine Bedingung für die Teilnahme der Mitgliedstaaten am Integrationsprozess einerseits und der demokratischen Legitimation der AGN andererseits differenzieren.

29. Das demokratische Prinzip bezieht sich im Rahmen des MR genauso wie in der AGN eher auf die Gewährleistung der Demokratie innerhalb der Staaten und weniger auf die Mitwirkung der Bürger an dem Integrationsprozess. Im Primärrecht des Mercosur ist das Parlament des Mercosur ein für die Völker repräsentatives Organ. Dieses Organ hat jedoch nur begrenzte Kompetenzen bei der Gesetzgebung und bei der politischen Kontrolle. Entsprechend könnte man über ein demokratisches Defizit im Mercosur sprechen, weil die Völker nicht in den Integrationsprozess einbezogen werden. Daraus folgt, dass dem Mercosur die demokratische Legitimation für einen erfolgreichen Integrationsprozess weithin fehlt. Das Parlasur sollte bestimmte Gesetzgebungs- sowie politische Kontrollkompetenzen haben.

30. Man kann konstatieren, dass es in Südamerika immer noch keinen Gemeinsamen Markt bzw. Binnenmarkt im europäischen Sinne gibt. Gleichwohl ist das Ziel sowohl der AGN als auch des Mercosur, allmählich einen Gemeinsamen Markt zu gründen. Entsprechend gründen die südamerikanischen Integrationsprozesse in maßgeblichen Rechtsentwicklungen, die zur Etablierung des Gemeinsam Markts beitragen sollen. Trotzdem ist die Etablierung eines solchen Markts immer noch eine sehr schwierige Aufgabe, weil die Schaffung eines Zolltarifs und einer Zollunion nicht gelang, weil die Staaten

ihre ökonomischen Verhandlungen einseitig kontrollieren wollen und weil die Annahme einer gemeinsamen wirtschaftlichen Politik bisher nicht vereinbart werden konnte.

31. Die Entwicklung des Gemeinsamen Markts in der AGN ist beschränkt, weil bisher weder ein Zolltarif noch eine Zollunion durchgesetzt werden konnte. Die Etablierung eines gemeinsamen Zolltarifs ist ein ausdrückliches Ziel des AC. Der Zolltarif wurde als ein Mechanismus und eine entscheidende Maßnahme zur Erreichung der Vertragsziele verstanden (Art. 3 a AC). Trotzdem wird die Annahme des Zolltarifs innerhalb der AGN permanent verschoben. Man kann demnach konstatieren, dass die Suspendierung des Zolltarifs sich innerhalb der AGN allmählich verfestigt. Daher scheint der Aufbau einer Zollunion innerhalb der AGN eine nicht durchführbare Aufgabe zu sein. Hieraus kann man ableiten, dass die Gründung eines Gemeinsamen Marktes politisch noch eine Utopie bleibt.
32. Die Entwicklung des Gemeinsamen Markts in der AGN ist ebenso eingeschränkt, weil sowohl Kolumbien als auch Peru ihre ökonomische Internationalisierung durch die Schaffung von Freihandelszonen wie etwa mit den USA, mit der EU oder Südkorea usw., und zwar nicht durch die AGN, sondern durch eine unilaterale Politik gestalten. Die Entscheidung 598 öffnete den Mitgliedstaaten der AGN die Tür, damit sie einseitig, das heißt außerhalb der AGN, Freihandelsabkommen mit dritten Staaten annehmen können. Die Freihandelsabkommen sind ein Hindernis für die Weiterentwicklung des AGR und erschweren die Etablierung einer Zollunion und eines Zolltarifs sowie die Schaffung eines Gemeinsamen Markts in der AGN.
33. Die Etablierung eines GM im Rahmen des Mercosur entwickelt sich langsam, weil es immer noch Beschränkungen im gegenseitigen Handeln innerhalb des Mercosur gibt, weil der Mercosur bisher weder einen Zolltarif noch eine Zollunion zustande gebracht hat, weil es Probleme mit der Rechtsangleichung gibt, weil die Entwicklung der gemeinsamen Handels- und Wirtschaftspolitik sehr langsam abläuft und weil die Grundfreiheiten nur teilweise geregelt und durchgesetzt worden sind. Die Weiterentwicklung des Mercosur bedarf der Schaffung von supranationalen Organen, die die Etablierung des GM durchsetzen und garantieren können. Trotzdem ist die Einführung der Supranationalität innerhalb des Mercosur schwierig. Im Gegensatz dazu vermeiden die Mitglieder es, ihre Hoheitsrechte zu übertragen.
34. Die südamerikanischen Teilordnungen sind eng verbunden, weil beide das Ziel haben, schrittweise und fortschreitend einen lateinamerikanischen Gemeinsamen Markt zu etablieren. Das heißt, dass die südamerikanischen

Teilregime das Ziel der Gründung eines lateinamerikanischen Gemeinsamen Markts teilen. Sowohl der Mercosur als auch die AGN sind subregionale Integrationsprozesse der ALADI, da beide innerhalb der ALADI entstanden sind. Art. 1. des AC besagt, dass der Integrationsprozess eine Stufe zur Errichtung eines lateinamerikanischen Gemeinsamen Markts ist. Mittlerweile steht in der Präambel des Vertrags von Asunción, dass der Mercosur als ein neuer Fortschritt hinsichtlich der Bemühungen zur allmählichen Entwicklung der lateinamerikanischen Integration betrachtet werden sollte.

35. Die Weiterentwicklung des AGR bedarf der Verstärkung der Gerichtsbarkeit, damit die Gestaltung und die Gewährleistung der Integrationsprozesse gesichert werden können. Der AGH ist durchaus mit dem EuGH vergleichbar, weil beide Gerichte die Wahrung des Rechts bei der Auslegung und der Anwendung der Verträge sichern. Der EuGH dient als Modell für den AGH, weshalb die Rechtsakte und die Verfahren des AGR ähnlich denen der EU sind. Der AGH ist wesentlicher Motor des Integrationsprozesses, weil durch seine Arbeit die Entwicklung und die Durchsetzung des AGR gesichert werden. Der AGH hat die Grundprinzipien der unmittelbaren Anwendbarkeit und des Anwendungsvorrangs sowie der loyalen Zusammenarbeit durch seine Rechtsprechung und Rechtsfortbildung näher konturiert.

36. Die mitgliedstaatlichen Gerichte der AGN (wie in der EU) spielen eine wichtige Rolle für die Anwendung und Durchsetzung des AGR. Innerhalb der AGN ist das Vorabentscheidungsverfahren (Art. 33 VGAGH) das wichtigste Verfahren für die Mitwirkung der nationalen Richter an der Anwendung des AGR. Das Vorabentscheidungsverfahren innerhalb der AGN wurde als ein Mechanismus für die *Kooperation* zwischen dem nationalen Richter und dem Gemeinschaftsrichter etabliert mit dem Ziel, eine einheitliche gemeinsame Rechtsauslegung des gemeinsamen Rechts zu sichern. Die grundsätzliche Funktion dieses Verfahrens besteht darin, die einheitliche Anwendung des AGR im Territorium der Mitgliedstaaten zu gewährleisten (Art. 32 VGAGH).

37. Der Mercosur verfügt anders als die AGN oder die EU nicht über einen Gerichtshof, sondern lediglich über ein Schiedsgericht. Das SRG stellt einen Schritt in Richtung der einheitlichen Anwendung und Auslegung des MR dar, aber es hält sich von dem Vorbild des AGH und des EuGH fern, weil das SRG eigentlich ein Schiedsgericht ist. Die Implementation und Weiterentwicklung des MR benötigt die Gründung eines Gerichts, das die Verstöße gegen das Integrationsrecht überprüfen und beurteilen kann und damit die Rechtssicherheit bzw. einheitliche Rechtsanwendung gewährleisten kann. Das Fehlen eines

Gerichts wird somit als ein zu überwindender Mangel der Integration empfunden, da die Absenz eines Gerichts die effektive Durchsetzung des Rechts, die Entwicklung der Jurisprudenz und die richterliche Rechtsfortbildung behindert.

38. Die Kooperation zwischen den mitgliedstaatlichen Gerichten und dem SGR ist entscheidend für die einheitliche Auslegung des MR. In diesem Sinne sind die Gutachten das wichtigste Verfahren für die Kooperation zwischen den nationalen Richtern und dem SGR innerhalb des MR. Das Ziel der Gutachten besteht darin, die einheitliche gemeinsame Auslegung des Mercosurrechts zu fördern und zu sichern. Die Die Gutachten haben gewisse Ähnlichkeiten mit dem Vorabentscheidungsverfahren der EU und der AGN, weil durch das Gutachtenverfahren das Integrationsrecht ebenso interpretiert wird und solche Interpretation muss von den nationalen Gerichten angewendet werden. Trotzdem unterscheiden sich beide Verfahren, weil die Gutachten anders als das Vorabentscheidungsverfahren weder bindend noch verbindlich sind.

8. Zusammenfassung

1. Die Dissertation arbeitet mit der Idee bzw. dem Modell eines Südamerikanischen Integrationsrechts (SIR). Sie stellt seine rechtlichen Grundprinzipien, seine bisherige Entwicklung und seine künftigen Entwicklungspotentiale dar. Es handelt sich um eine Analyse, die den historischen, politischen und konstitutionellen Kontext der verschiedenen Grundprinzipien sowie die rechtliche Weiterentwicklung des SIR erfasst.
2. Das SIR gliedert sich in zwei Teilordnungen bzw. Teilregime, welche die wirtschaftliche Integration zwischen den südamerikanischen Staaten normieren. Diese Teilordnungen sind das Andengemeinschaftsrecht (AGR) und das Mercosurrecht (MR). Sie sind ungleichmäßig und unabhängig, weil beide ihre eigene Geltung und Rechtsnatur sowie ihre eigenen Quellen und Verfahren besitzen.
3. Die südamerikanische Integration kann als ein politischer, wirtschaftlicher, kultureller, sozialer und rechtlicher Prozess für die Herstellung einer Einheit zwischen den südamerikanischen Staaten bezeichnet werden. Die Integration stellt eine wichtige Strategie für die Zusammenarbeit der südamerikanischen Staaten untereinander sowie für die Entwicklung der Region dar.
4. Das SIR besitzt seinen eigenen Kontext, weil Südamerika eine Region mit eigenen Charakteristika und Bedürfnissen ist. Die Analyse des SIR in seinem historischen, politischen, wirtschaftlichen und verfassungsmäßigen Kontext erleichtert das Verständnis der Entwicklung und der Hindernisse sowohl des AGR als auch des MR.
5. Die EU ist für die südamerikanische Integration ein vergleichbarer Prozess. Das hochentwickelte Unionsrecht dient als Vorbild für das SIR vor allem in Bezug auf die Begriffsbildung, die Eingliederung und die Implementation.
6. Das Unionsrecht gilt dabei als kritisch zu reflektierendes Integrationsmodell, nicht etwa als schlichte Blaupause. Das tiefere Verständnis des Unionsrechts ermöglicht es, perspektivisch einen ähnlichen Prozess in Südamerika, unter Beachtung der dort gegebenen Besonderheiten, in Gang zu bringen.
7. Die südamerikanischen Teilregime unterscheiden sich dadurch, dass das AGR ein „echtes" Gemeinschaftsrecht formt, wohingegen das MR ein reines intergouvernementales Integrationsrecht bleibt. Das heißt, dass das AGR unmittelbar anwendbar ist, während das MR in den nationalen Rechtsordnungen inkorporiert werden muss.

8. Die südamerikanische Integration beruht, anders als die EU, die auf den Grundlagen der geteilten Souveränität beruht, auf den Grundlagen der (nationalen) klassischen Souveränität. Die Integration ist herkömmlicherweise eine Maßnahme für die Absicherung der Souveränität jedes Landes, und zwar dient die Integration der Unabhängigkeit und der Verstärkung der nationalen Herrschaft, und nicht der Einführung der geteilten Souveränität.
9. Für die Konstruktion und die Fortentwicklung des Integrationsrechts in Südamerika sind die Überwindung der klassischen Bedeutung der Souveränität zum einen und die Einführung der geteilten Souveränität zum anderen notwendig.
10. Die AGN ist eine supranationale Organisation. Trotzdem sind die Perspektiven für die Weiterentwicklung der Supranationalität in der AGN nicht klar, weil die Staaten nicht die Verstärkung der supranationalen, sondern der intergouvernementalen Kompetenzen innerhalb der AGN fördern und weil die AGN zunehmend an Bedeutung für ihre Mitgliedstaaten verliert.
11. Der Mercosur ist eine rein intergouvernementale Organisation. Es gab bisher keine Entwicklung der Supranationalität, weil die Mitglieder nicht bereit sind, die Souveränität zu teilen und sie auf supranationale Organe zu übertragen. Die Mitglieder können nicht gegen ihren Willen verpflichtet werden, da die Rechtsakte nur einstimmig und in Anwesenheit aller Mitglieder getroffen werden können.
12. Innerhalb des Mercosur findet die Lehre der Supranationalität keine Resonanz, weil die Mitglieder vorzugsweise den Intergouvernementalismus fördern wollen. Insbesondere hat Brasilien sich immer für eine intergouvernementale Struktur entschieden und behindert damit die Einführung der Supranationalität in den Mercosur.
13. Die geteilte Souveränität innerhalb der EU führte zum einen zur Entwicklung eines mehrebenen Konstitutionalismus und zum anderen zur Erscheinung des europäischen nationalen Verfassungsrechts (Europaverfassungsrecht) und der Verfassungsprinzipien. Das Verfassungsrecht besteht aus den Grundverträgen der EU und aus den in den mitgliedstaatlichen Verfassungstexten vorgesehenen Integrations- bzw. Europa-Artikeln.
14. In Südamerika entwickelt sich kein Konstitutionalisierungsprozess, der dem in der EU ähnelt, weil sich die südamerikanische Integration am Anfang der wirtschaftlichen Einheit befindet. Trotzdem kann man über einen Verfassungskontext der südamerikanischen Integration sprechen, welcher die Mitwirkung der Länder an den Integrationsprozessen sowie die Abtretung von Hoheitsrechten auf gemeinsame Organe fördert und erlaubt.

15. Beim Verfassungskontext handelt es sich um die in den Verfassungen der Mitglieder des Mercosur und der AGN vorgesehenen Integrationsartikel oder Südamerika- bzw. Lateinamerika-Artikel. Die Gesamtheit dieser konstitutionellen Normen bildet ein nationales Südamerikaverfassungsrecht bzw. Lateinamerikaverfassungsrecht.
16. Im Rahmen des SIR kann nicht von Verfassungsprinzipien (wie in Europa) gesprochen werden, sondern lediglich von Grundprinzipien, weil die Entwicklung der südamerikanischen Integration nicht so weit wie in Europa geht. Die Grundprinzipien des SIR sind im Verhältnis zwischen dem Mercosur sowie der AGN und den Mitgliedstaaten zu finden.
17. Die Grundprinzipien finden sich positiv-rechtlich zunächst in den Gründungsverträgen der südamerikanischen Integrationsprozesse. Sie sind jedoch durch die südamerikanische Gerichtsbarkeit, die Doktrin und die Rechtsvergleichung mit dem Unionsrecht entwickelt worden.
18. Die Grundprinzipien fördern die Befestigung und Ausbreitung der Integration, weil sie eine feste und klare Basis für die rechtliche Kooperation festlegen. Die Grundprinzipien sollen in den nationalen Rechtsordnungen wurzeln und sich dort noch stärker verwurzeln. Die Prinzipien geben die Konturen der Integration vor und bilden die Grundlage für die künftige Entwicklung des SIR.
19. Die einzelnen Grundprinzipien des SIR sind: die Eigenständigkeit, die unmittelbare Anwendbarkeit und unmittelbare Wirkung, der Anwendungsvorrang, das Prinzip der loyalen Zusammenarbeit, das Prinzip der begrenzten Einzelermächtigung und das demokratische Prinzip. Hier geht es nicht um eine endgültige Prinzipienliste des SIR, weshalb die Existenz weiterer Grundprinzipien des SIR nicht ausgeschlossen wird.
20. Die Prinzipien der unmittelbaren Anwendbarkeit, der unmittelbaren Wirkung und des Anwendungsvorrangs sind innerhalb des Mercosur nicht entwickelt worden. In der Absenz dieser Prinzipien gelten die Prinzipien des Umsetzungsbedarfs und des Anwendungsvorrangs nach der Rechtsumsetzung in den nationalen Rechtsordnungen. Entsprechend hängt das Inkrafttreten des MR stark von der Umsetzungsbereitschaft seiner Mitglieder ab.
21. Das Ziel sowohl der AGN als auch des Mercosur ist, allmählich einen Gemeinsamen Markt (GM) zu gründen. Dieses Ziel ist bisher jedoch nur begrenzt umsetzbar, da die Voraussetzungen eines GM wie z.B. eine Zollunion und ein gemeinsamer Zolltarif bislang nicht geschaffen wurden. Darüber hinaus wurde keine gemeinsame wirtschaftliche Außenpolitik entwickelt.

22. Es ist unklar, ob es eine Fortentwicklung des SIR geben wird, weil die tatsächliche Gründung eines GM sowohl im Mercosur als auch in der AGN immer noch in Frage steht und von komplexen Gelingensbedingungen abhängt. Die Staaten vermeiden die Verpflichtungen, die ihre Autonomie behindern, ihre Souveränität relativieren könnten. Dadurch ist die Weiterentwicklung des SIR eingeschränkt. Die Finalität bleibt mehr als offen.
23. Die Weiterentwicklung des Mercosur bedarf der Schaffung von supranationalen Organen, die die Etablierung des GM durchsetzen und garantieren können. Trotzdem ist die Einführung der Supranationalität innerhalb des Mercosur schwierig. Im Gegensatz dazu vermeiden die Mitglieder es, Hoheitsrechte zu übertragen.
24. Die Fortentwicklung der südamerikanischen Teilregime benötigt zum einen die Verstärkung der südamerikanischen Gerichtsbarkeit, nämlich des Andengerichtshofes (AGH) und des Ständigen Revisionsgerichts (SRG) des Mercosur, und zum anderen die Zusammenarbeit zwischen den mitgliedstaatlichen Gerichten und dem AGH sowie dem SRG.
25. Der AGH ist wesentlicher Motor des Integrationsprozesses, weil durch seine Arbeit die Entwicklung und die Durchsetzung des AGR gesichert werden. Der AGH hat die Grundprinzipien der unmittelbaren Anwendbarkeit und des Anwendungsvorrangs sowie der loyalen Zusammenarbeit durch seine Rechtsprechung und Rechtsfortbildung näher konturiert.
26. Die mitgliedstaatlichen Gerichte der AGN spielen eine wichtige Rolle für die Anwendung und Durchsetzung des AGR. Innerhalb der AGN ist das Vorabentscheidungsverfahren das wichtigste Verfahren für die Mitwirkung der nationalen Richter an der Anwendung des AGR.
27. Der Mercosur verfügt anders als die AGN oder die EU nicht über einen Gerichtshof, sondern lediglich über ein Schiedsgericht. Das SRG stellt einen Schritt in Richtung der einheitlichen Anwendung und Auslegung des MR dar, aber es hält sich von dem Vorbild des AGH und des EuGH fern, weil das SRG eigentlich ein Schiedsgericht ist.
28. Die Implementation und Weiterentwicklung des MR benötigt die Gründung eines Gerichts, das die Verstöße gegen das Integrationsrecht überprüfen und beurteilen kann und damit die Rechtssicherheit bzw. einheitliche Rechtsanwendung gewährleisten kann. Ein Gericht ermöglicht die effektive Durchsetzung des Rechts, die Entwicklung der Jurisprudenz und die richterliche Rechtsfortbildung.

29. Die Kooperation zwischen den mitgliedstaatlichen Gerichten und dem SGR ist entscheidend für die einheitliche Auslegung des MR. In diesem Sinne sind die Gutachten (advisory opinions) das wichtigste Verfahren für die Kooperation zwischen den nationalen Richtern und dem SGR innerhalb des MR. Das Ziel der Gutachten besteht darin, die einheitliche gemeinsame Auslegung des Mercosurrechts zu fördern und zu sichern.

9. Literaturverzeichnis

1. Acedo Quezada, Octavio R. (1990). La Ciencia Jurídica y su Objeto, in: Revista de la Facultad de Derecho de México, Número 172-173-174. Instituto de Investigaciones Jurídicas de la UNAM. (S. 11–22).
2. Alegrett Salazar, Adriana. (2008). La convergencia institucional en Suramérica: el aporte de la Comunidad Andina al proceso de Integracion suramericano, in: La Construcción de la Integración Suramericana. Revista de la Integración N° 2. Secretaria General de la Comunidad Andina. Lima. (S. 106–113).
3. Amorim, Celso. (2009). South American Integration, in: Diplomacy, Strategy & Politics N° 10. (Seiten 5–25).
4. Ardao, Arturo. (1986). Panamericanismo y Latinoamericanismo, in: Leopoldo Zea (Ed) América Latina y sus ideas. México: Siglo Veintiuno.
5. Arnau López, Luis Fernando. (2002). Ordenamiento Jurídico Básico para la Constitución de la Zona de Libre Comercio de Sudamérica. Biblioteca Digital Andina.
6. Aramburu. E, (2000). Perspectiva histórica de la evolución del Mercosur en una integración sudamericana. Zugriff: 22.02.2013.
   Verfügbar: http://www.oocities.org/enriquearamburu/DIA/mia7.html
7. Ardila, Martha. (2006). Colombia y Venezuela: entre lo estructural y lo coyuntural, in: Oasis N° 011, Universidad Externado de Colombia, Bogotá.
8. Arellano Porras, Felix Gerardo. (2004). Comunidad Andina: de la Zona de Libre Comercio a la Unión Aduanera. Los Nuevos Temas, in: Aldea Mundo, San Cristóbal Venezuela. (S. 5–15).
9. Arroyave Quintero, Mario Andrés. (2008). Ineficacia Crónica del Derecho Andino: uno de los factores importantes para el ocaso de la Comunidad Andina de Naciones (CAN), in: Papel Político, vol. 13, núm. 1, Bogotá. (S. 299–321).
10. Arroyave Quintero, Mario Andrés. (2008). Interdependencia Comercial entre Colombia y Venezuela: tensiones y transformaciones con Uribe – Chávez, in: Pastrana, Wieland, Vargas (ed). Vecindario agitado Colombia y Venezuela: entre la hermandad y la conflictividad. Konrad Adenauer Stiftung. Bogotá.
11. Arroyave Quintero, Mario Andrés. (2011) ¿Es la Unasur un reemplazo de la OEA?, in: Revista Aequitas N° 0. Universidad Santiago de Cali.

12. Arroyave Quintero, Mario Andrés. (2012). La UNASUR en la estrategia regional de Colombia y Brasil, in: Pastrana, Flemes (eds). Colombia y Brasil ¿Socios estratégicos en la integración de Suramérica?. Konrad Adenauer Stiftung. Bogotá.
13. Arroyave Quintero, Mario Andrés. (2014). Gobernanza multinivel y regionalización del comercio suramericano, in: Pastrana und Gehring (ed.). Suramérica en el escenario global: gobernanza multinivel y birregionalismo. Editorial Pontificia Universidad Javeriana. Bogotá. (S. 127–155).
14. Bell, Daniel. (1987). The World and the United States in 2013, in: Daedalus, Vol. 116, No. 3, Futures (Summer).
15. Beck, Ulrich und Grande, Edgar. (2007). Das kosmopolitische Europa, Suhrkamp Verlag. Frankfurt.
16. Beck, Ulrich, (1997). Was ist Globalisierung? Irrtümer des Globalismus – Antworten auf Globalisierung, Suhrkamp Verlag. Frankfurt.
17. Beneyto Pérez, José María. (2002). ¿Qué es una Constitución europea? La Declaración sobre el futuro de la Unión y la creación de un orden constitucional común, in: Oreja, M. (Dir.) El futuro de la Unión Europea. Unión Política y coordinación económica. Editorial Dykinson, Madrid.
18. Betancourt, Ricardo. (2012). Colombia frente a los espacios regionales de cooperación e integración, in: S. Jost (Ed.), Colombia: ¿una potencia en desarrollo? escenarios y desafíos para su política exterior. Konrad Adenauer Stiftung. Bogotá. (S. 659–673).
19. Bhagwati, Jagdish. (1993). Regionalism and Multilateralism: an overview, in: de Melo, Jaime and Panagariya, Arvind (Ed.). New Dimensions in Regional Integration. Centre for Economic Research, New York. (S. 22–51).
20. Birle, Peter und Gratius, Susanne. (2010). Außenpolitik, in: Costa, Kohlhepp, Nitschack, Sangmeister (Eds.) Brasilien heute, geographischer Raum, Politik, Wirtschaft, Kultur. 2 Aufl., Vervuert Verlag. Frankfurt am Main. (S. 298–316).
21. Bischoff Everding, Peter. (2003). Wettbewerbsrecht im Mercosur, 1. Aufl., Nomos. Baden-Baden.
22. Bizzozero, Lincoln und Vera, Tabaré. (1995). El Mercosur en funcionamiento: de Asunción a Ouro Preto. Universidad de la República. Montevideo. Uruguay.
23. Bobbio, Norberto. (2002) Teoría General del Derecho, 2. Aufl., Temis. Bogotá.

24. Böhm, Monika. (2010). Haftung § 12. In: Schulze, Zuleeg und Kundelbach (Hrsg). Europarecht, Handbuch für die deutsche Rechtpraxis, 2. Aufl., Nomos. Baden-Baden.
25. Borchardt, Klaus-Dieter. (2010) Die rechtlichen Grundlagen der Europäischen Union, 4 Auf., Facultas Verlag. Wien.
26. Börzel, Tanja und Heard, Karen. (2009). Networks in UE multi-level governance: concepts and contributions. *Journal of Public Policy, Special Issue,* 29 (2).
27. Brownlie, Ian. (2008). Principles of Public International Law, seventh Edition, Oxford University Press. New York.
28. Büchele, Manfred. (2008). Diskriminierung, Beschränkung und Keck–Mithouard: die Warenverkehrsfreiheit, in: Roht–Hilpold (Hrsg.). Der EuGH und die Souveränität der Mitgliedstaaten: eine kritische Analyse richterlicher Rechtsschöpfung auf ausgewählten Rechtsgebieten, Linde Verlag. Wien. (S. 335–394).
29. Buergenthal, Thomas; Doehring, Karl und Kokott, Juliane (2003). Grundzüge des Völkerrechts, 3. Aufl., C.F. Muller. Heidelberg.
30. Bustamante, Ana Marleny. (2004). Desarrollo Institucional de la Comunidad Andina, in: Aldea Mundo, N° 8. Vol. 16. (S. 16–28).
31. Caligiuri Ammendolia, Eugenio Roberto und Figueroa Véjar, Alejandro. (2006). Los Principios de Primacia y Operatividad en el Derecho Comunitario como fundamento para la Integración Latinoamericana. Zugriff: 23.05.2014. Verfügbar: http//:www.monografias.com.
32. Campo Cabal, Juan Manuel. (1995). La institución jurisdiccional de la UE. Editorial biblioteca jurídica DIKE. Universidad de los Andes. Bogotá.
33. Cardona, Diego. (2008). El ABC de Unasur: doce preguntas y respuestas, in: La Construcción de la Integración Suramericana. Revista de la Integración N° 2. Secretaria General de la Comunidad Andina. Lima.
34. Cárdenas, Manuel José. (2000). Impacto del Alca en la Comunidad Andina, consideraciones para definir una estrategía de negociación conjunta desde la perspectiva colombiana. Secretaria General de la Comunidad Andina de Naciones.
35. Cardozo, Elsa. (2004). Venezuela en la Comunidad Andina: retrocesos en tres escalas, in: Aldea Mundo, año 8, vol. 16. Universidad de los Andes. Venezuela. (S. 29–39).
36. CEPAL. (1994). El Regionalismo Abierto en América Latina y el Caribe – La integración económica al servicio de la transformación productiva con equidad. Verlag la CEPAL. Santiago de Chile.

37. Cepeda Jiménez, José Alejandro. und Sánchez Cabarcas, Fabio. (2010) Desafíos y Propuestas para la política exterior colombiana en el siglo XXI, in: Pastrana, Jost, Márquez (Eds). Más Allá de la Seguridad Democrática. Agenda hacia nuevos horizontes. Konrad Adenauer Stiftung. Bogotá.
38. Comini, Nicolas. (2010). El rol del Consejo de Defensa de la Unasur en los últimos conflictos regionales, in: Revista Nueva Sociedad Nr. 230.
39. Conferencia Magistral del Presidente de Brasil, Doctor Fernando Henrique Cardoso: "Brasil y las perspectivas de la integración de América del Sur". Lima, 22 de Julio de 1999. Versión transcripta de su exposición oral. Verfügbar: http://www.comunidadandina.org/prensa/discursos/cardoso22-07-99.htm.
40. Cova Cabello, Jesús Antonio. (1963). Bolívar y el Congreso de Panamá, in: Revista de Estudios Políticos N° 127. España.
41. Dallanegra, Luis. (2000). Tendencias del Orden Mundial: El futuro del Estado Nación. Trabajo presentado en el Congreso Internacional de Administración Pública y Desarrollo Local en el Contexto de Sociedades Srupranacionales, Medellín, Colombia, 19–22 de Septiembre de 2000.
42. Degenhart, Christoph. (2009). Staatsrecht I, Staatsorganisationsrecht mit Bezügen zum Europarecht, 25 Aufl., C.F. Müller. Heidelberg.
43. De la Reza, Germán. (2006). El Congreso de Panamá de 1826 y otros ensayos de Integración Latinoamericana en el siglo XIX. Universidad Autonoma Metropolitana. México.
44. De la Reza, Germán. (2010). La diálectica del fracaso: el Congreso Americano de Lima (1847–1848) y su desenlace, in: Cuadernos Americanos: Nueva Época, vol, 4, N° 134. México. (S. 11–26).
45. Deluca, Santiago. (2012). El Mercosur necesita su Maastricht, in: Revista Pensar en Derecho. Universidad de Buenos Aires.
46. Deluca, Santiago.(2013). El Mercosur tras la suspensión de Paraguay y el ingreso de Venezuela: Ponderación del Laudo TPR n°1/2012, in: Papeles de Derecho Europeo e Integración Regional, WP IDEIR n° 16.
48. 47. De Sousa Santos, B. (1998). La Globalización del Derecho – Los nuevos caminos de la regulación y de la emancipación. ILSA. Bogota.
48. Díaz, Elías. (1984). Sociología y Filosofía del Derecho. Editorial Tauros. Madrid.
49. Di Biase, Héctor. (1995). Introducción al Derecho de la integración con especial referencia al Mercosur, in: Revista uruguaya de Derecho Constitucional y Político. Seminario: el Mercosur después de Ouro Preto aspectos jurídicos. Uruguay.

50. Documentos Informativos SG/di 657. (2004). Secretaria General de la Comunidad Andina.
51. Donadio, Luciano und Esposito, Carlos. (2010). Cooperación interjurisdiccional en el Mercosur: la primera Solicitud Consultiva de la Corte Suprema de Justicia de la nación argentina al Tribunal Permanente de Revisión del Mercosur: El caso Sancor, in: Revista Electrónica de Estudios Internacionales.
52. Duden, Schülerduden, Fremdwörterbuch. (2002). 4. völlig neu bearbeitete und erweiterte Auflage. Mannheim.
53. Dueñas Muñoz, Juan Carlos. (2011). La intepretación prejudicial, ¿piedra angular de la integración andina?, in: Anuario de Derecho Constitucional Latinoamericano. Año XVII. Montevideo. (S. 29–58).
54. Eckhard, Pache. (2010). Grundfreiheiten, in: Schulze, Zuleeg, Kundelbach (Hrsg). Europarecht, Handbuch für die deutsche Rechtpraxis, 2. Aufl., Nomos. Baden Baden.
55. Esparza, María Elena. (2008). Las Asimetrías y el proceso de Integración suramericano, in: la Construcción de la Integración Suramericana. Revista de la Integración N° 2. Secretaria General de la Comunidad Andina. Lima. (S. 86–91).
56. Everling, Ulrich. (2002). Richterliche Rechtsfortbildung in der Europäischen Gemeinschaft. JZ 5/2000.
57. Ewald, J, Thul (1960) Die Denkform der Rechtsdogmatik, in: Archiv für Recht und Sozialphilosophie, Band XLVI.
58. Feldstein de Cárdenas, Sara Lidia (2006). El MERCOSUR: Una Mirada al futuro, in: Suplemento mensual de Derecho Internacional Privado y de la Integración N° 18/ 31 de marzo de 2006. Diario Jurídico.
59. Fernández Reyes, Jorge. (2006). El Ordenamiento Jurídico del Mercosur, in: Revista de Derecho. Año 5. N° 9. Universidad de Montevideo. (S. 27–51).
60. Ferreira Simões, Antonio José (2011). Integração: sonho e realidade na América do Sul. Fundação Alexandre de Gusmão. Brasilia.
61. Fischer, Thomas. (2009). Las iniciativas de integración en la segunda mitad del siglo XX, in: Bogdandy, Landa, Morales (Eds.). ¿Integración suramericana a través del derecho? un análisis interdisciplinario y multifocal. Max Planck Institut für Ausländisches öffentliches Recht und Völkerrecht. (S. 23–33).
62. Flemes, Daniel. (2007). Brasilien – Regionalmacht mit globalen Ambitionen, in: GIGA Focus N° 6. German Institute of Global and Area studies, Institut für Lateinamerika Studien.

63. Flemes, Daniel. (2009). Konkurrierender Regionalismus: Fünf Jahren UNASUR und ALBA, GIGA Focus N° 12. German Institute of Global and Area studies, Institut für Lateinamerika Studien.
64. Flemes, Daniel. (2012). Actores estatales y opciones estratégicas Brasil y Colombia en el orden multipolar, in: Pastrana, Jost, Flemes (eds). Colombia y Brasil ¿socios estratégicos en la integración de Suramérica? Konrad Adenauer Stiftung. Bogotá.
65. Flemes, Daniel und Radseck, Michael. (2012). Gobernanza Multinivel de Seguridad en Suramérica, in: Papel Político Vol. 17, N° 1. Bogotá.
66. Fontaine, Pascual. (2000). "La Declaración Schuman 9 de mayo de 1950". Grupo del PPE-DE, Servicio de Estudios y documentación.
67. Frotscher, Werner und Pieroth, Bodo. (2010). Verfassungsgeschichte, 9 Aufl., Verlag C.H. Beck. München.
68. Frambes-Alzérreca, Aline. (1989). Der Andenpakt, Wandlungen eines Integrationsprozesses. Verlag Arbeiterbewegung und Gesellschaftswissenschaft. Marburg.
69. Fremuth, Michael Lysander. (2010). Die Europäische Union auf dem Weg in die Supranationalität. Untersuchung der Rechtsnatur der Europäischen Union anhand der Polizeilichen und Justitiellen Zusammenarbeit in Strafsachen. Lit Verlag. Berlin.
70. Fuders, Felix. (2008). Die Wirtschaftsverfassung des Mercosur, eine rechtsvergleichende Darstellung unter besonderer Berücksichtigung des Rechts der Europäischen Union. Duncker & Humblot Verlag. Berlin.
71. Fuentes, Alfredo. (2007). Situación actual y perspectivas de la Comunidad Andina, in: Revista Oasis N° 12. Universidad Externado de Colombia. Bogotá. (S. 361–365).
72. García, Marco Aurélio. (2004). Nueva Política y Dimensión Sudamericana, in: Alternativas para la Comunidad Andina frente al ALCA y al Mercosur. Observatorio Andino de la Pontificia Universidad Javeriana. Bogotá.
73. García Villegas, Mauricio. (2011). Ineficacia del derecho y cultura del incumplimiento de las reglas en América Latina, in Rodríguez, Cesar (coordinador). El Derecho en América Latina; un mapa para el pensamiento jurídico del siglo XXI. Grupo Editorial siglo veintiuno. Argentina. (S. 161–184).
74. Garcia, Ricardo Alfonso. (2009). Un paseo por la jurisprudencia supranacional europea y su reflejo en los sistemas suramericanos de integración, in: Von Bogdandy, Landa, Morales (Eds.) ¿Integración suramericana a través

del derecho? un análisis interdisciplinario y multifocal. Max Planck Institut für Ausländisches öffentliches Recht und Völkerrecht. (S. 581–632).
75. Garcia Martínez, María del Pilar; Herrera, Maria de la Paz und Olivera, Sabrina Victoria. (2013). La naturaleza de las Opiniones Consultivas en el Mercosur. Análisis comparativo con la Unión Europea, in: Revista Electrónica del Instituto de Investigaciones "Ambrosio L. Gioja". Año VII, N° 10. (S. 71–95).
76. Garnelo, Vicente. (1997). Evolución Institucional y Jurídica del Mercosur. BID-INTAL. Buenos Aíres.
77. Geiger, Rudolf. (2010). Grundgesetz und Völkerrecht mit Europarecht. 5. Aufl., C.H. Beck. München.
78. Geiger, Rudolf; Khan, D. und Kotzur, M. (2010). EUV-AUEU, Vertrag über die Europäische Union und Vertrag über die Arbeitsweise der Europäischen Union, Kommentar, 5 neubearbeitete und erweiterte Auflage, Verlag C.H. Beck. München.
79. Giacalone, Rita. (2013). Venezuela en Unasur: integración regional y discurso político, in: Desafíos, 25 (1). Bogotá. (S. 129–163).
80. Gildhoff, Nils. (2004). Die Organe der Europäischen Gemeinschaften in den intergouvernementalen Unionssäulen. Lit Verlag. Münster.
81. Godoy, Horacio und González, Roberto. (2012) ¿El fin de la CAN? El rol de los actores internos en los procesos de integración, in: Koch, F. (Eds). Desarrollo e Integración. Reflexiones sobre Colombia y la Unión Europea. Universidad del Norte. Barranquilla. (S. 68–83).
82. Granados, Jaime. (1999). El ALCA y la OMC: Especulaciones en torno a su interacción. Buenos Aires: Instituto para la Integración de América Latina y el Caribe INTAL.
83. Gratius Susanne und Nolte Detlef. (2013). Die EU und Lateinamerika: Partnerschaft auf Augenhöhe?, in: GIGA Focus N° 2. German Institute of Global and Area Studies.
84. Griffiths-Spielman, John. (2009). Procesos de Integración Regional en defensa: ¿Consejo Suramericano de Defensa – UNASUR – Un nuevo intento?, in: Globalización, Competitividad y Gobernabilidad. Vol. 3 N° 1. Goergetown University.
85. Grimmel, Andreas. (2009). Politische Theorien der Europäischen Integration, VS Verlag für Sozialwissenschaft.
86. Grote, Rainer. (2009). Los esfuerzos integradores en el contexto histórico suramericano, in: von Bogdandy, Landa, Morales (Eds.). ¿Integración suramericana a través del derecho? un análisis interdisciplinario y multifocal.

Max Planck Institut für Ausländisches öffentliches Recht und Völkerrecht. (S. 3–22).
87. Gutierrez, Alejandro. (2000). Globalización y Regionalismo Abierto, in: Aldea Mundo Revista sobre fronteras e Integración. Año 4. N° 8. (S. 45–52).
88. Häberle, Peter. (1998). Verfassungslehre als Kulturwissenschaft. Zweite stark erweiterte Auflage. Duncker & Humblot. Berlin.
89. Häberle, Peter. (2003a) La Constitución en el Contexto, in: Anuario Iberoamericano de Justicia Constitucional Nr. 7.
90. Häberle, Peter. (2003b). México y los Contornos de un Derecho Constitucional Común Americano: un ius commune americanum, in: Fix-Fierro, Héctor (Traductor). De la Soberanía al Derecho Constitucional Común: Palabras clave para un diálogo Europeo Latinoamericano, Universidad Autónoma de México.
91. Häberle, Peter. (2008). Europäische Verfassunglehre. 5 aktualisierte und erweitere Aufgabe. Nomos.
92. Häberle, Peter. (2013). Der kooperative Verfassungsstaat – aus Kultur und als Kultur. Vorstudien zu einer universalen Verfassungslehre. Duncker & Humblot. Berlin.
93. Habermas, Jürgen. (1998). Die postnationale Konstellation: Politische Essays. Edition Suhrkamp.
94. Habermas, Jürgen. (1998). Faktizität und Geltung – Beiträge zur Diskurstheorie des Rechts und des demokratischen Rechtsstaats. Suhrkamp. Frankfourt.
95. Habermas, Jürgen. (2011). Zur Verfassung Europas – Ein Essay. Suhrkamp. Berlin.
96. Hakanson Nieto, Carlos. (2007). El ejemplo institucional de la Unión Europea, los retos políticos institucionales en los procesos de integración, in: Revista Oasis N° 012. (S. 299–315).
97. Hallstein, Walter. (1973). Die Europäische Gemeinschaft. 1 Aufl., Econ Verlag. Düsseldorf.
98. Haltern, Ulrich. (2007a). Europarecht – Dogmatik im Kontext. 2. Aufl., Mohr Siebeck. Tübingen.
99. Haltern, Ulrich. (2007b). Was bedeutet Souveränität. Mohr Siebeck. Tübingen.
100. Haas, Ernst B. (1958). The Uniting of Europe. Political Social and Economic Forces 1950–1957 Standford University Press, Standford.
101. Held, David. (2002). La Globalizacion tras el 11 de Septiembre. in: Diario El País de España. 14, julio.

102. Henrichs, Christoph. (1995). Haftung der EG-Mitgliedstaaten für Verletzung von Gemeinschaftsrecht. Nomos. Baden-Baden.
103. Herdegen, Matthias. (2011). Völkerrecht, 10. Aufl., C.H. Beck Verlag. München.
104. Herdegen, Matthias. (2010). Europarecht 12. Aufl., C.H. Beck Verlag. München.
105. Herdegen, Matthias. (2009). Internationales Wirtschaftsrecht. 8 Aufl., C.H. Beck Verlag. München.
106. Herrera, Benjamin. (2010). La proyección regional y mundial de Brasil: un desafío para la política exterior del Estado colombiano, in: Pastrana, Jost und Márquez (Eds). Más allá de la Seguridad Democrática. Agenda hacia nuevos horizontes. Konrad Adenauer Stiftung. Bogotá.
107. Hidien, Jürgen. (1999). Die gemeinschaftsrechtliche Staatshaftung der EU-Mitgliedstaaten. Nomos. Baden-Baden.
108. Hooghe, Liesbet. und Marks, Gary. (2004). Gobernanza estatocéntrica y gobernanza multinivel, in: Morata, F. (ed.). Gobernanza multinivel en la Unión Europea. Tirant lo Blanch. Valencia.
109. Hummer, Waldemar. (2005). Integration in Lateinamerika und in der Karibik – Aktueller Stand und zukünftige Entwicklungen, en: Verfassung und Recht in Übersee (VRÜ) 38. (S. 6–55).
110. Ibáñez, Josep. (2000). El Nuevo Regionalismo Latinoamericano en los Años Noventa, in Revista Electrónica de Estudios Internacionales N°1. (S. 1–11).
111. Illera, Olga. (2005). La Política Exterior de Chávez: Proyección de la Revolución Bolivariana en la relaciones Internacionales, in: Desafíos N° 12, Universidad del Rosario, Bogotá.
112. Informe del Intal. (1968). La Integración ecónomica de américa latina. Realizaciones, Problemas y Perpectivas. Instituto para la Integración de América Latina. Buenos Aires.
113. Informe Final Misión de Politica Exterior de Colombia, (2010). Ministerio de Relaciones Exteriores de Colombia. Bogotá.
114. Informe del Grupo de Trabajo para la elaboración de una propuesta sobre la nueva visión, los lineamientos estratégicos y la priorización de los ámbitos de acción de la Comunidad Andina de Naciones. 12 de julio de 2013.
115. Insignares Cera, Silvana. (2007). El Derecho Comunitario Andino, ¿obstáculo en la Integración?, en: Revista de Derecho N° 27. Universidad del Norte. Barranquilla. (S. 295–307).
116. Insignares Cera, Silvana. (2012). TLC entre la UE y Colombia – Implicaciones para el ordenamiento jurídico andino y la política exterior de la UE hacia América Latina, in: Koch, Florian (Eds). Desarrollo e Integration – Reflexiones

sobre Colombia y la Unión Europea. Universidad del Norte. Barranquilla. (S. 148–159).
117. Ipsen, Hans Peter. (1972). Europäisches Gemeinschaftsrecht. J.C.B. Mohr. Tübingen.
118. Ipsen, Hans Peter. (1972). Verfassungsperspektive der Europäischen Integration (Vortrag). Verlag Dresdner Bank.
119. Isaac, Guy. (1997). Manual de Derecho Comunitario General. Ariel.
120. Isfen, Osman. (2004). Die „klassischen" Methodenlehren bei Savigny. In: Yıl 2004 Cilt 53 Sayı 1. Ankara Üniversitesi Hukuk Fakültesi Dergisi.
121. Kahle, Günter. (1981). Problemas fundamentales de la integración en América Latina desde la Independencia (1810–1948), in: Mols (ed). Integración y Cooperación en América Latina. Mainz.Hase & Koehler Verlag. (S. 25–56).
122. Kaiser, Wolfram. (2009). Networks in European Union multi-level governance. In: Journal of Public Policy, Special Issue, 29 (2).
123. Keohane, Robert. und Nye, Joseph. (1989). Power and Interdependence, Second Edition. Harper Collins Publishers.
124. Keohane, Robert. und Hoffmann, Stanley. (1991). The New European Community: decisionmaking and institutional change. Verlag Westview Press, Boulder.
125. Kilian, Wolfgang. (2010). Europäisches Wirtschaftsrecht, 4. Auf., C.H. Beck Verlag. München.
126. Kissinger, Henry. (1994) Die Vernunft der Nationen – Über das Wesen der Außenpolitik. Siedler. Berlin.
127. Klein, Eckart und Schmahl, Stefanie. (2010) Internationale und supranationale Organisationen, in Graf Vitzthum (Hrsg.). Völkerrecht. 5 Aufl., De Gruyter. Berlin. (S. 263–386).
128. Klein Vieira, Luciane. (2012). La Reforma de las Constituciones de los Estados partes del Mercosur, in: La Ley 11.723. (S. 4–7).
129. Knief, Inken Sabine. (1995). Der Regress im Bundestaat, zur innerstaatlichen Haftung für gemeinschaftsrechtlichen Sanktionen, Dissertation zur Erlangung des Grades eines Doktors des Rechts. Köln.
130. Kokott, Juliane. (2004). Die Staatsrechtslehre und die Veränderung ihres Gegenstandes: Konsequenzen von Europäisierung und Internationalisierung, in: Veröffentlichungen der Vereinigung der Deutschen Staatsrechtslehrer Band 63. De Gruyter Recht. Berlin. (S. 7–41).

131. Kotroni, Loukia. (2004). Grundrechtliche Verpflichtungen der Mitgliedstaaten der Europäischen Union, insbesondere unter Zugrundelegung von Art 51 der Grundrechtscharta, Verlag Peter Lag. Frankfurt.
132. Kotzur, Markus. (2010a). Die allgemeinen Rechtsgrundsätze des Gemeinschaftsrechts – von den mitgliedstaatlichen Verfassungskulturen zu einer gemeineuropäischen Verfassungskultur, in: Th.Tsatsos (Hrgs). Die Unionsgrundordnung – Handbuch zur EuropäischenVerfassung. BWV. Berlin.
133. Kotzur Markus, (2010b). Die Grundfreiheiten, in: Die Unionsgrundordnung – Handbuch zur Europäischen Verfassung.
134. Kotzur, Markus. (2003). La Soberanía hoy. Palabras clave para un diálogo Europeo Latinoamericano sobre un atributo del Estado Constitucional Moderno, in: Fix-Fierro, Héctor (Traductor). De la Soberanía al Derecho Constitucional Común: palabras clave para un diálogo Europeo Latinoamericano, Instituto de Investigaciones Jurídicas, Universidad Autónoma de México.
135. Kotzur, Markus. (2008). Sovereignty and the European Federal Constitution – new perspectives on Sovereignty in a multilevel scheme of constitutionalism, in: The Federalist a political review, N° 2. (S. 131–148).
136. Kucler, Mojca. (2010). Multilevel governance within the European Union, in: European View, 9 (1).
137. Laufs, Adolf. (2006). Rechtentwicklung in Deutschland, 6 Aufl., De Gruyter Rechtwissenschaft Verlag. Berlin.
138. Liévano Aguirre, Indalecio. (1968). El Congreso de Panamá: Bolivarismo y Monroísmo, in: Desarrollo Económico Vol 8, N° 30/31.
139. Luhmann, Niklas. (1982) Rechtssystem und Rechtsdogmatik. Verlag W. Kohlhammer. Stuttgart.
140. Malamud, Andrés. (2012). Sovereignty is Back, Integration Out: Latin American Travails with Integration, in: Roy, J. (Eds). The State of the Union(s): The Eurozone Crisis, Comparative Regional Integration and the EU Model. Inter-American Jean Monnet Chair Editorial. Miami.
141. Malamud, Andrés. (2005). Spillover in European and South American Integration. A comparative Evaluation, in: CIES e-Working Paper N° 1/2005. Lisboa.
142. Malamud, Carlos. (2006). La Salida venezolana de la Comunidad Andina y sus repercusiones sobre la Integración Regional. Primera Parte. Real Instituto Elcano ARI, 54.
143. Manz, Thomas, (2013). Die Alianza del Pacífico, ein "neuer Motor" für die Entwicklung Lateinamerikas?, in: Perspektive, Friedrich Ebert Stiftung.

144. Mariscal, Nicolas. (2003). Teorías Políticas de la Integración Europea. Editorial Tecnos, España.
145. Marwege, Renata. (1995). Der Andengerichtshof. Das Rechtsschutzsystem des Andenpaktes mit vergleichenden Bezügen zum Recht der Europäischen Gemeinschaft. Verlag Duncker & Humboldt. Berlin.
146. Midón, Mario. (1998). Derecho de la Integración – Aspectos Institucionales del Mercosur. Rubinzal-Culzoni Editores. Argentina.
147. Mitrany, David. (1943) A Working Peace System. An argument for the functional development of international Organizationen. Chicago: Quadrangle Books.
148. Morata, Francesc. (2004) Regiones y gobernanza multinivel en la Unión Europea, in: Morata, F. (ed.). Gobernanza multinivel en la Unión Europea. Tirant Lo Blanch. Valencia.
149. Moravcsik, Andrew. (1991). Negotiating the Single European Act: national Interests and Conventional Statecraft in the European Community. International Organization. Vol. 45, N° 1. (S. 19–56).
150. Neves, Marcelo. (2009). La Concepción del Estado de Derecho y su vigencia práctica en Suramérica, con especial referencia a la fuerza normativa de un derecho supranacional, in: von Bogdandy, Landa, Morales (Eds.) ¿Integración suramericana a través del derecho? un análisis interdisciplinario y multifocal. Max Planck Institut für Ausländisches öffentliches Recht und Völkerrecht. (S. 51–77).
151. Nettesheim, Martin. (2009). Ein Individualrecht auf Staatlichkeit? Die Lissabon Entscheidung des BVerfG. 39 NJW.
152. Nettesheim, Martin. (2010) Die Integrationsverantwortung – Vorgabe des BVerfG und gesetztgeberische Umsetzung. 4. NJW.
153. Nolte, Deflet und Wehner, Leslie. (2013). The Pacific Alliance casts its cloud over Latin America, en: GIGA Focus N° 8. German Institute of Global and Area Studies.
154. Nowak, Carsten. (2011). Europarecht nach Lissabon. Nomos. Baden-Baden.
155. Olivar Jimenez, Martha Lucia. (2009). El Derecho del Mercosur y el Derecho Internacional – La lucha por independencia, in: Revista Electrónica de Estudios Internacionales N° 18.
156. Olivares Tramón, José Miguel. (2006). Das Vorabentscheidungsverfahren des EuGH als Vorbild des Mercosur. 1. Aufl., Nomos. Baden-Baden.
157. Oppermann, Thomas; Claussen Claus, Nettesheim Martin. (2009). Europarecht, 4. Aufl., Verlag C.H. Beck. München.

158. Parlamento Andino, (2013). Documento de la Mision de Observación Electoral MOE.
159. Pastorino Castro, Ana María. (2006). Evolución jurídico-institucional del Mercosur, in: Cuadernos de Integración Europea N° 5. (S. 28–46).
160. Pastrana Buelvas, Eduardo. (2000). Institucionalización de las Relaciones Económicas Internacionales – Globalización vs Regionalización de la economía. Universidad Santiago de Cali. Cali.
161. Pastrana Buelvas, Eduardo. (2005). Extinción o reinvención del Estado-Nación frente a los desafíos globales, in: Revista Desafios N° 12, Universidad del Rosario, Bogotá.
162. Pastrana Buelvas, Eduardo und Duarte Garcia, Jennifer. (2009). El Estancamiento del Proceso de Profundización de la Unión Europea ¿un Proyecto neoliberalizado?, in: Dialogo de Saberes, Revista N° 30. Universidad Libre. Bogotá.
163. Pastrana Buelvas, Eduardo. (2011). La Política Exterior Colombiana hacia sudamérica: de Uribe a Santos. Zugriff 27.05.2013. http://www.semana.com/noticias-nacion/securitizacion-uribe-diversificacion-santos/155092.aspx.
164. Pastrana Buelvas, Eduardo. (2013). Why Regionalism has failed in Latin America: lack of stateness as an important factor for failure of sovereignty transfer in integration projects, in: Contexto Internacional. Rio de Janerio, vol. 35 n° 2. (S. 443–469).
165. Pejovés Macedo, José Antonio. El Sistema de Solución de Controversias en la Comunidad Andina. Zugriff 11.06.2013. http://www.comunidadandina.org/documentos/docIA/pejoves.htm.
166. Peña, Felix. (2009). La UNASUR y el Mercosur pueden complementarse?, in: Nueva Sociedad N°. 219.
167. Pernice, Ingolf. (2001). Europäisches und nationales Verfassungsrecht, in: Dreier und Pauly (Hrsd). Die deutsche Staatsrechtslehre in der Zeit des Nationalsozialismus. Veröffentlichungen der Vereinigung der Deutschen Staatsrechtslehrer. Hefte 60. Walter de Gruyter. Berlin.
168. Pérez, González, Carmen. (2000). Sobre la Responsabilidad del Estado frente a los particulares por la no transposición de las directivas comunitarias (Comentario de la Sentencia TJCE de 8 de Octubre de 1996. Asuntos acumulados C-178/94, C-179(94, C-188/94, C-189/94 y C-190/94. Erich Dillenkofer, Christian Erdmann, Hans-Jürgen Schulte, Anke Heuer, y Werner, Ursula y Torsten Knor v. Bundesrepublik Deutschland). Tesis Doctoral.

169. Pérez Navarro, Luis Emiro. (2000). Los principios básicos del derecho comunitario en las constituciones venezolanas de 1961 y 1999, in: Aldea Mundo. Año 5, Vol. 9. Universidad de los Andes Venezuela.(S. 33–37).
170. Perotti, Alejandro Daniel. (2001). Algunas consideraciones sobre la Interpretación Prejudicial obligatoria en el Derecho Andino. Secretaría General de la Comunidad Andina, Biblioteca Digital Andina.
171. Perotti, Alejandro Daniel. (2007). El control de legalidad de las normas del Mercosur por el juez nacional, in: Agenda Internacional. Año XIII, N° 24. (S. 101–114).
172. Perotti, Daniel Alejandro.(2008). Elementos básicos para la constitución de un Tribunal de Justicia del Mercosur, in: La Ley, Año LXXII N° 251.
173. Phillips, Nicola. (2003). Hemispheric Integration and Subregionalism in the Americas, in: International Affairs 79.2. (S. 327–349).
174. Pico Mantilla, Galo. (1992). Derecho Andino, 2. Aufl., Tribunal de Justicia del Acuerdo de Cartagena.
175. Pico Mantilla, Galo. (2004). Código de la Comunidad Andina, in: Bibioteca Digital Andina.
176. Pico, Galo. (2009). Jurisprudencia Andina. www.eumed.net/libros/2009a/490.
177. Quispe Remón, Florabel. (2010) Problemas y perspectivas de los procesos de integración en América Latina, in: International Law N° 16, Revista Colombiana de Derecho Internacional. Bogotá. (S. 259–292).
178. Ranieri, Ruggero. (2010). "El Plan Schuman y la CECA: experiencias fundamentales para la construcción de Europa", in: Punte@Europa. Año VIII. N° 1. (S. 16–24).
179. Ramos da Silva, Eliane. (2002). Rechtsangleichung im Mercosul: Perspektiven für das Niederlassungsrecht von Gesellschaften anhand von Erfahrungen in der Europäischen Union, 1. Aufl., Nomos. Baden-Baden.
180. Ranacher, Christian und Staudigl, Fritz. (2010). Einführung in das EU-Recht. 2. Aufl., Facultas Verlag. Wien.
181. Rehbinder, M. (2009). Rechtsoziologie. 7. Aufl. Verlag C.H. Beck.
182. Rocha, Maria Elizabeth Guimarães Teixeira. (2011). A incorporação das normativas mercosulinas e as constituições dos estados-partes:o desafio das superações danormatividade estatal, in: Univ. Rel. Int., Brasília, v. 9, n. 1. (S. 1–37).
183. Rodas Pozo, Antonio. (1996). El Tratado de Unión, Liga y Confederación Perpetua, in: Revista AFASE N° 27.

184. Rueda Junquera, Fernando. (2009). ¿Qué se puede aprender del proceso de integración europeo? La Integración Económica de Europa y América Latina en perspectiva comparada, in: Nueva Sociedad N° 219. (S. 59–75).
185. Rueda Junquera, Fernando (2008). Las debilidades de la subregional en América Latina, in: De Lombaerde, Kochi, Briceño (Eds). Del regionalismo Latinoamericano a la Integración Interregional. Siglo XXI. Madrid.
186. Ruffert, Matthias. (2009). Die Grundfreiheiten im Recht der Europäischen Union, JuS 2.
187. Saccone, María Alejandra. (2008). UNASUR: Visiones desde el Mercosur. In: La Construcción de la Integración Suramericana, in: La Construcción de la Integración Suramericana. Revista de la Integración N° 2. Secretaria General de la Comunidad Andina. Lima. (S. 31–36).
188. Salazar Montoya, Jaime. (1988). Acuerdo o desacuerdo de Cartagena, un testimonio sobre el Pacto Andino. Tercer Mundo Editores. Bogotá.
189. Salgado, Germánico. (1995). El Grupo Andino de hoy: Eslabon hacia la integración de Suramerica, in: Biblioteca Digital Andina. Obra suministrada por la Universidad Simón Bolívar del Ecuador.
190. San Martino de Dromi, María Laura. (1997). De la nueva historia del derecho – A propósito del objeto, método y fuentes del derecho del Mercosur. Ediciones Ciudad Argentina. Buenos Aires.
191. Sander, Fritz. (1921). Rechtsdogmatik oder Theorie der Rechtserfahrung? Kritische Studie zur Rechtslehre Hans Kelsens. Verlag Franz Deuticke.
192. Sangmeister, Harmut. (2009). La perspectiva económica de la integración de América del Sur, in: Von Bogdandy, Landa, Morales (Eds.). ¿Integración suramericana a través del derecho? un análisis interdisciplinario y multifocal. Max Planck Institut für Ausländisches öffentliches Recht und Völkerrecht. (S. 115–124).
193. Saucedo González, José Isidro. (1999). Posibilidades de un Estado Comunitario Hispanoamericano. Universidad Autonoma de México. UNAM. México.
194. Saraiva, Miriam Gomez. (2010). "Brazilian foreign policy towards South America during the Lula administration: caught between South America and Mercosur", in: Revista Brasileira de Política Internacional, Vol 53 (special edition). (S. 151–168).
195. Sberro. Stephan und Bacaria, Jordi. (2002). "La Integración de América Latina. Entre la referencia europea y el modelo estadounidense", in: Foreign Affairs: Latinoamérica, Vol 2, N° 2. (S. 52–66).

196. Schlieper, Ulrich. (1992). Europäischer Markt: Ein Markstein auf dem Weg zu einem europäischen Zentralismus?, in: Erwin, Dichtl (Hrsg.). Schritte zum Europäischen Binnenmarkt. Deutscher Tagesbuch Verlag. München.
197. Schöbener, Burkhard. (2009). Allgemeine Staatslehre. C.H. Beck. München.
198. Schoeder, Werner. (2009). Grundkurs Europarecht. C.H. Beck. München.
199. Schmidt, Siegmar y Schünemann, Wolf. (2009). Europäische Union – Eine Einführung. Nomos. Baden-Baden.
200. Schwarze, Jürgen. (2007). Europäisches Wirtschaftsrecht; Grundlagen, Gestaltungsformen, Grenzen. Nomos. Baden-Baden.
201. Schwarze, Jürgen. (2009). EU-Kommentar (Hrsg.) 2.Aufl., Nomos. Baden-Baden.
202. Serbin, Andrés. (2009). América del Sur en un mundo Multipolar: ¿es la UNASUR la alternativa?, in: Nueva Sociedad N° 219.
203. Serbin, Andrés. (2010). Regionalismo y Soberanía nacional en América Latina: Los nuevos desafíos, in: Documentos Nueva sociedad, Defensa 1111, 1°A. Buenos Aires.
204. Simón Bolívar – Doctrina del Libertador. (2009). 3. Aufl., Fundacion Biblioteca Ayacucho. Venezuela.
205. Shaw, Malcoln, (2008). International Law, 6. Edition, Cambridge University Press.
206. Soriano, Ramón. (1997). Sociología del Derecho. Ariel. Barcelona.
207. Sorj, Bernardo. und Fausto, Sergio. (2011). El papel de Brasil en América del Sur: estrategias y percepciones mutuas, in Sorj, B und Fausto, S. (Coords.). Brasil y América del Sur: miradas cruzadas. Plataforma Democrática. Buenos Aires. (S. 5–34).
208. Spektor, Matias. (2011). El regionalismo de Brasil. in Sorj, B und Fausto, S. (Coords.). Brasil y América del Sur: miradas cruzadas. Plataforma Democrática. Buenos Aires. (S. 161–177).
209. Streinz, Rudolf. (2008). Europarecht, 8 Aufl., Verlag C.F. Müller Verlag, Heidelberg.
210. Streinz, Rudolf. (2004). Europarecht – Auswirkungen des Vorrangs des EG-Recht auf Bestandskraft. JuS 6.
211. Tagle, Carlos. (1987) Aspectos jurídicos e institucionales del programa de Integración y Cooperación Argentino-Brasileno, in: Integración Latinoamericana. (S. 44–52).
212. Terz, Panos. (1999). Cuestiones Teóricas Fundamentales del Proceso de formación de las normas internacionales: con especial análisis de las resoluciones

de la ONU, fundamentación de una teoría moderna y polidimensional de formación de las normas en las relaciones internacionales. Universidad Santiago de Cali.
213. Terz, Panos. (2006). Die Völkerrechtssoziologie, Versuch einer Grundlegung in den Hauptzügen. Defensio Scientiae Iuris Inter Gentes, in: Papel Político Vol. 11, No. 1.
214. Terz, Panos und Pastrana, Eduardo. (2007). El derecho internacional al despuntar el siglo XXI, un punto de vista sociológico del derecho internacional. Ad defensionem iuris inter gentes, in: Revista Papel Político. Vol. 12, N° 2.
215. Terz, Panos. (2009). Interessentheorie. Eine Studie im Koordinatensystem von Philosophie, Epistemologie und Völkerrechtssoziologie, in: Papel Político Vol. 14, Nr. 1.
216. Terz, Panos. (2010) Völkerrechtstheorie, Völkerrechtsphilosophie und Völkerrechtsmethodologie, Unterscheide – Demonstratio et Defensio Scientiae latae Iuris inter Gentes. In: Archiv für Rechts- und Sozialphilosophie, Vol. 96. Heft 3. Verlag Franz Steiner.
217. Thym, Daniel. (2006). Die völkerrechtlichen Verträge der Europäischen Union. In: ZaöRV 66.
218. Tomuschat, Christian. (1995). Die Internationale Gemeinschaft, AVR 33.
219. Tomuschat, Christian. (2010). Lisbon – Terminal of the European Integration Process? The Judgment of the German Constitutional Court of 30 June 2009. ZaöRV 02.
220. Tremolada Álvares, Eric, (2005). Aplicación del Derecho Andino en Bolivia, Ecuadro, Perú y Venezuela frente a la experiencia europea. In Oasis, N° 11. Universidad Externado de Colombia. Bogotá. (S. 151–165).
221. Tremolada Álvares, Eric. (2006). El Derecho Andino en Colombia. Universidad Externado de Colombia. Colección Pre Textos, N 31.
222. Tremolada Álvares, Eric. (2007). Los pilares jurídicos de la Comunidad Andina: ¿elementos decisivos para su supervivencia?, in: Oasis N° 12. Universidad Externado de Colombia. (S. 317–346).
223. Tremolada Álvares, Eric. (2008). El sistema institucional andino frente a su referente europeo, in: Cuadernos Constitucionales de la cátedra Fadrique Furió Ceriol n° 56. Departamento de Derecho Constitucional y Ciencia Política.Universidad de Valencia. (S. 115–146).
224. Turzi, Mariano (2014). Asia y la ¿(des)integración latinoamericana?, in: Revista Nueva Sociedad N° 250. (S. 78–87).

225. Van Klaveren, Alberto. (1997). Regionalismo y Multilateralismo: una convergencia necesaria, in Lopez, Sergio (Coord). El futuro del libre comercio en el continente americano. Universidad Autónoma de México. (S-51–69).
226. Vargas Alfaro, Marvin (2012). Los Principios Generales del Derecho Comunitario y Andino, in: Revista de Derecho Comunitario, Internacional y Derechos Humanos, N° 2. Maestría en Derecho Comunitario y Derechos Humanos, Universidad de Costa Rica. (S. 71–117).
227. Vargas Llosa, Mario (2008) América Latina: unidad y dispersión, en: Lagos, Ricardo (compilador). América Latina: ¿integración o fragmentación?. Edhasa. Buenos Aires.
228. Vela, Bernardo. (2007). La Encrucijada del Proceso Andino de Integración, in: Oasis N° 12, Bogotá, Universidad Externado de Colombia. (S. 425–432).
229. Ventura, Deisy. (2005). Las asimetrías entre el Mercosur y la Unión Europea: los desafíos de una asociación interregional. Konrad Adenauer Stiftung. Montevideo.
230. Vieira, Edgar. (2004). La Integración de América Latina: del Congreso Anfictiónico de Panamá 1826 a una Comunidad Latinoamericana o Sudamericana de Naciones en el Año 2010, Editorial Pontificia Universidad Javeriana. Bogotá.
231. Vieira, Edgar. (2008). Formación de Espacios Regionales en la Integración de América Latina, Universidad Pontificia Javeriana Bogotá – Convenio Andrés Bello. Bogotá.
232. Vigevani, Tullo und Ramanzini Jr, Haroldo. (2009). As Influências das Mudanças Internacionais para a Percepção Brasileira de Integração Regional, in: Nueva Sociedad N° 219.
233. Virally, Michel. (1998). El Derecho Internacional de qué se trata, in: El Devenir del Derecho Internacional, ensayos escritos al correr de los años. Fondo de Cultura Económica. México.
234. Von Bogdandy, Armin. (2009). Grundprinzipien. In: Von Bogdandy und Bast (Hrsg.). Europäisches Verfassungsrecht – Theoretische und dogmatische Grundzüge. 2. Aufl., Springer. Berlin.
235. Von Bogdandy, Armin. (2009). Una idea controvertida se convierte en Derecho: consideraciones acerca de la democracia europea como principio jurídico. In: Bogdandy, Landa, Morales (Eds.). ¿Integración suramericana a través del derecho? un análisis interdisciplinario y multifocal. Max Planck Institut für Ausländisches öffentliches Recht und Völkerrecht. Madrid. (S. 633–646).

236. Vosskuhle, Andreas. (2009). Der europäische Verfassungsverbund, in: TranState working papers, N° 106.
237. Voßkuhle, Andreas. (2014). Zum Verhältnis von BVerfG, EGMR und EuGH: „Pyramide oder Mobile? – Menschenrechtsschutz durch die europäischen Verfassungsgerichte“, in: EuGRZ 2014, 41. Jg. Heft 6–8. 30. April 2014.
238. Wehlau, Andreas. (1996). Die Rechtsprechung des Gerichtshofes der Europäischen Gemeinschaft zur Staatshaftung der Mitgliedstaaten nach Gemeinschaftsrecht. Verlag Lit.
239. Weidenfeld, Werner. (2010). Die Europäische Union, Verlag W. Fink. Paderborn
240. Weidenfeld, Werner. (1995). Reform der Europäischen Union, Materialen zur Revision des Maastrichter Vertrages 1996. Verlag Bertelsmann Stiftung. Gütersloh.
241. Weiler, J.H.H (1991). The Transformation of Europe, in: The Yale Law journal, Vol. 100, N°. 8, Symposium: International Law. (S. 2403–2483).
242. Wieser. Bernd, (2005). Vergleichendes Verfassungsrecht. Springer Kurzlehrerbücher der Rechtswissenschaft. Wien.
243. Zilla, Claudia. (2011). Brasilianische Außenpolitik – Nationale Tradition, Lulas Erbe und Dilmas Optionen. Stiftung Wissenschaft und Politik – Deutsches Institut für Internationale Politik und Sicherheit. Berlin.

Dokumenten

1. Acta de Guayaquil 1998. X Consejo Presidencial Andino. Guayaquil 4 y 5 de Abril de 1998.
2. Acta de Cartagena 1999. XI Consejo Presidencial Andino. Cartagena 27 de mayo de 1999.
3. Acta de Lima 2000. XII Consejo Presidencial Andino. Lima 10 de Junio de 2000.
4. La “Carta de Jamaica”, escrita por Bolívar –*Un Americano Meridional*– en Kingston, 6 de septiembre de 1815.
5. Circular de Invitación Dirigida por Simón Bolívar. Libertador de Colombia y Encargado del Mando Supremo del Perú a los Gobiernos de Colombia, México, La América Central, Las Provincias Unidas de Buenos Aires, Chile y el Brasil. Lima 7 de diciembre de 1824.
6. Declaración de Iguazú, firmada por los presidentes Raúl Alfonsin y José Sarney, Foz do Iguazú, 30 de noviembre de 1985.
7. Declaración de Santa Cruz de la Sierra. Bolivia 30 de Enero de 2002.

8. Declaración de Quirama. XIV Reunión del Consejo Presidencial Andino. Quirama 27 de junio de 2003.
9. Declaración de Cusco sobre la Comunidad Sudamericana de Naciones. III Cumbre Presidencial Suramericana. Cusco 08 de diciembre de 2004.
10. Declaración sobre la Convergencia de los Procesos de Integración en América del Sur. Primera reunión de Jefes de Estado de la Comunidad Sudamericana de Naciones. Brasilia 30 de octubre de 2005.
11. Declaración de la Moneda. Reunion de las Jefas y Jefes de Estado y de Gobierno de la UNASUR, reunidos en el Palacio de La Moneda. Chile 15 de octubre de 2008.
12. Declaración N° 23/2008 del Foro Permanente de Cortes Supremas del Mercosur, 28 de noviembre de 2008.
13. Declaración Presidencial sobre la Alianza del Pacífico. Lima 28 de Abril de 2011.
14. Diálogo Presidencial sobre el Futuro del Proceso Andino de Integración y su proyección en Suramérica. XV Consejo Presidencial Andino. Quito 12 de Julio de 2004.
15. Discurso del Presidente brasileño Luiz Inácio Lula da Silva ante el XIV Consejo Presidencial Andino. Quirama 27 de julio de 2003.
16. Discurso del presidente de la república bolivariana de Venezuela, Hugo Chávez Frías, con motivo de la XXVII reunión del Consejo del Mercado Común del Sur, (Mercosur). Ouro Preto 17 de diciembre de 2004.
17. Documento Final de la Comisión Estratégica de Reflexión – Un Nuevo Modelo de Integración de América del Sur – Hacia la Union Suramericana de Naciones. (2006).
18. Nota de Prensa: Secretaria General de la CAN recibió comunicación oficial de retiro de Venezuela. Verfügbar: http://www.comunidadandina.org/prensa/notas/np22-4-06a.htm.
19. Palabras del Presidente de la República de Colombia, Álvaro Uribe Vélez, en la ceremonia de instalación del XIV Consejo Presidencial Andino. Quirama 27 de junio de 2003.
20. Pronunciamiento de la Comisión del Acuerdo de Cartagena aprobado durante su XXIX periodo de Sesiones Ordinarias. Lima 29 mayo al 05 de junio 1980.
21. Schuman-Erklärung, del 09 de mayo de 1950.
22. Seventh annual message of President James Monroe's to Congress, December 2, 1823.

23. Solicitud de Venezuela de Denuncia al Acuerdo de Complementación Económica ACE N° 33, por nota 11.2 UE.E1/Rep de fecha 25,05,2006 CR/di 2261.
24. Speaks John Kerry, US Secretary of State at the Organization of American States. Washington, D.C. November 18, 2013. Verfügbar: www.state.gov/secretary/remarks/2013/11/217680.htm.

Verträge und Rechtsakte

1. Acuerdo de Cartagena. Decisión 563 de la Comisión de la Comunidad Andina. Codificación del Acuerdo Subregional Andino. Gaceta Oficial N° 940, 1 de julio de 2003.
2. Acuerdo de Complementación Económica N° 36 (17-Dic-1996).
3. Acuerdo de Complementación Económica N° 58 (25 Ago-2003).
4. Acuerdo de Complementación Económica suscrito entre los gobiernos de la República de Argentina, de la República Federativa de Brasil, de la República del Paraguay y de la República Oriental del Uruguay – Estados partes del Mercosur y los gobiernos de la República de Colombia, de la República del Ecuador y de la República Bolivariana de Venezuela – Países miembros de la CAN. (Dic-2003).
5. Acuerdo Marco APP. CE N° 70 para la complementación del espacio económico de la Alternativa Bolivariana para los Pueblos de nuestra América – Tratado de Comercio de los Pueblos, (ECOALBA/TCP). 11 de julio de 2013.
6. Acuerdo Marco de la Alianza del Pacífico. Antofagasta – Chile. 06 de junio de 2012.
7. Constitución de Cúcuta 1821 y la Ley Fundamental de la Unión de los Pueblos Colombianos. Sobre la creación de la Gran Colombia.
8. Constitución de la República Oriental del Uruguay de 1967.
9. Constitución Política de Colombia de 1991. Publicada en la Gaceta Constitucional N° 116. 20 de julio de 1991.
10. Constitución de la República de Paraguay. 20 de junio de 1992.
11. Constitución Política del Perú de 1993. Promulgada el 29 de diciembre de 1993.
12. Constitución de la Nación Argentina. 22 de agosto de 1994.
13. Constitución de la República Bolivariana de Venezuela de 1999, con la enmienda N° 1 aprobada por el pueblo soberano, mediante referendo constitucional a los 15 días del mes de febrero de 2009. Gaceta Oficial Año CXXXVI Mes V. N° 5.908 Extraordinario. Caracas 19 de Febrero de 2009.

14. Constitución de la República del Ecuador. Registro oficial N° 449. 20 de octubre de 2008.
15. Constitución Política del Estado Plurinacional de Bolivia de 2009. Versión oficial aprobada por la Asamblea Constituyente – 2007 y compatibilizada en el Honorable Congreso Nacional – 2008.
16. Das Grundgesetz der Republik Deutschland.
17. Decisión para el Establecimiento del Consejo de Defensa Suramericano de la Unasur. Salvador de Bahía, Brasil 16 de diciembre de 2008.
18. Decisión 291. Regimen común de tratamiento a los capitales extranjeros y sobre marcas, patentes, licencias y regalías. Comunidad Andina de Naciones 22 de marzo de 1991. Gaceta Oficial N° 80 del 04 de abril de 1991.
19. Decisión 370, Arancel Externo Común. Comunidad Andina. 26 de noviembre de 1994. Gaceta Oficial N° 166, 2 de diciembre de 1994.
20. Decisión 407, Reglamento del Consejo de Ministros de Relaciones Exteriores, 25 de Junio de 1997. Gaceta Oficial N° 273, 04 de julio de 1997.
21. Decisión 439. Marco general de principios y normas para la liberalización del comercio de servicios en la Comunidad Andina de Naciones. 11 de junio de 1998. Gaceta Oficial N° 347, 17 de junio de 1998.
22. Decisión 471, Reglamento de la Comisiónde Comunidad Andina, 12 de Agosto de 1999. Gaceta Oficial N° 470. 17 de agosto de 1999.
23. Decisión 486. Regimen Común sobre Propiedad Industrial. Comunidad Andina de Naciones, 14 de septiembre de 2000. Gaceta Oficial N° 600, 19 de septiembre de 2000.
24. Decisión 500. Estatuto del Tribunal de Justicia Andino. Comunidad Andina. 22 de julio de 2001. Gaceta Oficial N° 680 del 28 de junio de 2001.
25. Decisión 503. Reconocimiento de documentos nacionales de identificación. Comunidad Andina. 22 de junio de 2001. Gaceta Oficial N° 680, 28 de junio de 2001.
26. Decisión 510. Adopción del inventario de medidas restrictivas del comercio de servicios. Comunidad Andina. 30 de octubre de 2001. Gaceta Oficial N° 734, 22 de noviembre de 2001.
27. Decisión 535, Arancel Externo Común. Comunidad Andina, 14 de octubre de 2002. Gaceta Oficial Nr. 854, 16 de octubre de 2002.
28. Decisión 580, modificación de la Decisión 535 y otras disposiciones, Comunidad Andina, 04 de mayo de 2004. Gaceta Oficial Nr. 1063, 05 de mayo de 2004.

29. Decisión 598. "Relaciones con Terceros Países". Consejo Andino de Ministros de Relaciones Internacionales. Comunidad Andina. 11 de julio de 2004. Gaceta Oficial N° 1092, 16 de julio de 2004.
30. Decisión 613. Asociación de la República de Argentina, de la República Federativa de Brasil, de la República del Paraguay y de la República Oriental del Uruguay, Estados Parte del MERCOSUR, a la Comunidad Andina. Decimoséptima Reunión del Consejo Andino de Ministros de Relaciones Exteriores en forma ampliada con los representantes titulares ante la Comisión. Gaceta Oficial N° 1215. 7 de julio de 2005.
31. Decisión 669, Política Arancelaria de la Comunidad Andina, Comunida Andina, 13 de julio de 2007. Gaceta Oficial Nr. 1520, 16 de julio de 2007.
32. Decisión 771, Política Arancelaria de la Comunidad Andina, Comunidad Andina, 7 de diciembre de 2011. Gaceta Oficial Nr. 2003, 09 de diciembre de 2011.
33. Decisión 792, Implementación de la Reingeniería del Sistema Andino de Integración, 19 de septiembre de 2013. Gaceta Oficial Nr. 2238, 23 de septiembre de 2013.
34. Declaración sobre la incorporación de la República Bolivariana de Venezuela al Mercosur. Mendoza. 29 de junio de 2012.
35. Decisión 23/00 CMC Relanzamiento del Mercosur – Incorporacion de la normativa al ordenamiento jurídico de los Estados partes.
36. Decisión 20/02 CMC. Perfeccionamiento del sistema de incorporación de la normativa Mercosur a los ordenamientos jurídicos de los Estados partes.
37. Decisión Mercosur/CMC/DEC. N° 37/03, Reglamento del Protocolo de Olivos para la Solución de Controversias en el Mercosur. Montevideo, 15 de Diciembre de 2003.
38. Decisión Mercosur/CMC/DEC. N° 02/07, Reglamento del procedimiento para la solicitud de Opiniones Consultivas al Tribunal Permanente de Revisión por los Tribunales Superiores de Justicia de los Estados Partes del Mercosur. Rio de Janeiro, 18 de enero de 2007.
39. Decisión Nr. 26/2012 Reunión Extraordinaria del Consejo de Jefes y Jefas de Estado de Unasur, 29 de julio de 2012.
40. Decisión sobre la suspensión de Paraguay en el Mercosur en aplicación del Protocolo de Ushaia sobre Compromiso Democratico. Mendoza. 29 de Julio de 2012.
41. Decisión sobre el cese de la suspensión del Paraguay en el Mercosur en aplicación del Protocolo de Ushaia sobre el compromiso democrático. Montevideo. 12 de junio de 2013.

42. Estatuto del Consejo de Defensa Suramericano de Unasur. 11 de diciembre de 2008.
43. Mercosur CMC/DE N° 28/2 Reglamentación de los aspectos operativos de la suspensión de la Republica de Paraguay, Brasilia 30/VII/2012.
44. Protocolo de Brasilia sobre la solución de controversias entre Estados Partes del Mercosur, 17 de diciembre de 1991.
45. Protocolo de Quito modificatorio del Acuerdo de Cartagena. 12 de mayo de 1987.
46. Protocolo Adicional sobre la Cláusula Democrática de la Unasur.
47. Protocolo de Adhesión de la República de Venezuela al Mercosur. 04 de Julio de 2006.
48. Protocolo de Ouro Preto. Adicional al Tratado de Asunción sobre la estructura institucional del Mercosur, 17 de diciembre de 1994.
49. Protocolo de Olivos para la solución de controversias en el Mercosur, 18 de febrero de 2002.
50. Protocolo de Trujillo, modificatorio del Acuerdo de Cartagena. Trujillo 10 de marzo de 1996.
51. Protocolo de Ushuaia sobre el Compromiso Democrático en el Mercosur, la República de Bolivia y la República de Chile. Ushuaia - Argentina. 24 de julio de 1998.
52. Protocolo Constitutivo del Parlamento del Mercosur, Montevideo, 09 de diciembre de 2005.
53. Protocolo Adicional al Acuerdo de Cartagena – "Compromiso de la Comunidad Andina con la Democracia", 17de Octubre de 1998.
54. Protocolo (octavo) Adicional al Acuerdo de Complementación Económica N° 33 de la ALADI, 11 de junio de 2010.
55. Protocolo de Adhesión del Estado Plurinacional de Bolivia al Mercosur. Brasilia 07 de diciembre de 2012.
56. Protocolo Adicional al Acuerdo Marco de la Alianza del Pacífico. Cartagena 10 de Febrero de 2014.
57. Tratado de Brasilia o Tratado Constitutivo de la Unión Suramericana de Naciones. Brasilia. 23 de mayo de 2008.
58. Tratado de Asunción o Tratado para la Constitución de un Mercado Común entre la República de Argentina, la República federativa del Brasil, la República del Paraguay y la República Oriental del Uruguay. Asunción. Paraguay 26 de marzo de 1991.
59. Tratado de Unión, Liga y Confederación Perpetua entre la República de Colombia y el Estado de Perú. Lima 06 de Julio 1822.

60. Tratado de Unión, Liga y Confederación Perpetua entre la República de Colombia y Chile. Santiago 21 de Octubre 1822.
61. Tratado de Unión, Liga y Confederación Perpetua entre la República de Colombia y México. Bogotá 03 de Octubre 1823.
62. Tratado de Liga, Confederación y Unión Perpetua entre la República Federal de Centro América y Colombia. 15 de Marzo 1825. Documento digitalizado por: Enrique Bolaños Fundación.
63. Tratado de Union, Liga, y Confederación Perpetua entre las Repúblicas de Colombia, Central América, Perú y los Estados Mexicanos. 15 de Julio de 1826 (Congreso de Panamá).
64. Tratado de Confederación entre las Repúblicas de Perú, Bolivia, Chile, Ecuador y Nueva Granada. Lima 08 de Febrero de 1848.
65. Tratado de Unión y Alianza Defensiva entre los Estados signatarios de América. 23 de Enero de 1865.
66. Tratado de Montevideo de 1960. Firmado del 18 de diciembre de 1960.
67. Tratado de Montevideo de 1980. Montevideo 12 de agosto de 1980.
68. Tratado Constitutivo del Parlamento Andino. 25 de Octubre de 1979.
69. Tratado de Creación del Tribunal de Justicia de la Comunidad Andina, modificado por el Protocolo modificatorio del Tratado de Creación del Tribunal de Justicia del Acuerdo de Cartagena. Cochabamba, Bolivia, 28 de mayo de 1996. Codificado por la Decisión 472 de la Comunidad Andina.
70. Tratado de Comercio de los Pueblos, suscrito en la Habana el 29 de Abril de 2006.
71. Vertrag über die Arbeitsweise der Europäischen Union. (Konsolidierte Fassung bekanntgemacht im ABl. EG Nr. C 115 vom 9.5.2008, S. 47).
72. Vertrag über die Europäische Union. (Konsolidierte Fassung bekanntgemacht im ABl. EG Nr. C 115 vom 9.5.2008, S. 13).
73. Wiener Vertragsrechtskonvention (WVK). vom 23. Mai. 1969.

Jurisprudenz, Schiedssprüche und Gutachten

1. BVerfG, 2 BvE 2/08 vom 30.6.2009.
2. EuGH, (van Gend & Loss) Rs. 22/62. Slg. 1963.
3. EuGH, (Costa-Enel) Rs. 6/64, Slg. 1964, 1253.
4. EuGH, (Simmenthal) Rs 106/77, Slg. 1978.
5. EuGH, (Francovich), Slg. 1991, I-5357.
6. EuGH, (CILFIT) Rs. 283/81 Slg. 1982.
7. Laudo N° 01/2012 del Tribunal Permanente de Revisión del Mercosur en el procedimiento excepcional de urgencia solicitado por la república de

Paraguay en relación con la suspensión de su participación en los órganos del Mercado Común del Sur (Mercosur) y la incorporación de Venezuela como miembro pleno, 21 de julio de 2012.
8. Opinión Consultiva N° 01/2007. Tribunal Permanente de Revisión del Mercosur a solicitud de un Juez de Primera Instancia de Paraguay, a través de la Corte Suprema. Asunción, 03 de Abril de 2007.
9. Opinion Consultiva N° 1/2008. Tribunal Permanente de Revisión del Mercosur.
10. Opinión Consultiva N° 1/2009. del Tribunal Permanente de Revisión del Mercosur.
11. Proceso 1-N-86 del Tribunal de Justicia de la Comunidad Andina de Naciones. Gaceta Oficial N° 21, 15 de Julio de 1987.
12. Proceso 1-IP-87 del Tribunal de Justicia de la Comunidad Andina de Naciones. Gaceta Oficial N° 28, 15 de febrero de 1988.
13. Proceso 2-IP-88 del Tribunal de Justicia de la Comunidad Andina de Naciones. Gaceta Oficial N° 33, 26 de julio de 1988.
14. Proceso 5-IP-89 del Tribunal de Justicia de la Comunidad Andina. Gaceta Oficial N° 50, 17 de noviembre de 1989.
15. Proceso 2-IP-90 del Tribunal de Justicia de la Comunidad Andina. Gaceta Oficial N° 69, 11 de octubre de 1990.
16. Proceso 2-IP-91 del Tribunal de Justicia de la Comunidad Andina. Gaceta Oficial N° 78, 18 de marzo de 1994.
17. Proceso 6-IP-93 del Tribunal de Justicia de la Comunidad Andina. Gaceta Oficial N° 150, 25 de marzo de 1994.
18. Proceso 11-IP-96 del Tribunal de Justicia de la Comunidad Andina de Naciones, Gaceta Oficial N° 233, 16 de noviembre de 1996.
19. Proceso 3-AI-96 del Tribunal de Justicia de la Comunidad Andina de Naciones, Gaceta Oficial N° 261, del 29 de abril de 1997.
20. Proceso 1-AN-97 del Tribunal de Justicia de la Comunidad Andina de Naciones, Gaceta Oficial N° 340, 13 de mayo de 1998.
21. Proceso 05-AN-97 del Tribunal de Justicia de la Comunidad Andina de Naciones. Gaceta Oficial N° 361, 07de agosto de 1998.
22. Proceso 30-IP-98 del Tribunal de Justicia de la Comunidad Andina de Naciones. Gaceta Oficial N° 475, 1 de septiembre de 1999.
23. Proceso 07-AI-99 del Tribunal de Justicia de la Comunidad Andina de Naciones. Gaceta Oficial N° 512, 14 de agosto de 2000.
24. Proceso 6-IP-99 del Tribunal de Justicia de la Comunidad Andina de Naciones. Gaceta Oficial N° 46, 12 de agosto de 1999.

25. Proceso 30-IP-99 del Tribunal de Justicia de la Comunidad Andina de Naciones. Gaceta Oficial N° 497, 18 de octubre de 1999.
26. Proceso 16-AI-2000 del Tribunal de Justicia de la Comunidad Andina de Naciones. Gaceta Oficial N° 639, 27 de junio de 2000.
27. Proceso 35-IP-2000 del Tribunal de Justicia de la Comunidad Andina de Naciones. Gaceta Oficial N° 578, 27 de junio de 2000.
28. Sentencia C-228/95, Corte Constitucional Colombiana.
29. Sentencia C-231, 1997, Corte Constitucional Colombiana.
30. Sentencia C-155, 1998, Corte Constitucional Colombiana.
31. Sentencia C-400, 1998, Corte Constitucional Colombiana.
32. Sentencia C-464, 2006, Corte Constitucional Colombiana.
33. Sentencia C-750, 2008, Corte Constitucional Colombiana.

www.ingramcontent.com/pod-product-compliance
Ingram Content Group UK Ltd.
Pitfield, Milton Keynes, MK11 3LW, UK
UKHW021235031026
15588UKWH00001B/93

9 783631 674208